VILLAGE JAPONAIS DOMINÉ PAR UN VOLCAN

LES VOLCANS

Les géologues désignent actuellement (1) sous le nom de *volcan* un appareil naturel mettant en communication, d'une manière permanente ou temporaire, la croûte terrestre avec les matières fondues du noyau central. La forme qu'il affecte est généralement un cône dont le sommet est

(1) La question du *volcanisme* est une de celles qui provoquent, même aujourd'hui, le plus de contradictions parmi les géologues. D'après M. de Lapparent l'action volcanique, ayant son principal siège aux endroits où les mouvements de l'écorce terrestre ont été très accentués et l'importance des éruptions étant en rapport direct avec l'amplitude des affaissements, il faudrait voir dans l'existence des volcans une conséquence des réactions provoquées par l'énergie interne du globe. A la faveur des fentes ouvertes dans l'écorce à proximité des brusques inflexions de son relief, les matériaux, liquides ou gazeux, renfermés dans son intérieur, tendraient à s'épancher au dehors en élevant autour des orifices de sortie, grâce aux scories rejetées, de gigantesques cônes. Selon sir Robert Mallet, un savant anglais fort autorisé, la théorie des phénomènes volcaniques devrait s'exposer différemment. La terre se compose d'un noyau qui se contracte en se refroidissant. Donc son enveloppe s'affaisse et s'écrase. Cet effort mécanique devient une source de chaleur assez puissante pour porter à leur température de fusion les particules des roches qui y sont soumises. Les laves des volcans ne seraient que les parties de la couche solide liquéfiées par compression et injectées dans les fissures de l'écorce par la même cause qui produit l'écrasement. Le volcanisme, au lieu de dépendre directement de l'énergie calorifique initiale du globe, n'y serait relié que d'une façon indirecte en passant par l'intermédiaire de sa contraction. Telles sont les hypothèses les plus plausibles qui ont cours aujourd'hui dans la science pour expliquer la formation et l'activité des volcans.

occupé par un cratère qui émet des coulées de lave se répandant à la surface du sol, et des produits de projection (cendres, lapillis, bombes) transportés parfois à d'énormes distances.

Les substances en fusion sont amenées à l'extérieur par une cheminée située dans l'axe du cône. Ce canal, qu'on croyait autrefois cylindrique, est constitué par un ensemble de fentes entre-croisées qui sillonnent l'écorce terrestre au-dessus de cet endroit et c'est de cet orifice que sortent les débris dont l'accumulation a formé, au cours des temps, le cône volcanique.

Comme exemple le plus frappant, on peut citer le Jorullo, volcan du Mexique (1), mesurant aujourd'hui plus de 1,600 mètres de hauteur et à l'évolution duquel les savants ont été à même d'assister, puisque sur son emplacement existait, au XVIIIe siècle, un magnifique bois de goyaves ; le 28 septembre 1759, le sol fut bouleversé, et, des crevasses qui se formèrent, jaillit la lave. Elle n'a cessé depuis de s'y accumuler.

La plupart des volcans ont une activité intermittente. A peine deux ou trois, comme le Stromboli (2) (îles Lipari, Sicile), jettent-ils sans cesse de la fumée, de la vapeur d'eau et des pierres. D'autres n'émettent des matières incandescentes que dans des crises nommées *éruptions*. Tels sont le Santorin (3), l'Etna (4) et le Vésuve (5).

Ces périodes de repos sont plus ou moins longues. Elles varient entre quelques mois, des années ou des siècles. Si l'inactivité dure depuis une époque antérieure aux temps les plus anciens dont le souvenir se soit conservé parmi les hommes, on dit qu'on a affaire à un *volcan éteint*, sans attribuer au mot « éteint » d'autre signification que l'arrêt d'émission de la lave. Ainsi en Auvergne, en Espagne, en Grèce, etc., on en signale un grand nombre de ce genre (6).

(1) Il y a d'autres volcans au Mexique et des plus importants, tels le pic d'Orizaba (5.582 m.), le Cofre de Perote (4.090 m.), le Colima (3.886 m.), sans parler de la montagne fumante (Popocatepell) qui a 5.391 mètres d'altitude. En général les éruptions sont rares sur ce parallèle. Cependant on signale encore de fréquentes commotions. M. Lanier rapporte que le 7 mai 1880, à quelque distance de San Luis de Potosi, au milieu d'un bruit formidable, semblable au tonnerre, une montagne a disparu. Elle s'est engouffrée dans le sol avec la rapidité de l'éclair, laissant derrière elle une ouverture béante de 100 mètres de profondeur, de 220 de longueur, de 160 de largeur et enveloppant tous les environs d'un nuage de poussière.

(2) Le Stromboli a 921 mètres de hauteur. Il est situé dans l'île de même nom. Tout le groupe insulaire des Lipari est volcanique.

(3) Santorin, la plus méridionale des Cyclades est l'antique Théra, celle que les Grecs appelaient la plus belle (ηκαλλιστη) ; Hérodote (IV. 147-153) et Strabon (X. 484) en parlent. On croyait, dans l'antiquité, que cette île avait émergé soudainement des eaux à une époque imprécise. En 237 av. J.-C. elle aurait disparu en partie sous les flots ; la petite île de Therasia s'en serait séparée, puis, quarante ans plus tard, une nouvelle île, Hiera (aujourd'hui Palaeo-Kaiméni) aurait apparu. De même, en 1573, Mikra-Kaiméni, et en 1707 Néo-Kaimóni. En 1866 surgit, à la suite d'éruptions volcaniques, l'île Aphroessa. En avril 1870 une violente crise volcanique bouleversa Santorin.

(4) Les éruptions de l'Etna ne sauraient se compter, surtout celles des temps modernes. Une des plus terribles se produisit en 1669 et fit plus de 30,000 victimes. Voir : *Sur l'Etna*, ELISÉE RECLUS, *Tour du Monde*, 7e année.

(5). Le Vésuve a 1,289 mètres de hauteur. Voir : COURTOIS, — Bull. de la Sociétéde Géog. — de Bordeaux, 1880 ; PALMIERI, *Storia del Vesuvio* (1882).

(6) Les volcans éteints sont rarement isolés comme ceux encore actuellement en activité ; on les trouve au contraire réunis en groupe.

Mais l'expérience a démontré que cette extinction pouvait ne pas être définitive. Avant le règne de Vespasien, il en était ainsi pour le Vésuve. Strabon, sous l'empereur Auguste, le décrit comme une montagne aux flancs revêtus d'une végétation luxuriante, quoique stérile à son sommet. L'aspect desséché lui parut témoigner de l'action ancienne du feu et il en conclut qu'ayant brûlé jadis, ce foyer était mort faute d'éléments com-

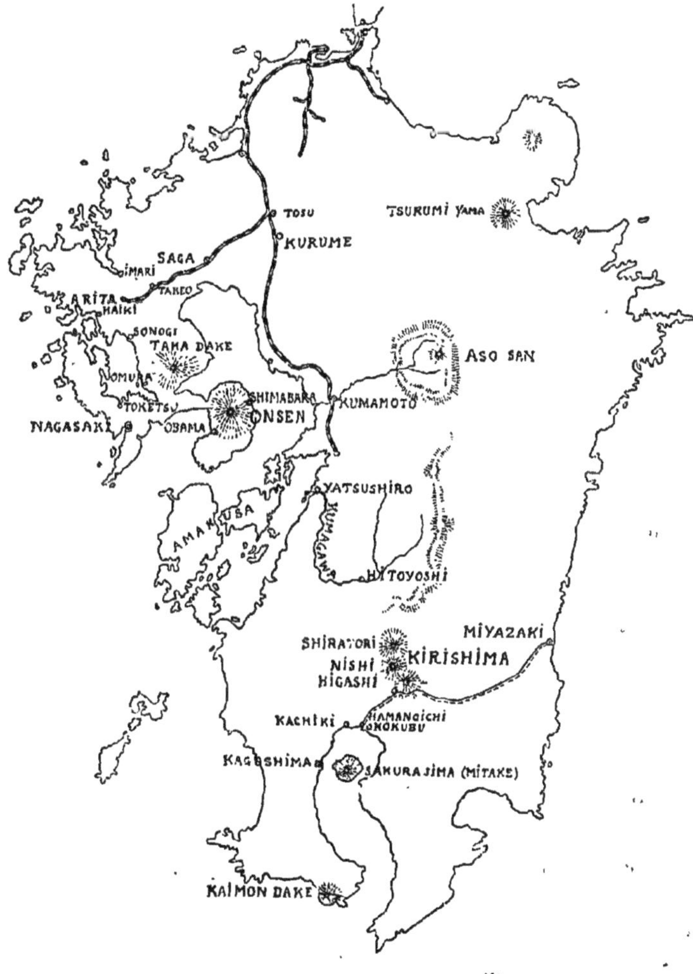

CARTE DES VOLCANS DU JAPON (1)

bustibles. L'avenir devait lui donner un cruel démenti : l'incendie qui couvait seulement, se réveilla en l'an 79 de notre ère et coûta la vie au grand naturaliste romain Pline l'Ancien.

Une autre montagne, riante et fertile, le Gelungung (île de Java),

(1) Lire dans cette carte, au nord de la presqu'île d'Onsen, au lieu de Taka-Dake, l'orthographe Tara-Dake.

retrouva son pouvoir destructeur le 8 octobre 1825, et c'est aujourd'hui un des volcans les plus redoutables du pays. Le Morné-Garou (île Saint-Vincent, Antilles) a eu une première éruption en 1718 et une seconde en 1812. Près de Médine (Arabie), un pic a fait fureur en 1254 et 1275, et depuis ce temps il paraît sommeiller. La montagne d'Orizaba (Mexique) se repose actuellement, après avoir causé d'affreux désastres de 1545 à 1585.

D'autres fois, les volcans s'abîment dans une éruption. Telle fut la Gunung-Iependajau (île de Java), montagne regardée jusque-là comme exempte de tout phénomène analogue, qui fit sauter sa cime en août 1772 et en projeta les débris pulvérisés sur tout le pays environnant. Le Wu-zeu (Niphon, Japon) déchira de même le sommet de sa cime dans une violente éruption, en lança au loin des fragments considérables. Parmi les plus curieuses observations analogues, il faut mentionner celle du Carguairazo (Equateur) dont le sommet s'écroula dans la nuit du 19 au 20 juin 1698, en ne laissant debout que deux gigantesques piliers, maigres débris d'une montagne de 6,000 mètres (1).

Enfin divers volcans sont *sous-marins*. Leurs cratères s'ouvrent au fond de l'Océan : la lave se solidifie au contact de l'eau et se répand alors en masses coniques plus ou moins importantes dont le point extrême est très voisin du niveau de la mer, et descend même jusqu'à atteindre celui-ci. Dans le premier cas, à cause de l'agitation des eaux de la surface, l'agitation volcanique disparaît le plus souvent dans un délai plus ou moins court. Ainsi le 18 juillet 1831 on vit surgir dans la Méditerranée, à 40 kilomètres de la Sicile, une accumulation de débris rejetés par un foyer sous-marin dont l'éruption avait à peine commencé le mois précédent. L'île Julia, nom donné à cet assemblage de scories, s'accrut jusqu'au milieu du mois d'août, puis démolie peu à peu par les vagues, elle disparut le 28 décembre. En 1863, l'îlot apparut de nouveau. Toutefois, plusieurs semaines après, pas un pouce de terre ferme n'en subsistait (2).

Telles sont les diverses sortes de volcans. Indiquons maintenant les caractères des éruptions et la nature des produits rejetés.

Un certain nombre de phénomènes précurseurs annoncent généralement la mise en activité d'un cratère. Une augmentation de vapeur se produit, le sol s'ébranle avec des grondements souterrains, les puits environnants se tarissent et le débit des sources voisines cesse ou s'affaiblit. Puis des craquements se font entendre dans la cheminée du volcan, d'où s'échappent enfin de sombres panaches de gaz et de cendres, tandis que le culot et sa paroi, réduits en fragments plus ou moins volumineux, sont projetés au loin avec violence. Durant le jour la colonne paraît sombre, mais la nuit elle est rougeâtre à cause du rayonnement de la lave incandescente. Ce panache atteint plusieurs kilomètres (3). Ainsi, en 1822, celui du

---

(1) Rozet insistait déjà, il y a un demi-siècle, sur ce fait très remarquable que la plupart des volcans actifs sont situés dans les îles ou près de la mer. Le même auteur ajoute qu'on ne connaissait pas, de son temps, de volcans actifs sur le continent africain, mais que les îles qui l'avoisinent en possèdent plusieurs.

(2) Il avait fait une première réapparition en 1834 et s'abîma peu après dans les eaux.

(3) Voir à cet égard la remarquable description d'une éruption de l'Etna le 28 novembre 1842, par un témoin oculaire, Sartorius von Waltershausen, dans les journaux allemands de l'époque. Comparer également BRONGNIART, *Des volcans et des terrains volcaniques.*

Vésuve mesurait 3 kilomètres, et en 1887, celui du Krakatoa alla parfois jusqu'à 11 kilomètres. Les scories s'échappent non seulement du sommet du cône, mais le plus souvent de crevasses qui s'ouvrent dans ses flancs. Les coulées descendent vers les vallées comme des nappes lumineuses qui s'assombrissent insensiblement en se solidifiant.

Quant à la nature des matériaux déversés par le cratère, elle est des plus variées. Il s'en trouve de *solides*, de *liquides*, de *gazeux*. Les premiers sont des fragments irréguliers et plus ou moins gros, provenant de la désagrégation des parois du cratère. Si la scorie projetée à l'état liquide est animée d'un mouvement de rotation dans sa chute, elle devient plus ferme et porte extérieurement des traces de torsion. On la désigne alors sous le nom de *bombe* (1). La lave, en se pulvérisant dans les airs, produit une cendre volcanique que le vent entraîne souvent à d'énormes distances. On a observé en effet, lors d'une éruption de l'Hécla (1876) des poussières de ce genre jusqu'à Stockholm, ville située à 1,900 kilomètres de l'Islande. L'abondance de ces substances est quelquefois fort grande (2) puisque, en 1815, le volcan malaisien le Tomboro projeta un sable fin dans l'atmosphère environnante, sur 500 kilomètres de rayon et couvrit d'une couche de 60 centimètres toute l'île Lombock, distante de 120 kilomètres (3).

La deuxième catégorie de matériaux volcaniques comprend les *laves* proprement dites, qui ne sont autre chose que des roches en fusion. En jetant une pièce d'argent dans une coulée, cette pièce se déforme, attestant un commencement de fusion, car sa température est supérieure à 1000°. Le refroidissement de la coulée à la surface s'opère assez vite et la croûte formée étant mauvaise conductrice, joue le rôle d'écran thermique pour les couches sous-jacentes qui conservent souvent pendant des années une température notable. Les propriétés physiques et chimiques de la lave sont variables, mais dans sa composition entrent toujours des silicates et des éléments ferrugineux (4). Une fois sortie du cratère, presque toujours par une crevasse latérale et rarement par le sommet, la lave, selon sa viscosité et la pente du sol, s'écoule plus ou moins rapidement.

Enfin on appelle « fumerolles » les produits gazeux qu'émet la lave fondue et qui forment des nuages à l'entour du cratère. Ces émanations sont constituées surtout par des acides (chlorhydriques, sulfureux, carboniques) et de la vapeur d'eau qui réagissent sur les roches voisines en don-

(1) Suivant quelques géologues, ces *bombes* sont des sphéroïdes plus ou moins allongés, des portions de la matière fondue, qui, lancées dans l'air, ont pris en se figeant, une forme sphéroïdale. Voir Rozet. *Mémoire sur les volcans de l'Auvergne et de l'Italie.*

(2) Sir John Fr. Herschel dans sa *Géographie physique du globe* confirme l'assertion de sir C. Lyell (*géologie*) relativement aux matériaux éjectés par le Skaptor Jokul (Islande), dont la lave, en 1783, équivalait à 21 milles cubes, soit un volume égal à celui de toute l'eau portée par le Nil à la mer en une année.

(3) L'île Lombock fait partie de l'archipel de la Sonde. Elle a pour capitale Maturam ; son volcan, le Rendschani, a 3,542 mètres de hauteur.

(4) La plupart des géologues admettent que la matière des laves est à peu près la même sur toute la surface de la terre. Brongniart la rapporte à l'espèce *tephrine* et en distingue plusieurs variétés : *tephrine feldspathique, tephrine pyrognique, tephrine scoriacée.* Quelques parties de lave peuvent aussi, suivant ce savant, être rapportées aux *basaltes* et aux *trachytes.*

nant des chlorures, des sulfates, etc. La fin des éruptions est marquée par les émanations d'acide carbonique, les « mofettes » comme les nomment les naturalistes.

Les volcans sont orientés suivant les très grandes dépressions longitudinales (Océans Atlantique, Pacifique et Indien) et la grande dépression méditerranéenne transversale (golfe du Mexique, Méditerranée, golfe Persique, mer Rouge, golfe de Bengale, etc.) qui séparent les continents. Si on fait abstraction des volcans sous-marins, on voit en effet qu'ils sont placés, en ces endroits du globe, perpendiculairement à leurs points de rencontre. Ils occupent en outre le plan le plus incliné des vides de l'écorce terrestre et jalonnent les lignes de brusque dépression. Cette constatation semble donc militer en faveur des théories qui rattachent les phénomènes volcaniques à la contraction progressive du globe (1).

Quoi qu'il en soit, du nord au sud de l'Atlantique, on rencontre entre autres les volcans de Jean Mayen, de l'Hécla, des Açores, des Canaries (Ténériffe), du Cap Vert, ainsi que les pics volcaniques de Sainte-Hélène et de l'Ascension. L'Océan Indien est pourvu de nombreux îlots volcaniques éteints, tels que la Réunion et Saint-Paul. L'Océan Pacifique est le plus abondamment doté avec ceux de la Nouvelle-Zélande, des Nouvelles-Hébrides, des îles de la Malaisie (plus de 100 volcans), le Japon, les îles Kouriles (20), l'Alaska, les Montagnes Rocheuses, l'Amérique centrale, le Mexique (Jorullo et Popocatepetl), la chaîne des Andes (40) parmi lesquels le Cotopaxi, l'Antisana, le Misti), les volcans Erebus et Terreur dans la zone antarctique. Enfin la dépression méditerranéenne renferme ceux déjà cités plus haut : Santorin, Vésuve, Stromboli, Etna, Antilles, etc. (2).

Notons en terminant que les *suffioni* de Toscane (jets de vapeur chargée d'acide borique), les geysers d'Islande ou des Etats-Unis (émission intermittente d'eau bouillante, tenant en dissolution certaines substances) et la majorité des *sources thermales* sont d'origine volcanique. (3).

Charles SIMOND.

(1) C'est la théorie de M. de Lapparent, dont l'autorité est acceptée par tous les savants. Nous ne ferons pas ici l'historique de la querelle des plutoniens et des neptuniens, qui n'appartiennent plus qu'aux curiosités de la science.

(2) A vrai dire, on ne connaît pas le nombre exact des volcans du globe. Humboldt estimait qu'il fallait en compter, au cours des 160 années qui avaient précédé son époque, 407, tant éteints qu'en activité ; mais ce chiffre est évidemment de beaucoup inférieur à la réalité, puisque Laugel (*Revue des Deux Mondes*), affirme que dans le vaste archipel environnant Bornéo, des Iles Nicobar, aux Philippines, il n'y en a pas moins de 900.

(3) Outre les volcans qui lancent des scories ou éjectent de la lave, il y a des montagnes évidemment d'origine ignée, mais dont les matériaux, (trachyte, domite, etc.), ont jailli de la terre dans un état imparfait de fluidité impropre à couler et qui ont formé des masses plus ou moins hautes. Le Puy de Sarcouy, dans la chaîne volcanique avoisinant Clermont, en est un spécimen caractéristique, et le Puy-de-Dôme se rattache également à cette catégorie, quoiqu'il n'ait, au sens précis du terme, jamais été en éruption.

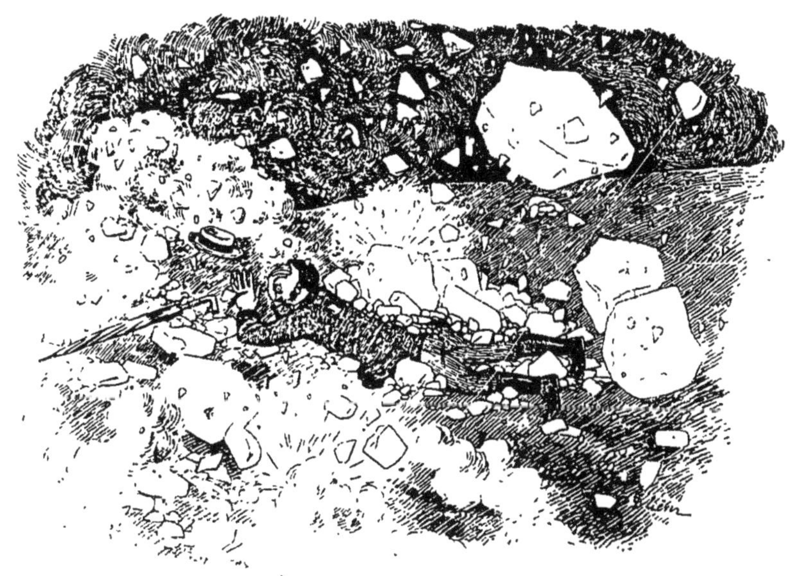

AU BORD DU CRATÈRE PENDANT L'ÉRUPTION
(D'après un dessin de l'auteur)

LES VOLCANS DU JAPON [1]

Entre toutes les îles qui composent le Japon, Kiu-Shiu est une de celles où la puissance plutonienne s'est manifestée avec la plus grande intensité. On peut dire qu'elle est le produit de ses volcans. Du nord au sud, sur une longueur de trois cents kilomètres, s'échelonnent une série de cratères, les uns en pleine activité, les autres morts ou simplement endormis :

Le *Tsurumi yama,* en activité solfatarique;

L'*Aso San,* dont j'ai fait l'ascension en juin 1895, qui possède, à la fois, le plus beau cratère en pleine activité du Japon et le plus vaste cratère éteint du monde entier, puisqu'il a près de 90 kilomètres de tour; son éruption la plus récente est de 1884;

Le *Kirishima;*

Le *Mi Take,* dans l'île de Sakura, en activité solfatarique, depuis 1828, date de sa dernière éruption;

. Le *Kaimon dake,* éteint, à l'entrée de la baie de Kagoshima.

En dehors de cette chaîne centrale :

(1) Ce récit est extrait d'une série de notices parues dans le Bulletin de la Société de géographie du Havre, en 1896-97-98, sous les titres : *Une éruption volcanique au Japon, Promenades japonaises et coréennes,* par Daniel LIÈVRE.

L'*Onsen,* qui fit explosion en 1792 et, depuis, reste à l'état de solfatare ;

Le *Tara-dake,* éteint depuis des siècles, et une foule d'autres importants.

I. — L'ASO-SAN

L'Aso-San, bien qu'il soit situé au centre même de Kiushiu, est

KUROI-YAMA (ASO-SAN)
(D'après un dessin de l'auteur)

facilement accessible grâce aux belles routes qui, en cet endroit, traversent l'île.

Parti de Nagasaki, mon centre d'excursions, je rejoins à Takeo le chemin de fer qui me dépose à Kumamoto, à huit heures et demie du matin. Malgré l'heure peu avancée, je suis déjà en

CRATÈRE DE L'ASO-SAN

retard sur tous mes itinéraires : je devrais être à moitié chemin
de l'Aso et je n'ai encore ni provisions de bouche, ni *djin*. Comme
je vais voyager en montagne, il me faut un *djinrihisha* à deux
hommes, attelés en flèche ; et, si un Japonais n'est jamais pressé,
deux Japonais le sont encore moins. Les pourparlers sont longs ;
enfin, à neuf heures et demie, le marché est conclu : j'ai mon véhicule pour deux jours ; son attelage est au complet ; mais je pars
sans autres provisions qu'une boîte de rillettes de Tours et un mor-
ceau de pain. Il s'agit maintenant de regagner le temps perdu ;
j'excite mon attelage qui brûle le pavé ; Kumamoto n'est déjà plus
qu'un souvenir perdu dans une brume lointaine ; je vole, je dévore
l'espace... crac ! l'essieu casse et me voilà en panne au milieu du
chemin. Heureusement, le Japon est un pays de ressources : un de
mes hommes file devant et quand j'arrive au premier village, j'y
trouve un autre véhicule tout prêt à me couvrir de poussière. La
route que je suis est celle d'Oita qui fait communiquer les deux
versants de l'île ; elle est très large, presque entretenue et très
animée. Ce n'est qu'une longue caravane de pèlerins qui reviennent
de l'Aso-san, de charrettes chargées de riz ou de tabac, de djins
en quête de victimes, de colporteurs écrasés sous un amas de
malles. Comme celle de Nikko, elle est, par endroits, bordée
d'énormes cryptomérias qui en font une belle avenue. Mais nous
ne tardons pas à la quitter pour la rive droite du Shiroi-gawa,
rivière torrentueuse, encombrée de rochers, qui roule jusqu'à la
mer les cendres et les scories de l'Aso. A midi, je m'arrête pour
boire du thé et consommer ma dernière cartouche ; hélas ! je la
regretterai plus d'une fois, cette modeste boîte de rillettes ; il se
passera maintenant de longues heures avant que je puisse prendre
un repas aussi substantiel.

A mesure que la route monte, le pays devient de plus en plus
pittoresque. Bien que je sois encore à près de vingt kilomètres du
volcan, j'aborde déjà la gigantesque coupure qui lui a servi de
déversoir et par laquelle s'écoule aujourd'hui le Shiroi-gawa, son
dernier-né. La route est perchée à mi-côte et domine l'étroite vallée qu'encaissent deux hautes murailles de forêt ; tout au fond, la
rivière coule, semant son écume au milieu des rizières ; des ponts
de bois, éclatants de blancheur, sautent d'une rive à l'autre, tandis que, perdus dans l'épaisse verdure, les villages laissent à peine
entrevoir les toitures grises de leurs maisons. Au bout de ce cou-
loir grandiose, l'Aso jaunit le ciel de ses fumées.

Nous arrivons bientôt à Tateno où je dois laisser ma voiture
jusqu'au lendemain. Un de mes hommes me sert de guide et me
voilà pédestrement en route pour Boju, village mystérieux qui gît
au pied du volcan. Boju est le point de départ ordinaire des touristes et des pèlerins, l'ascension, de ce côté, étant plus courte et
moins pénible : à part cela, c'est un village absolument dépourvu

d'intérêt. Mon guide ne connaît pas le chemin, mais fait comme, s'il le connaissait et cela me suffit : quand on est trompé sans le savoir, c'est comme si on ne l'était pas. Aussi ignorants l'un que l'autre, nous partons allègrement, lui portant mon sac et moi ne portant rien. Tout d'un coup, le plateau que nous parcourons sans méfiance, nous manque brusquement sous les pieds : au fond d'un précipice, deux rivières mêlent leurs eaux tumultueuses et c'est à peine si les grondements de leurs rapides montent jusqu'à nous. Au confluent, un hameau, pêle-mêle au milieu des basaltes effondrés ; de la fumée bleue qui flotte sur ses toitures semblent sortir des promesses alléchantes d'un copieux souper. Mon guide, qui a du flair, crie « Boju! » et, convaincu, je répète : « Boju! » — Boju, la terre promise, c'est le lit aux chauds *futons*, c'est la truite à la japonaise, l'omelette aux tomates et, peut-être, le poulet aux oignons ! — Nous descendons les lacets rapides accrochés au flanc de la montagne ; nous arrivons... c'est Tochinoki-Shinyu. Je m'informe : pas une place dans les auberges : tout a été réquisitionné par le gouvernement qui y envoie ses blessés de Formose. La police ne perd jamais ses droits : l'agent qui me donne obligeamment ces renseignements termine en me demandant mon passeport. Ce simple bout de papier lui inspire, j'en conviens, plus de respect que ma maigre personne. Il s'offre aimablement à me conduire jusqu'à Kuroi-yama où je trouverai, m'assure-t-il, un excellent gîte pour la nuit. Je remonte donc sur l'autre rive, pour redescendre, une demi-heure après, dans le fond d'une gorge où se nichent une quinzaine de maisons. Mon guide, en les voyant, crie encore « Boju! » mais il a perdu ma confiance et sa voix reste, cette fois, sans écho. Mon policier me trouve une chambre, comme il me l'avait promis, mais son influence ne va malheureusement pas jusqu'à me procurer le dîner espéré ; je me contente de deux œufs et d'un bol de riz. Mon auberge est dans un site merveilleux, au fond d'un abîme : de chaque côté, les murailles, convertes de verdure, s'élèvent à pic à quatre ou cinq cents mètres et le village s'accroche à leurs parois, surplombant le torrent. Du seuil de la porte, je vois la cascade d'Aigaerie qui tombe d'un seul jet dans un cirque de rochers. A deux pas, j'ai une source chaude ; je me plonge avec délice dans la piscine publique que je partage avec une vieille dame et un rhumatisant, gens aux manières affables et au costume simple. Tous les habitants du village viennent me contempler et, si indiscrète que puisse paraître leur curiosité, je ne peux leur refuser le spectacle de mes ébats aquatiques. A ma sortie du bain, une famille m'invite à passer la soirée avec elle ; j'accepte sans me faire prier et je vais voir ces dames gratter le *shamisen*, miauler comme des chattes et mimer quelques danses indigènes. Je me retire, du reste, de bonne heure, car j'ai peu mangé dans la journée et, confiant dans la sagesse des nations, j'espère pouvoir remplacer par un bon sommeil, le dîner qui m'a fait défaut. Mais j'avais compté sans les moustiques et, de toute la nuit, c'est à peine si j'ai pu fermer l'œil un instant.

Kuroi-yama est situé à la sortie de l'ancien cratère de l'Aso-san qui, avec ses 90 kilomètres de tour est le plus vaste du monde. Il est d'une régularité presque parfaite; ses bords sont formés de hautes montagnes basaltiques, abruptes vers l'intérieur, en pentes plus douces vers l'extérieur.

Il n'avait qu'un seul déversoir, l'étroite coupure par laquelle je suis entré et par laquelle sort le Shiroi-gawa, qui draine toutes les rivières auxquelles il donne naissance. Il est bien cultivé et les villages y sont nombreux. Le nouveau cratère se trouve à l'autre extrémité, près du rebord opposé, où il forme un amoncellement énorme de montagnes. C'est une ascension peu pénible, mais très longue; aussi, je pars dès le matin, avant le lever du soleil, accompagné d'un guide professionnel, pris dans le pays et qui promet de ne pas me conduire à Boju.

Nous traversons d'abord le fond de la cuvette qui, grâce à ses cultures, ressemble à n'importe quelle vallée un peu pittoresque du Japon. Au bout d'une heure environ, une montée un peu rude me transporte dans un autre pays; c'est une région déserte, bouleversée, étrangement ravinée, où les scories, les cendres et les laves tracent sur les croupes de grands sillons noirs. Le sentier serpente dans les hautes herbes semées des fleurs les plus variées; les groupes de jeunes femmes, qui montent en pélerinage à la montagne sainte, cheminant dans leurs gais costumes d'été, se marient si bien aux brillantes couleurs de la prairie, qu'on ne les distingue plus sur ce tapis aux teintes merveilleuses.

La montée nous mène à Tarutama, dont les bains sulfureux sont très fréquentés. Quelques minutes plus haut, à Kojigoku-Onsen, un lac circulaire, d'un noir épais, occupe le fond d'un petit cratère et, tout autour, jaillissent encore des sources thermales, avec leur clientèle ordinaire de malades, réels ou imaginaires et de sybarites qui préfèrent l'eau tiède des piscines aux cascades glaciales des régions inférieures. Au sortir du village, exclusivement composé d'hôtels pour les baigneurs, nous traversons un fond de vallée tout dévasté qui lance dans l'air des jets étouffants de vapeurs sulfureuses. Mais c'est à peine si nous nous arrêtons ; nous en verrons bien d'autres ! Enfin, nous arrivons à un point culminant d'où j'aperçois l'Aso-san que j'ai perdu de vue depuis la veille. Il a toujours son panache de fumée qui retombe sur nous en fine pluie de cendres, et ses grondements font vibrer l'air. Encore une heure de marche pénible dans les scories ravinées et nous sommes au pied du cône de déjections. Une dizaine de huttes, une auberge et des temples sont groupés là, aux dernières

limites de la végétation. C'est un simple village de mineurs qui,
pendant la belle saison, de mars à octobre, viennent exploiter les

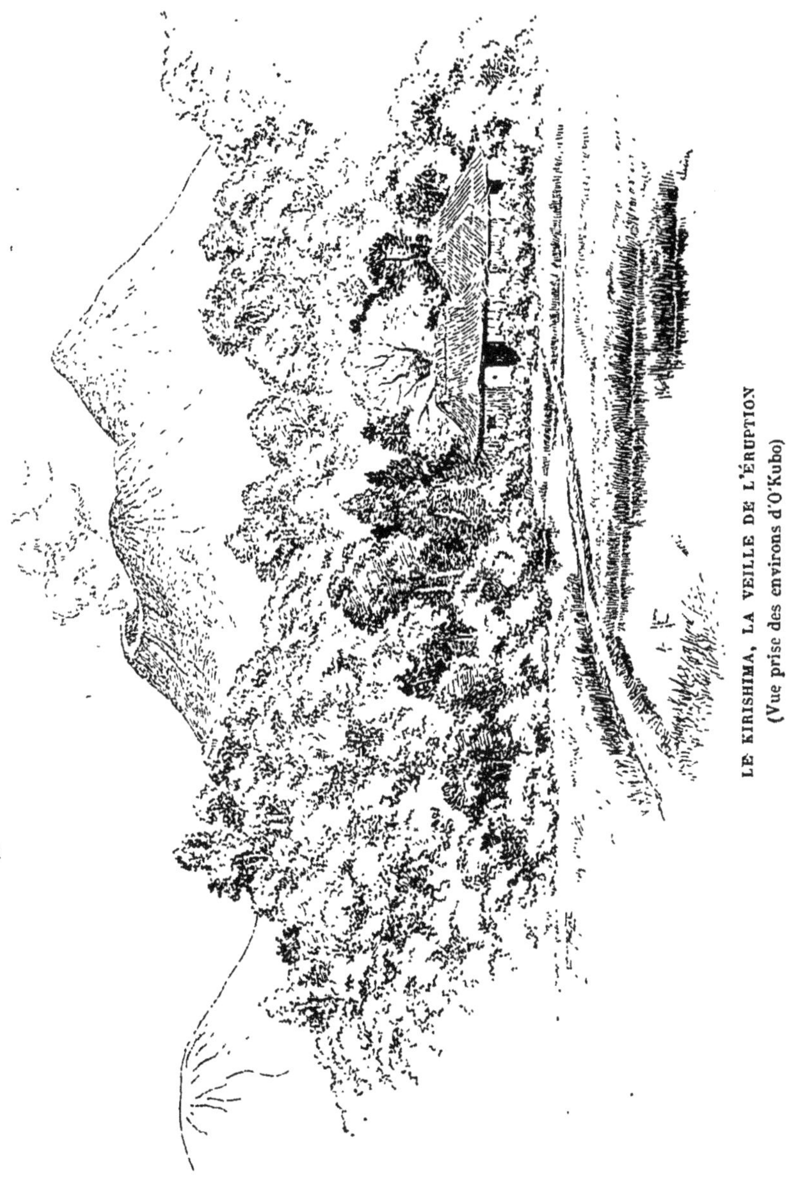

LE KIRISHIMA, LA VEILLE DE L'ÉRUPTION
(Vue prise des environs d'O'Kubo)

soufres du volcan, dur métier qui fait chaque année ses victimes;
ils redescendent vers des régions plus hospitalières quand les

neiges envahissent le sommet. C'est là qu'on prend la dernière
tasse de thé avant d'entreprendre l'ascension finale. Elle est beaucoup moins pénible que je ne l'aurais cru : le pied trouve un appui
solide sur les laves et les cendres durcies. Vingt minutes suffisent
pour atteindre l'arête supérieure. Mais, arrivé au faîte, il me faut
redescendre sur l'autre versant, dans l'intérieur même du cratère :
c'est là seulement que je trouverai les merveilles que je suis venu
voir. Ce cratère forme une vaste cuvette ovale au fond de laquelle
débouchent, alignées avec son grand axe, trois cheminées, dont
la première, en pleine activité, est largement ouverte. M'avançant
d'un pas léger sur les crêtes de cendres qui surplombent, je plonge
un regard avide dans l'abîme : au-dessous de moi, presqu'à pic,
s'ouvre un entonnoir gigantesque, un puits immense de douze
cents mètres de tour. Sa profondeur devrait le faire paraître
sombre; il est, au contraire, brillamment illuminé par un foyer
invisible et ses parois étincellent comme des facettes d'argent, d'or
et de feu. Du fond de ce gouffre sort, avec un mugissement sourd,
plus puissant que celui d'un millier de tonnerres, un souffle géant
qui lance des gerbes de matières en fusion et remplit le ciel de
nuages de cendres; les pierres montent jusqu'à moi, retombent et
remontent encore pour retomber, dans une jonglerie incessante
qui fascine et donne le vertige. On est aveuglé par la fumée, suf-
foqué par les vapeurs sulfureuses, pris à la gorge, comme au
coin d'un bois, étourdi par le bruit, et les jambes flageolent à la
pensée qu'un simple coup de pied sur ce sol vacillant nous ferait
piquer une tête dans la fournaise. Quand on entreprend une
excursion comme celle-ci, l'imagination travaille, décide à l'avance
ce qu'on doit voir, dépasse la nature et prépare, le plus souvent,
de belles désillusions. Mais ici, je dois avouer qu'elle était restée
bien au dessous et que je n'avais encore rien vu qui fût aussi
grandiose. Il faut dire que l'Aso s'était mis en frais pour recevoir
ma visite : sa dernière éruption date de 1884; depuis cette époque
il ne s'est pas encore éteint; sa cheminée, largement ouverte, a
toujours projeté des matières en fusion, dans d'incessantes explosions qui se succèdent avec tant de rapidité qu'on ne perçoit, le
plus souvent, qu'un grondement continu d'une terrifiante puissance; mais, soit que la force d'expansion des gaz ait diminué,
soit que la croûte de lave, qui remplit le fond de la cheminée, ait
pris une consistance trop liquide, les matières ainsi projetées
arrivent avec peine jusqu'à l'orifice et retombent rarement à l'extérieur. On peut dire que si le volcan dort, les ronflements sonores
de son sommeil montrent qu'il peut se réveiller d'un moment à
l'autre. Depuis quelques jours, on signalait une recrudescence
d'activité qui a atteint son maximum au moment même de mon
arrivée.

A côté de cette première bouche, s'en trouve une deuxième, un

peu moins large, qui vomit de gros flocons de vapeurs jaunes
suffocantes ; puis, séparée de la précédente par une mince cloison
de cendres s'en ouvre une troisième, en simple activité solfota-
rique, d'où fusent des jets de fumée bleue, jaune et blanche. Il
faut avoir le pied solide et les poumons accommodants pour
s'aventurer dans ces tourbillons asphyxiants qui, par moments,
vous enveloppent et vous aveuglent : on tousse, on pleure comme
si on assistait à l'incendie de toutes les fabriques d'allumettes
chimiques de la création et on admire quand même, dès qu'on
peut rouvrir les yeux.

L'Aso-san est une montagne sainte que viennent vénérer, chaque
année, des milliers de pélerins et de pèlerines, car les Japonais ont
le bonheur d'avoir une religion qui leur prescrit le culte de la
patrie, l'adoration de la nature, le respect de tous les grands sites ;
aussi n'existe-t-il pas un peuple chez qui les touristes soient aussi
nombreux et plus convaincus. C'est par milliers qu'ils vont à
Nikko, au Fuji-Yama, à Kyoto ; c'est par bandes qu'ils arrivent à
l'Aso pendant que j'y suis ; c'est par longues processions que je les
croise sur le chemin du retour : en tête, le père et les garçons
portant les bagages de la caravane, puis la femme et la fille, chacune un bébé sur le dos, jupe retroussée et la canne à la main.

La descente me fait traverser toute une série d'anciens cratères,
intermédiaires entre la bouche active et le grand cirque primitif.
Il est facile de suivre ainsi la marche de l'extinction des feux et de
voir comment l'activité s'est peu à peu réfugiée dans le coin
extrême qu'elle bouleverse actuellement. Il me reste encore beaucoup de choses intéressantes à visiter : à Yunotan, une montagne
brûlante et un geyser qui jaillit à quatre mètres de hauteur me
rappellent certaines régions de la Nouvelle-Zélande, mais il est
midi et le moindre grain de riz, ferait bien mieux mon affaire. A
l'auberge, installée aux sources thermales, on n'a rien, ni poulets,
ni œufs, ni riz et me voilà obligé de remplacer le déjeuner tant
espéré par un bain chaud ; mais la piscine est bouillante : j'y suis
à peine entré que j'en doit ressortir au plus vite à moitié cuit et
mon aspect me rappelle involontairement qu'il y a des pays bien-
heureux où l'on mange du homard. Mon guide, lui, s'est assuré un
repas, qu'en égoïste affamé il ne m'invite pas à partager : c'est un
petit serpent violacé qu'il a déniché dans un buisson et qu'il se
promet de mettre sur le gril à la première relâche.

Au bas de la montagne nous passons devant plusieurs cascades,
Sugaruga, Shiraito qu'enjambe un vieux pont dont les pierres
moussues disparaissent sous les lianes fleuries. A deux heures,
nous arrivons à Tateno.

II. — LE KIRISHIMA

Il semble que, depuis quelques années, les régions volcaniques soient, sur toute la surface de la terre, entrées dans une période de recrudescence d'activité. Les journaux signalent, de tous les côtés, des réveils de cratères endormis, des éruptions violentes et

KUROI-YAMA CASCADE D'AIGAERI
(D'après un dessin de l'auteur)

d'autres phénomènes qui s'y rattachent, sans aucun doute : ici des apparitions ou des disparitions d'îles, ailleurs, des tremblements de terre ou des raz de marée qui dévastent des provinces entières. Tout le monde a encore présent à l'esprit les épouvantables catsclysmes qui, récemment, dans le nord de Hondo, bouleversèrent le Rikuchu, détruisirent la ville de Kamaishi et firent en quelques instants plus de trente-cinq mille victimes.

Ce qui étonne tout d'abord, dans l'apparition de ces phénomènes, c'est leur soudaineté brutale : rien ne fait pressentir le danger ; la mort frappe sans avertir.

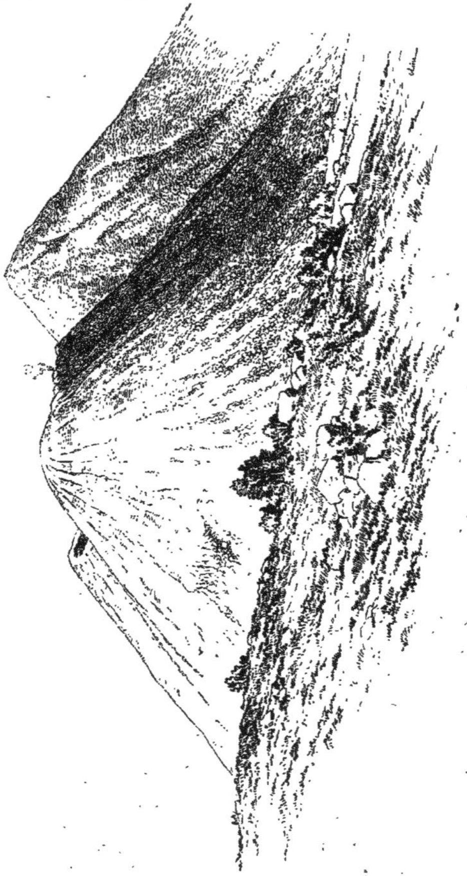

LE K'RISHIMA, UNE DEMI-HEURE AVANT L'ÉRUPTION

Au mois de mars 1896, me trouvant au Japon, j'ai été le témoin involontaire d'un de ces brusques réveils de l'activité volcanique.

Au sommet du Kirishima, dans l'île de Kiushiu, je fus surpris par une éruption si soudaine que la fuite m'a été impossible et que j'ai dû, malgré moi, assister, des bords mêmes du cratère, à ce spectacle unique et terrifiant.

Dans les mêmes circonstances, Empédocle et Pline l'Ancien payèrent de leur existence leur téméraire curiosité. Plus heureux qu'eux, j'ai miraculeusement échappé à la mort et j'ai pu raconter ce que j'avais vu. Il m'en reste le souvenir, aujourd'hui sans amertume, d'un quart d'heure désagréable, quelques légères infirmités et dans la main gauche, un fragment de lave qui n'a pu être extrait. J'espère que le peuple japonais me pardonnera cette annexion involontaire d'une parcelle de son territoire.

Le massif du Kirishima fait partie de l'ossature même de Kiushiu dont il est le point le plus élevé et se rattache, par suite, à la longue chaîne volcanique qui, passant par le Japon, entoure l'Océan Pacifique d'un immense cercle de feu.

Bien qu'il n'ait plus, aujourd'hui, qu'une seule bouche active, il n'en a pas moins été, à une époque relativement récente, un des centres ignivomes les plus puissants du pays. Sur une longueur de vingt kilomètres, à peine, s'ouvrent cinq cratères alignés du N.-O. au S.-N. : les trois cratères-lacs du *Shiratori San;* le *Nishi Kirishima* ou Karakunimidake, avec ses deux cratères du sommet et du lac Onami; le *Shimo oitake*, et le *Higashi Kirishima* ou Takachiho.

Vue dans son ensemble, la chaîne se présente sous un aspect assez grandiose avec sa base de sombres forêts d'où émergent les pics aigus du Takachiho et du Karakunimi et le dôme dévasté du Shimo oitake. Le Nishi Kirishima, avec ses 1,839 mètres, est le point culminant du massif, le Higashi Kirishima n'ayant que 1,681 mètres. Mais ce dernier, sentinelle avancée que la montagne projette vers le sud, doit à sa position plus isolée et aux lourds nuages de fumée dont il se drape, une majesté plus imposante.

C'est sur son sommet qu'il y a près de vingt-sept siècles, le dieu Ameno-oshi-ho-mimi-no-mikoto (1), petit fils du Soleil et père de Jimmu Tenno, le premier mikado, descendit du ciel sur la terre pour fonder la nation japonaise; sa pique, *hoho,* y est encore, scellée dans le roc, à la cime du Takachiho, ou Hoko-dake.

Ces montagnes, les plus grandioses peut-être qu'il y ait à Kiushiu, sont cependant presque inconnues des touristes, que rebutent sans doute leur aspect sévère et leur situation loin de toute grande voie de communication. La belle route de Kagoshima à Miyazaki,

(1) Ou plus brièvement : Sumemima-ni-nigi-no-Mikoto. Cet ancêtre des mikado est le fils d'Amaterasu, personnification du Soleil. Amaterasu est, elle-même, née de l'œil gauche du dieu terrestre Isanagi, après la mort de sa femme Isanami.

qui les fait entrer aujourd'hui dans le champ des excursionnistes, n'était pas encore achevée, lorsque je les visitai.

Le 13 mars 1896, je quittai Nagasaki sur le *Keishinmaru,* un de ces vapeurs minuscules qui transportent, sans le moindre souci de confortable, voyageurs et marchandi-es sur les côtes de Kiu-shiu. Point de cabines : une simple chambre commune, à l'arrière, où s'étendent, pêle-mêle, sur les nattes, les hommes de l'équipage et les passagers. Mais une nuit est vite passée. Le lendemain, un peu avant le lever du soleil, nous contournions le Kaimon-dake, un des profils volcaniques les plus majestueux du Japon et, quelques heures après, je débarquai à Kagoshima.

Mon intention était de remonter dans le nord, d'aller voir le cratère actif du Kirishima et de visiter les volcans éteints qui l'avoisinent. Mes ascensions terminées, je devais gagner Hitoyoshi, descendre les rapides du Kumagawa et rentrer à Nagasaki par l'Onsen.

*
* *

Kagoshima est loin d'offrir aux regards un aussi ravissant tableau que Nagasaki. La ville est, il est vrai, entourée de collines verdoyantes; mais, masquée derrière les noires jetées de son port, écrasée par la cime imposante du Mi-take, dans l'île de Sakura, qui surgit au milieu de sa rade, elle apparaît à peine, comme perdue dans la large plaine où elle s'étale.

Aujourd'hui chef-lieu de préfecture, Kagoshima est devenue une des cités les plus importantes du Japon méridional. Ses filatures de coton, ses manufactures de cigarettes et surtout ses fabriques de faïences en font un des principaux centres industriels de Kiu-shiu.

A peine sorti de la ville, je commence à apercevoir le but lointain de ma promenade, le Kirishima qui, lentement, essaime dans le ciel de gros nuages de vapeurs. Jusqu'au soir, je ne le perdrai plus de vue.

Bien que les rivages de la baie soient très peuplés, les villes y sont rares. Le chef-lieu de sous-préfecture Kachiki (10,000 habitants) et Kokubu (17,000), à l'embouchure du Shin-Kawa, sont les deux seules agglomérations importantes.

De Hamanoichi, point où on tourne le dos à la rade, jusqu'à Matsunaga, on traverse une vaste plaine conquise sur la mer et cultivée aujourd'hui en rizières. Les fermes, les villages se succèdent presque sans interruption sur les bords de la rivière, qui coule tortueuse vers la baie au milieu des cultures.

Mais à Matsunaga on se heurte brusquement à la montagne, qui se dresse, comme une muraille inaccessible, au-dessus des basses terres. Il faut l'escalader. Un sentier monte en serpentant dans les éboulis de rochers, surplombant par endroits des ravins profonds. Sur le plateau, plus de villages : à peine, de loin en loin, quelque hutte isolée qui se cache dans la verdure. Une vieille allée de pins tordus par le vent, à demi rongés par les incendies, fait, à travers cette vaste solitude, une avenue imposante au Kirishima. Mais le sentier actuel ne suit plus cette allée. Après une promenade de quelques kilomètres sur la hauteur, il redescend tout à coup, à Okubo, dans la vallée de Shinkawa, qu'il avait abandon-

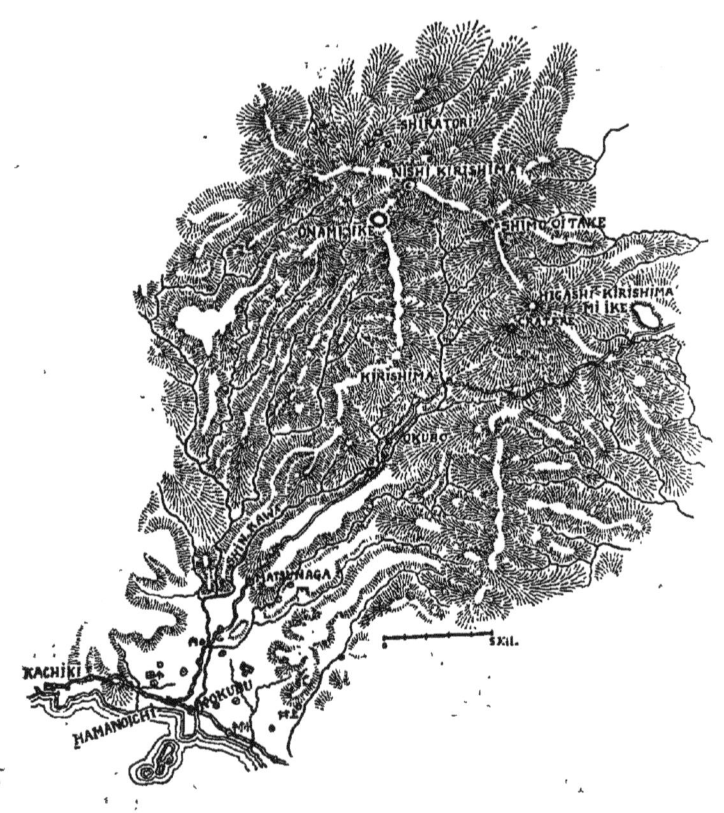

MASSIF DU KIRISHIMA

née plus bas et à laquelle le volcan fumeux fait dans le lointain un couronnement grandiose. On traverse de nouveau la rivière; encore quelques montées, quelques descentes et on arrive au pied d'un escalier délabré, entouré de cryptomérias, que domine un portique en bois rouge. Ce *torii* est l'entrée du village de Kirishima.

Il fait nuit ; je m'arrête à la première auberge, Yoshimatsu. Le village ne se compose, du reste, que d'un petit nombre de maisons, groupées au pied d'un temple de Shinto.

Le guide qui m'avait accompagné jusque-là m'abandonne et retourne à Hamanoichi. Le maître de l'hôtel où je suis descendu,

Sakamoto Magoso, consent à le remplacer. Comme le programme de notre journée est très chargé, nous nous mettons en route, le lendemain 15 mars, avant le lever du soleil.

Qu'on me permette, maintenant, d'emprunter la suite de mon récit aux lettres que j'adressai à ma famille et à mes amis peu de jours après cette excursion. Les descriptions que j'y fais, écrites sou l'impression encore brûlante du spectacle unique auquel je venais d'assister, ne pourront que s'y présenter avec une réalité plus saisissante.

« Laissant le temple sur la gauche, nous allons rejoindre à travers la forêt la nouvelle route de Hamanoichi à Miyazaki, qui contourne le massif à mi-côte. Au bout d'une heure, nous commençons à apercevoir le volcan, invisible du village, masqué qu'il est par un contrefort de la montagne et un épais rideau d'arbres. Le cratère ne s'ouvre pas au sommet, mais un peu au-dessous, dans le sud-ouest. Des vapeurs de la veille, il ne reste plus trace. Un mince filet de fumée blanche, aussi ténu que celui d'une cheminée, s'élève cependant à côté d'un bloc de rocher, au point le plus élevé de l'arête, mais sur la face extérieure; puis, à mesure que je m'approche, je distingue une légère vapeur rouge qui sort du cratère, voile presqu'imperceptible que la brise disperse aussitôt dans le ciel bleu. Mais aucun bruit ne se fait entendre: le silence enveloppe la montagne. Nous sommes parvenus à l'extrême limite de la végétation : le volcan s'est entouré d'une zone de mort. Aucune plante ne verdit ses flancs, aucun oiseau, aucun insecte ne trouble de son vol le calme effrayant de son ciel. Est-ce ce silence, est-ce le souvenir de sa récente éruption où des touristes japonais périrent dans un flot d'eau bouillante qu'il leur lança traîtreusement, est-ce la vue de ces immenses pentes de rochers éboulés où ni l'œil ne perçoit une couleur amie, ni le pied ne trouve un sol ferme où se poser ? Je ne cherche pas à me l'expliquer; mais cette première entrevue avec le Kirishima me glace d'un frisson de terreur, bien que je n'en sois pas à mes débuts dans les volcans.

« Aucun sentier ne mène au cratère. Après entente avec mon guide, je décide de l'aborder par l'ouest; c'est le côté le moins élevé et le vent chasse les vapeurs sur l'autre versant. Je choisis un petit dos d'âne, entre deux ravins, où la pente me semble moins raide, et l'acension commence. Ces ravins, espacés, à l'origine, d'une cinquantaine de mètres, finissent par se rejoindre au sommet. Ils sont peu profonds, mais, dès les premiers pas, je m'aperçois qu'il est prudent de s'en éloigner: à chaque instant, sans cause apparente, une pierre se détache de leurs bords et roule silencieusement jusqu'au fond. Je me suis demaudé, depuis, si ces éboulements mystérieux n'étaient pas dus à des trépidations imperceptibles de la montagne, trop faibles pour être perçues par le pied, malgré l'extrême attention que j'y apportais. A mi-chemin environ, j'abandonne mon guide qui, absorbé dans ses prières, marchait trop lentement à mon gré, et je continue rapidement mon ascension.

« Le sol sur lequel je marche est un tuf dur et glissant composé de cendres et de laves durcies. A quelques pas du sommet, la pente devient brusquement si raide que je me demande s'il ne serait pas prudent de rebrousser chemin, car je ne me sans pas sûr de pouvoir redescendre; mais je suis si près du but que je me décide, malgré tout, à reprendre ma marche. Un simple arête de cendres dures, de quatre ou cinq mètres au plus, me sépare du cratère qui s'ouvre à pic de l'autre côté.

« Jusque-là je n'ai rien vu, rien senti, rien entendu. Le volcan garde le silence; pas un bruit ne sort de la terre; pas un frissonnement n'a secoué la montagne La pente étant très abrupte, je grimpe, le visage presque sur le sol. Je vais arriver au bord du cratère, je le touche... lorsqu'une détonation effroyable se fait entendre. Le bruit est si immense, il emplit tellement l'air, que je ne lui assigne, tout d'abord, aucune direction. Mon premier mouvement est de me retourner vers mon guide, qui était resté assez loin derrière moi. Je le vois qui, les bras en l'air, s'enfuit de toute la vitesse de ses jambes. Je regarde alors vers le cratère: une colonne épaisse de vapeurs blanches, de fumée et de cendres grises monte vers le ciel, sillonnée de roches en ignition, illuminée de lueurs rouges qui l'embrasent comme des éclairs. D'un coup d'œil je calcule le point extrême où va s'abattre cette pluie de projectiles; aucune illusion n'est possible : il faudrait dix minutes, peut-être plus, pour être hors de danger et, dans quelques secondes le sol sera couvert de pierres et de scories en feu. La fuite est inutile; la mort certaine. Je tire ma montre : il est 8 heures 35 ; avant une minute tout sera fini. La colonne monte, s'élève à plus d'un kilomètre; elle se recourbe en une gerbe grandiose et, de tous côtés part une fusillade si puissante qu'elle couvre le grondement même du volcan. Ce sont les rochers incandescents qui éclatent dans l'air. La gerbe s'incline et tombe; c'est un moment effroyablement beau; je me trouve au centre d'une sphère de feu : le ciel, la terre disparaissent et je n'ai plus devant les yeux, au-dessus de ma tête et au-dessous de moi, qu'un immense voile rouge qui se déploie comme le bouquet d'un inépuisable feu d'artifice. Il s'enroule, tourne, crépite, tombe et... je reçois un éclat sur la tête. Je tourne sur moi-même et je m'étale sur le sol, la face contre terre, présentant le flanc droit au cratère. Je reste immobile dans cette position. Pourquoi bouger? Mourir ici ou là, debout ou couché, qu'importe? Une grêle de pierres s'abat sur mon dos qu'elle frappe comme une volée de coups de bâton ; une pluie de grains de cendres agglomérées, gros comme des noix, me maintient irrésistiblement cloué à terre. Autour de moi tombent des blocs incandescents qui creusent dans le sol des trous profonds et me couvrent de leurs éclats.

Quelques-uns de ces projectiles monstrueux ont été cubés à la fin

de l'éruption, et ce qui en restait, après éclatement, ne mesurait
pas moins de 200 mètres cubes !

Mais je ne devais pas mourir lapidé : la crémation m'était réser-
vée. Le cratère se met à dégorger un torrent de cendres brûlantes,
de pierres et de roches incandescentes. En quelques secondes le
fleuve est sur moi. Je porte la main à mes yeux pour les préserver
et tâcher de mourir avec moins de souffrances. Le torrent de feu
passe sur mon corps ; je ne respire plus que des vapeurs brûlan-

PENDANT L'ÉRUPTION

tes ; les rochers s'amassent sur mon flanc droit, qu'ils compriment
lentement, j'étouffe…, lorsque, tout d'un coup, cet amoncellement,
sans doute sous la poussée d'un bloc plus vigoureux, se disperse,
saute et rebondit sur ma hanche gauche qu'il écrase ; des éclats
viennent me frapper au talon et à la main gauches qui sont atro-
cement blessés…, et je me trouve debout, je ne sais comment.
Puisque la mort a consenti à m'épargner, je vais tenter de fuir. Je
laisse mon chapeau fumant à côté de mon parapluie ; je ramasse

ma montre, collée sur ma nuque dans un caillot de sang, et je me
mets à descendre lentement, péniblement, sous l'averse de pierres
qui continue, au milieu des fumées qui m'aveuglent, des cendres

TORII DE KIRISHIMA

et des fragments de roche qui dégringolent en cascade sur les
flancs de la montagne et me roulent entre les jambes. Passant
près de l'endroit où j'avais aperçu mon guide pour la dernière.

fois, je lance trois appels; mais, moi-même, je n'entends pas ma
voix et son corps serait étendu à mes pieds que je ne pourrais pas
le voir dans ce torrent de débris et de poussières qui me monte
jusqu'à mi-jambe. Je descends; mais où me diriger? Le matin, j'ai
pris le chemin des écoliers et, pour le moment, il me reste si peu
de forces que je ne sais si je pourrai atteindre le village par la
voie la plus courte. Et puis, où est le village? Avant de me lancer
dans l'inconnu, je m'arrête de nouveau pour prendre rapidement
quelques points de repère, et je recommence ma marche automa-
tique. Encore quelques pas et je vais me trouver hors de la zone
dangereuse... Une détonation immense se fait entendre derrière
moi, comme si la montagne entière s'effondrait dans un suprême
cataclysme. C'est une deuxième explosion du volcan. Les rochers
de la première ne sont pas encore tous tombés, que ceux de la
deuxième éclatent déjà au-dessus de ma tête. Un dernier pas, un
regard d'adieu au volcan et je suis hors de ses atteintes,

« J'entre dans la région herbue et broussailleuse qui l'entoure.
Elle est tout en feu. La chaleur me suffoque et les flammes s'ac-
crochent à mes vêtements en lambeaux comme si la montagne
faisait un dernier effort pour me ressaisir. Je descends dans un
chaos de rochers éboulés, crevassés de profonds ravins et j'arrive
enfin à la lisière de la grande forêt, que le feu n'a pas entamée.
Je trouve là une vague sente, à peine foulée; je la suis, tout en
pansant mes plaies avec mon mouchoir. Je croise plusieurs sentiers mieux tracés que le mien; mais je ferme les yeux pour ne
point les voir. Si je me suis trompé, si je m'égare, c'est la mort,
car personne ne viendra me chercher dans le coin de cette forêt
déserte où je serai tombé. A chaque pas que je fais, il me semble
que c'est le dernier que je puisse faire. De dernier en dernier, je
finis par déboucher dans une clairière qu'entoure un groupe de
cryptomerias... C'est le temple de Kirishima. La première personne qui m'aperçoit s'enfuit épouvantée: je n'ai plus forme humaine. De la tête aux pieds, mon corps n'est qu'une plaie san-
glante où pendent des lambeaux de vêtements brûlés. Un homme
qui passe ensuite vient à mon secours et m'aide à descendre l'escalier délabré qui conduit au village, pendant que son fils, un
enfant, déchire sa ceinture et étanche le sang qui coule à flot de
mes blessures. A la première maison je me laisse aller épuisé sur
le *tatami*. Je viens de faire huit kilomètres en deux heures...

« Mon guide n'a pas reparu. Sur les indications que je donne,
quelques hommes du village partent pour lui porter secours s'il
en est temps encore. Les renseignements qu'ils rapportent, le soir,
ne me laissent aucun doute sur son malheureux sort. Ils l'ont
aperçu, de loin, étendu sur le flanc de la montagne, mais la violence de l'éruption les a empêchés d'approcher. C'est le surlendemain seulement que, pendant une courte accalmie, quelques hom-

mes courageux ont pu monter chercher son corps. La tête, séparée du tronc, avait été projetée à six mètres en avant, ce qui
semble indiquer que la mort est venue le surprendre en pleine
fuite sans qu'il ait eu le temps de s'en apercevoir et de souffrir.
Sa montre gisait à côté de lui, *à moitié fondue.*

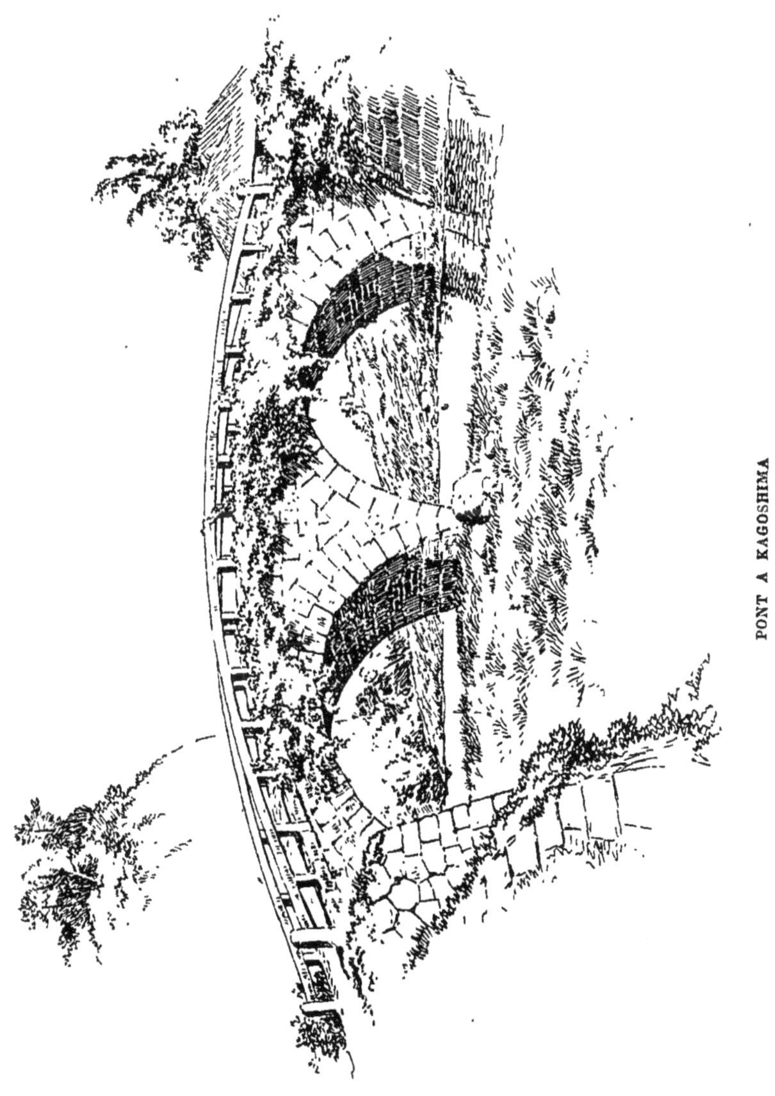

PONT A KAGOSHIMA

Une heure et demie après mon arrivée au village, le médecin
d'Okubo, qu'on était allé chercher, accourait en toute hâte, me
débarrassait, a coups de ci seaux, de mes vètements brûlés que le
sang collait au c orps, et faisait les premiers pansements. Dans la

soirée, un deuxième médecin, celui de Kokubu, venait prêter son concours à son collègue.

Tout mon corps est couvert de blessures : sur la tête, sillonnée de plaies, les cheveux roussis forment, avec le sang coagulé, comme un feutrage compacte. Le côté droit de la poitrine est écrasé et

les caillots de sang qu'y promène la respiration râlent d'une façon désespérée. Mais c'est le côté gauche surtout qui a été atteint : les amoncellements de débris vomis par le volcan ne l'ont pas, comme l'autre, recouvert d'une cuirasse protectrice : les quatrième et cinquièmes métacarpiens sont broyés et les deux derniers doigts.

presque détachés de la main, pendent lamentablement; l'os iliaque est écrasé et fendu; le talon fortement entamé. Un peu partout la peau est brûlée et même carbonisée; quelques endroits ont été préservés par les vêtements imprégnés de sang.

Le télégraphe avait à peine annoncé mon accident que les gouverneurs des provinces voisines, Kagoshima et Miyazaki, envoyaient sur les lieux leurs inspecteurs de police (*Keibu*) et les agents (*junsa*) des bourgs les plus proches; de telle sorte que, dès le premier moment, j'ai reçu les soins éclairés des médecins et on a pu, en même temps, improviser, pour les seconder, un véritable corps d'infirmiers et de garde-malade intelligents et dévoués; je ne parle pas des marques de sympathie que j'ai reçues aussi bien des agents de l'autorité, de tous les fontionnaires, des prêtres du temple shintoïte, que de la population elle-même....

Le 18 mars, mon état s'étant un peu amélioré, j'étais transporté jusqu'à l'hôpital de Kagoshima (1), où j'arrivais le 19, au soir, après un voyage que les secousses de mon *Kago* (chaise à porteurs) avaient transformé en un véritable supplice. »

L'hôpital de Kagoshima était le port où j'allais, dans un long, repos, oublier les fatigues et les souffrances des jours passés. Je n'ai eu qu'à me laisse revenir à la vie au milieu des soins dont m'entouraient les médecins, des prévenances de mes aimables infirmières, des attentions délicates que me prodiguaient les prêtres des Missions étrangères dont tout le monde connaît l'inépuisable dévouement.

Cette éruption du Kirishima me paraît n'être qu'une manifestation locale de la recrudescence générale d'activité que jai signalée au début de ce récit. Depuis de longues années le volcan pouvait être considéré comme éteint, lorsqu'en juillet 1891, il sortit un instant de son inaction. Ce réveil momentané fut suivi d'une période de calme pendant laquelle le cratère obstrué se remplit d'eau. Au mois d'octobre 1895, une explosion soudaine projeta en l'air ce lac intérieur et d'énormes fragments de roches. Une quinzaine de touristes japonais, surpris dans leur ascension, furent noyés dans un flot d'eau bouillante et de cendres. Cette deuxième éruption dura un mois environ, après lequel le volcan parut retomber dans son calme primitif. Mais ce n'était qu'une paix armée, car l'eau continua à bouillonner au fond de son cratère. Cette eau devait exister encore la veillle même de l'éruption à laquelle j'ai assisté, comme l'attestaient les épaisses vapeurs blanches qui sortaient de la montagne; elle disparut sans doute, dans la nuit, car, le matin, les vapeurs s'étaient entièrement dissipées et avaient été

---

(1) Kagoshima (48,000 habitants) est un chef-lieu de *ken*. La ville est située sur la rive occidentale de la baie et possède des manufactures de porcelaine et de coton, ainsi qu'une filature de coton. La population de Kagoshima est supérieure à celle de Nagasaki (45,000 habitants).

remplacées par une légère fumée à peine perceptible (1). C'est peut-être l'irruption du liquide au milieu des matières en fusion dans l'intérieur du volcan, suivie de quelques éboulements, qui aura déterminé l'explosion subite du 15 mars, explosion que rien ne pouvait faire prévoir une minute auparavant.

L'éruption a eu lieu par un temps calme et clair, sous un ciel sans nuages, dont elle n'a pas réussi à troubler la sérénité; elle n'a donné lieu à aucun orage, ni pluie, ni vent.

Contrairement à ce qu'on pourrait croire, je n'ai senti, au centre de l'activité, où je me trouvais, aucun ébranlement du sol, ni avant, ni pendant les explosions. Quelques jours après à Miyazaki, dans l'Est, les tremblements de terre furent si violents qu'ils donnaient presque des nausées, tandis qu'à l'Ouest, vers Kagoshima, on n'a ressenti aucune secousse.

Le cratère, cette fois, n'a pas rejeté d'eau; il a vomi seulement des cendres, des lapilli, des fragments de laves anciennes détachées des parois de la cheminée et des pierres de toutes les dimensions, depuis le simple grain de sable jusqu'à des blocs de plus de 200 mètres cubes. Ces roches incandescentes, lourdes, compactes et d'un jaune clair une fois éteintes, étaient projetées à une hauteur de plus d'un kilomètre. Elles éclataient soit dans l'air, soit en touchant le sol, où elles creusaient des trous profonds.

Dans les vapeurs brûlantes que j'ai été obligé de respirer, je n'ai senti aucune odeur acide, mais simplement une odeur violente et désagréable rappelant celle de la pierre à fusil qu'on frappe du briquet. Il est vrai de dire que, dès le premier moment, mon odorat avait presqu'entièrement perdu sa sensibilité par suite de la brûlure des muqueuses.

L'éruption a débuté par deux explosions, qui se sont succédé sans interruption, et a duré une quinzaine de jours, pour reprendre un peu plus tard et continuer jusqu'à aujourd'hui (1898). J'estime être resté sur le cône de déjections quinze minutes, le temps de subir entièrement la première explosion et de voir débuter la seconde.

La lave, dont l'éclat illuminait de rapides éclairs la colonne de fumée, était évidemment très compacte, comme l'atteste la violence des explosions. Elle a dû monter jusqu'aux bords même du cratère, y portant l'écume de cendres et de rochers qui, au bout de quelques minutes, a débordé, m'ensevelissant sous un fleuve de débris. Fort heureusement pour moi, elle s'est arrêtée là dans sa course ascendante, car je me trouvais sur la partie la plus basse de l'arête, et c'est par là que, sans aucun doute, elle se serait déversée.

(1) En général, après une éruption, chaque volcan reste calme pendant un temps plus ou moins long. Quand le calme est devenu parfait on voit quelquefois le cratère s'obstruer et les alentours se couvrir de culture. Milne dit que dans la vaste enceinte de l'Aso-Yama, qui fut jadis la bouche d'un volcan, vivent plus de 10,000 personnes (c. s.).

L'éruption du 15 mars a laissé le cratère rempli de cendres fumantes (1).

. COL DE MATUNAGA (KIRISHIMA)

Si elle n'avait pas causé la mort d'un brave homme, guide courageux et excellent père de famille, je ne regretterais certainement

(1) C'est le phénomène constaté à peu près partout. Aussitôt après la sortie de la lave, les secousses cessent, les explosions et les déjections diminuent et le volcan paraît vouloir s'assoupir ; mais bientôt une nouvelle crise succède à la première et les mêmes phénomènes se reproduisent plus ou moins long-

pas, aujourd'hui que mes blessures sont cicatrisées, d'y avoir assisté, non pas seulement parce qu'elle-m'a permis de contempler
la manifestation la plus grandiose de la force la plus puissante de
la nature, mais aussi parce qu'elle m'a fait connaître une vertu de
plus chez un des peuples les plus sympathiques de la terre.

Daniel Lièvre.
Sous-Commissaire de la Marine.

temps; à la fin, la tranquillité se rétablit complètement, et peu d'années après
la végétation et la culture ont repris toute leur activité; il ne reste plus
d'autres traces du désordre que les amas de cendres et de scories et les courants
de lave qui s'étendent quelquefois à des distances considérables (Roset).

HABITATION JAPONAISE AU PIED D'UN VOLCAN

MEMENTO GÉOGRAPHIQUE

ÉVÉNEMENTS ET FAITS IMPORTANTS

Courrier de la Semaine. LXII. (Janvier 1899.)

GÉNÉRALITÉS

Pays tropicaux. — *Acclimatement d'Européens.* — Une très intéressante discussion a eu lieu dernièrement à la Société royale de géographie de Londres au sujet de l'acclimatement d'Européens dans les pays chauds. Le Dr L.-W. Sambon essayait de prouver que la chaleur n'influe que d'une manière insignifiante sur la santé des Européens nouvellement établis dans les pays tropicaux. Le conférencier citait comme un exemple typique la colonie française de l'Algérie, au sujet de laquelle un général exprimait au début de la conquête que, « les cimetières sont les seules colonies toujours croissantes ». — A présent, ajoute M. Sambon, nous y envoyons nos malades pour chercher la santé ! Les conditions de la vie y sont si favorables, remarque le savant hygiéniste, que les Espagnols, qui, dans leur propre pays, comptent 37 naissances sur mille, en enregistrent 44, à Cuba et 46 en Algérie. Les naissances françaises sont de 26 pour mille en France, de 46 en Algérie. M. Sambon attribue la mortalité qu'on constate chez les nouveaux arrivés dans une colonie, d'abord au grand nombre d'animaux nuisibles. (Indes, Australie), ensuite au manque de soins élémentaires.

EUROPE

Russie. — Une nouvelle ville, Ekatérininsk, a été fondée, il y a deux ans seulement, à l'extrémité nord du continent européen, sur la côte nord-est de la presqu'île de Kola. La ville offre l'avantage d'un port libre de glaces, d'environ 2,000 mètres de long sur 400 mètres de large. La ville a déjà été pourvue de stations de poste, de télégraphe et de téléphones. Il est question de la relier par une voie ferrée à un point du centre de l'empire. La ville est éclairée entièrement, paraît-il, à l'électricité, ce qui n'est pas à dédaigner dans ces latitudes où la nuit a souvent des durées de 15 à 20 heures consécutives.

AFRIQUE

Kilimandjaro. — Nous avons annoncé, au mois de juin dernier (*Mémento* n° 33), le départ d'une nouvelle expédition pour le mont Kilimandjaro, imposant massif neigeux de l'orient africain. L'explorateur, Dr Hans Meyer, qui, le premier, gravit cette montagne en 1887, réussit cette fois encore à faire l'ascension du massif conformément au programme qu'il s'était imposé; il parvint au sommet nord de la montagne (5,860 mètres) et découvrit plusieurs glaciers qui n'étaient pas encore soupçonnés jusqu'à présent. L'exploration du mont Kilimandjaro formera l'une des plus belles pages dans l'histoire de l'alpinisme.

Mission de Bonchamps. — Le marquis de Bonchamps, dont nous avons annoncé le retour en France (*Mémento* n° 38), a fait le 23 décembre dernier un exposé de son voyage devant la Société de Géographie. La mission était composée de six Européens : MM. de Bonchamps, chef; Michel, second; Bartholin, ingénieur des mines; Potter, peintre dessinateur; Faivre et Veron, du cadre de l'administration coloniale. La caravane comptait 150 Abyssins et Gallas, quelques Arabes, Soudanais, Somalis et guides yambos. La mission avait aussi, au départ, une quinzaine de chameaux, 125 mulets, ânes, chevaux de selle et de bât. La mission a, comme on sait, traversé l'Abyssinie de l'est à l'ouest. Son itinéraire partait de Djibouti, sur la côte; elle est arrivée à la rivière Djouba, sous-affluent du Nil, le 29 décembre de l'année 1897. D'immenses marécages, l'absence complète de sentiers et la famine empêchèrent la mission d'atteindre le Nil, qui n'était plus qu'à trois journées de marche. Elle a été aussi fortement éprouvée par la température. Pour descendre du plateau abyssin à la plaine il y a une différence d'altitude de près de 1,000 mètres. Sur le plateau, la température est fraîche et salubre; dans la plaine, le climat est torride, l'air humide et malsain. Aussi, sur les 150 hommes qui étaient partis, 80 environ sont revenus indemnes; les autres ont été tués par des rôdeurs ou succombèrent à la famine, à la fièvre et à l'épuisement. Une quarantaine d'ânes ont seuls survécu parmi les animaux amenés par la mission.

Soudan français. — La prise de Samory est un événement capital dans l'histoire de notre établissement au Soudan. Aussi convient-il de préciser dès à présent les faits que l'Histoire aura plus tard à enregistrer. Nous avons relaté cette capture d'après les renseignements parvenus en Europe au mois d'octobre dernier. (V. *Mémentos*, n°s 51, 53.) Voici quelques détails complémentaires. Le 29 septembre (1898), la colonne du capitaine Gouraud parvint au camp des femmes de Samory. La consigne donnée à l'avant-garde était, d'avancer aussi loin que possible sans tirer, même si l'on recevait des coups de feu. La petite colonne avance à pas rapides, traverse les lignes des *sofas* (guerriers), déconcertés par cette audace, et arrive à 600 ou 700 mètres du camp de Samory même. On pénètre au camp au pas de course... « Là, aussi, la surprise, la faim, le découragement, ont hypnotisé tout-le monde : une grande ville ambulante... » La case de Samory est à 100 mètres. Surpris, le potentat cherche à fuir, traverse son campement, se faufile entre les cases ; trois tirailleurs lui barrent le chemin et le sergent Bratière peut se saisir de lui. Le lieutenant Jacquin survient quelques instants après avec sa section et reçoit des mains de son subordonné l'Abd-el-Kader du Soudan... C'est donc à cet humble sous-officier que revient l'honneur d'avoir appréhendé l'ennemi à la fois le plus tenace et le plus puissant de la pénétration française dans l'Afrique occidentale.

ASIE

Asie centrale. — Une nouvelle ligne ferrée vient d'être ouverte entre les possessions russes en Asie et la frontière de l'Afghanistan.

Cette ligne part de Merv, oasis du Turkestan, et aboutit à Kouchk, localité située à quelques kilomètres du poste afghan le plus rapproché, à 152 kilomètres au nord de Hérat. La distance entre le point terminus actuel et Merv est de 352 kilomètres. Il est donc à prévoir que d'ici peu les voies ferrées russes pénétreront dans le cœur même de l'Afghanistan. C'est un grand succès pour la politique des Russes dans leur conflit avec la Grande Bretagne pour la prépondérance sur le continent asiatique (1).

AMÉRIQUE

Canal interocéanique. — Encouragés par le succès obtenu dans leur guerre avec l'Espagne, les Etats-Unis se préparent actuellement à accomplir une œuvre d'ordre pacifique, mais qui n'aura pas moins une portée considérable ; l'exécution, sans le concours d'aucune puissance européenne, du canal de Nicaragua. Cette république du centre américain offre, comme l'isthme de Panama, une bande de terre étroite séparant les deux océans, Atlantique et Pacifique. La région possède en outre l'avantage de pouvoir utiliser un lac immense, le lac Nicaragua, situé sur une élévation peu sensible et dont la profondeur atteint 80 mètres. A en croire les historiens, déjà, en l'année 1529, Saavedra, l'un des parents du célèbre Cervantes, conçut le projet de percer l'isthme de Nicaragua afin d'unir les deux océans. Les études approfondies ne datent toutefois que d'une vingtaine d'années. Les Etats-Unis sont maîtres de fait de tout le pays dont ils possèdent les principales plantations. La déconfiture de l'entreprise du Panama devait donner un regain d'activité à un projet longtemps caressé : réunir entre les mains exclusivement américaines tout ce qui touche ou se trouve dans le Nouveau-Monde. Aussi, paraît-il, la compagnie qui se forme en ce moment pour l'exécution du canal refuse-t-elle d'acquérir, à n'importe quel prix, le matériel de l'ancienne Compagnie du Panama !

OCÉANIE

Iles Samoa. — *Encore un partage.* — A la suite de la mort du roi des Iles Samoa, Maleatoa, une proposition vient d'être soumise par l'Angleterre aux gouvernements allemand et américain en vue du partage de cet archipel entre ces trois puissances : anglaise, allemande et yankee. Depuis longtemps déjà, une rivalité existait entre les trois nations pour l'influence à exercer dans les îles. L'archipel, situé vers le 14e degré sud, a été découvert en 1768 par le navigateur français Bougainville. Il a une superficie totale d'un peu plus de 300,000 hectares et compte une population d'environ 37,000 habitants. Les indigènes ont été convertis partie au protestantisme, partie au catholicisme. L'île Oupoulo, la plus gracieuse sinon la plus importante de l'archipel, serait attribuée à l'Allemagne.

(1) V. **Bibliothèque illustrée**, n° 12. *L'Afghanistan*, par Ch. Simond.

P. Lemosof.

E. PLON, NOURRIT ET C⁰⁰, IMPRIMEURS-ÉDITEURS, rue Garancière, 10, PARIS

CARTES VÉLO-KILOMÉTRIQUES

Au 250,000·

EN TROIS COULEURS

*Indiquant les routes vélocipédiques, les côtes, pavés, altitudes, distances et la population,
les routes et chemins vicinaux; les chemins de fer, canaux, rivières; enfin, toutes les
communes et la plupart des hameaux, sur une étendue de quatre à cinq départements.*

ENVIRONS DE PARIS (PARIS AU CENTRE)

A 125 kilomètres.

Comprenant : Paris — Versailles — Rambouillet — Chartres — Dreux — Évreux — Louviers
— Rouen — Les Andelys — Mantes — Pontoise — Beauvais — Clermont — Senlis — Compiègne — Soissons — Meaux — Château-Thierry — Provins — Sens — Fontainebleau —
Melun — Corbeil — Étampes.

Prix : En feuille sous couverture. . . . . **1 fr. »**
— Collée sur toile et pliée pour la poche. : . . . . **2 fr. 25**

ENVIRONS DE PARIS (NORD-OUEST)

A 250 kilomètres.

Comprenant : Paris — Pontoise — Mantes — Vernon — Évreux — Les Andelys — Beauvais
— Amiens — Abbeville — Neufchâtel — Dieppe — Rouen — Yvetot — Le Havre — Trouville — Pont-l'Évêque — Pont-Audemer — Bernay — Lisieux — Caen — Falaise.

Prix : En feuille sous couverture. . . . . **1 fr. 50**
— Collée sur toile et pliée pour la poche. . . . . **2 fr. 75**

ENVIRONS DE PARIS (SUD-OUEST)

A 250 kilomètres.

Comprenant : Paris — Sceaux — Versailles — Rambouillet — Étampes — Chartres — Châteaudun — Dreux — Nogent-le-Rotrou — Alençon — Argentan — Mortagne — Le Mans —
Saint-Calais — La Flèche — Mamers — Blois — Vendôme — Orléans — Pithiviers.

Prix : En feuille sous couverture. . . . . **1 fr. 50**
— Collée sur toile et pliée pour la poche. . . . . **2 fr. 75**

ENVIRONS DE PARIS (NORD-EST)

A 200 kilomètres.

Comprenant : Paris — Saint-Denis — Senlis — Clermont — Compiègne — Montdidier —
Péronne — Saint-Quentin — Laon — Soissons — Château-Thierry — Vervins — Mézières —
Rethel — Rocroi — Sedan — Vouziers — Châlons-sur-Marne — Reims — Epernay — Meaux.

Prix : En feuille sous couverture. . . . . **1 fr. 50**
— Collée sur toile et pliée pour la poche. . . . . **2 fr. 75**

ENVIRONS DE PARIS (SUD-EST)

A 200 kilomètres.

Comprenant : Paris — Corbeil — Melun — Fontainebleau — Montereau — Provins — Coulommiers — Vitry-le-François — Nogent-sur-Seine — Arcis-sur-Aube — Bar-sur-Seine —
Châtillon-sur-Seine — Auxerre — Tonnerre — Joigny — Sens — Montargis — Gien.

Prix de chaque carte : En feuille sous couverture. . . . . . . **1 fr. 50**
— — Collée sur toile et pliée pour la poche. . **2 fr. 75**

CARTE VÉLO-KILOMÉTRIQUE DE LA NORMANDIE

AMIENS AU MONT SAINT-MICHEL

Comprenant : Amiens — Neufchâtel — Dieppe — Rouen — Yvetot — Le Havre — Trouville — Pont-l'Évêque — Pont-Audemer — Bernay — Lisieux — Caen — Bayeux — Saint-Lô
— Valognes — Cherbourg — Coutances — Granville — Avranches — Vire — Falaise —
Argentan — Laigle.

Prix : En feuille sous couverture. . . . . **1 fr. 50**
— Collée sur toile et pliée pour la poche. . . . . **2 fr. 75**

PARIS. TYPOGRAPHIE DE E. PLON, NOURRIT, ET C⁰⁰, RUE GARANCIÈRE, 8.

MEMENTO GÉOGRAPHIQUE
ÉVÉNEMENTS ET FAITS IMPORTANTS

Courrier de la Semaine. LXIII. (Janvier 1899.)

EUROPE

Suisse. — *La décadence d'une industrie.* — L'industrie de l'horlogerie, autrefois si prospère en Suisse, est dans le marasme. En 1891, la Suisse exportait 4,350,000 montres pour la somme de 103 millions. Or, en 1897, l'exportation de ces mêmes articles comportait 5,485,000 pièces de même qualité, pour la somme identique de 103 millions, La valeur des appareils a donc diminué de près d'un quart!

Allemagne. — *Berlin.* — Comme complément à notre information sur le budget de cette ville (*Mémento*, n° 12), ajoutons qu'au 1er décembre 1898 on comptait à Berlin 1,800,000 habitants. L'accroissement de la population a été, depuis 1893, c'est-à-dire durant cinq années seulement, sans précédent dans l'histoire des grandes villes modernes de l'Europe. Berlin ne comptait, en effet, en 1893 que 1,580,000 âmes.

AFRIQUE

Afrique orientale. — Nos lecteurs connaissent déjà le projet, en partie réalisé, du chemin de fer de Djibouti à Harar. Un tronçon considérable de cette voie ferrée est déjà livré à la circulation. Cette ligne, qui reliera l'Abyssinie et une grande partie de l'intérieur africain à la côte, est destinée à donner une valeur très grande à notre possession de Djibouti. Or, voici que des offres sérieuses sont faites actuellement par des capitalistes anglais pour construire une voie ferrée entre Massaoua et Khartoum. Le projet comporterait même l'aliénation de toute l'Érythrée au profit du capital britannique. Les recueils géographiques italiens poussent les hauts cris. Souhaitons à nos voisins de conserver et de tirer un meilleur profit d'une colonie dont la conquête leur a déjà coûté tant d'efforts en hommes et en argent.

Le budget de la colonie de l'Erythrée est fixé pour l'année 1899 à 10,622,400 lires (ou francs), dont 8,300,000 fournies par la métropole; le restant à la charge de la colonie (douanes, impôts en nature, biens domaniaux, hypothèques...). Les frais du personnel actuellement employé dans l'Erythrée se montent à 369,000 francs pour le personnel civil, et à 5,634,500 francs pour les services militaires; dans ce dernier chiffre sont compris les frais d'entretien des soldats indigènes (Ascaris), 400,000 francs.

ASIE

Chine. — Les *Missions catholiques* annoncent de nouveaux massacres de missionnaires en Chine. On n'a pas encore reçu jusqu'à présent de détails précis sur ces événements. Nous devons toutefois signaler un édit promulgué par l'impératrice-mère, qui semble détenir en ce moment tout le pouvoir dans ce pays. Cet édit recommande expressément aux autorités de protéger en toutes occasions les étrangers et d'« accorder particulièrement aux explorateurs européens toutes les facilités pour l'accroissement de leurs missions... » Nous avons, en ce moment, en Chine, un explorateur de grand mérite, M. E. Bonin, dont on est depuis plusieurs mois déjà sans nouvelles. Espérons que l'édit impérial servira de sauvegarde à notre courageux compatriote.

Indo-Chine. — *Tonkin.* — Une conférence intéressante a été faite dernièrement devant l'Union coloniale sur la *colonisation agricole dans l'Indo-Chine*, par M. Depincé, ancien résident de première classe au Tonkin. C'est surtout de ce pays que l'honorable conférencier a entretenu son auditoire. M. Depincé examine les entreprises agricoles qu'il convient de conseiller aux colons désireux de s'établir dans notre vaste possession. Parmi les cultures tropicales, le cacao, la vanille, le coton, n'ont pas donné jusqu'à présent de bons résultats. Au-dessous de 10°, la température ne leur est pas favorable.

Un essai très important de plantation de café a fait naître des espérances, mais il serait prématuré de se prononcer d'une manière décisive. Par contre, le thé, le tabac, l'arachide, le ricin, les plantes tinctoriales viennent d'une manière parfaite et pourraient donner de beaux bénéfices ; sans compter les immenses forêts, mais dont l'exploitation économique reste subordonnée à la construction de routes et des chemins de fer. Parmi les entreprises intéressantes, M. Depincé cite encore la vigne et le blé, dont divers essais ont donné des résultats des plus satisfaisants. Abordant la question de la main-d'œuvre, M. Depincé cite l'exemple d'un colon, M. Thomé, qui a créé aux environs de Sept Pagodes une exploitation de 6,000 hectares et a fait appel aux nomades de la contrée, aux familles du voisinage qui peinaient misérablement faute d'outillage. M. Thomé les emploie sur ses terrains en leur fournissant les animaux et les engins nécessaires. C'est lui aussi qui les représente, tant devant les mandarins que devant les autorités françaises. Le domaine de M. Thomé compte à présent vingt-quatre villages, une population de 1,800 âmes, et les bénéfices sont d'environ 30,000 francs par an.

D'autres colons, suivant l'exemple de M. Thomé, ont également fort bien réussi et l'on voit des cultivateurs ayant engagé un capital de 50,000 francs réaliser plus de 20,000 francs de bénéfices par an, soit plus de 40 pour 100 !

AMÉRIQUE

Terre-Neuve. — La question de Terre-Neuve, vieille comme le siècle, revient à l'ordre du jour. C'est l'un des principaux sujets de discorde entre les gouvernements français et anglais. Deux mots à ce sujet. L'île est située, comme on sait, en face de l'embouchure du fleuve Saint-Laurent, entre 46° 38' et 51° 38' lat. N. et 55° et 61° long. O. Son climat est très rigoureux. Dans le sud de l'île, le thermomètre est le plus souvent à — 10° C., mais il arrive quelquefois qu'il descend à — 25 ; la température moyenne de l'année est de + 6° environ. Dans la partie nord de l'île, l'hiver est beaucoup plus rude. La découverte de l'île est attribuée à Sébastien Cabot, qui y aborda le 24 juin 1497. Les expéditions de pêche qui suivirent de très près la découverte furent bientôt le sujet de compétitions et de luttes sanglantes entre les Français et les Anglais. Par le traité d'Utrecht, quelque peu modifié par les traités de 1763 et de 1813, Terre-Neuve fut déclarée tout entière propriété anglaise ; seulement la France conservait le droit exclusif de pêcher la morue, de la préparer et de la faire sécher, sur une étendue de côtes de près de 140 lieues ; c'est la *French Shore* (côte française). Les Anglais se sont réservé le reste du littoral qui présente une étendue de côtes de 180 lieues environ. C'est là surtout que s'est développée la colonisation. On y compte environ 160,000 habitants et plusieurs centres assez importants, dont Saint-Jean, la capitale de l'île. La population de la côte française n'est, par contre, que de 8 à 9,000 individus, presque tous de nationalité anglaise et irlandaise. Leur principale occupation est de garder pendant l'hiver les établissements de nos pêcheurs. Eux-mêmes s'adonnent aussi à cette industrie, et c'est encore leur présence qui crée le plus de difficultés à notre gouvernement. Encouragés par leurs voisins et compatriotes du sud, ils cherchent à évincer complètement les Français de ces parages. De là, les incessants conflits.

États-Unis. — *L'esprit pratique des Américains.* — Dans notre vieux monde, lorsque le capital fait défaut à une entreprise, cette dernière n'aboutit pas ou périclite dès le début de son fonctionnement. La lutte du Travail et du Capital, aussi intense, aussi âpre, sur le Nouveau Continent qu'en Europe, a inspiré aux Yankees une solution tout à l'honneur de leur génie. Les citoyens d'Henrietta, ville du Texas, ont reconnu, il y a quelque temps, la nécessité de relier cette ville à une station de chemin de fer, distante de 200 kilomètres environ. La municipalité ne disposant d'aucuns fonds pour cette entreprise, la ville s'adressa à des capitalistes ; mais ceux-ci firent la sourde oreille. Les habitants d'Henrietta se décidèrent alors à procéder eux-mêmes à cette construction. La population entière se mit à l'œuvre, chacun apportant, qui une pioche, qui une pelle ; d'autres s'employèrent à la pose des traverses et des rails. Chacun de ces ouvriers improvisés devint naturellement actionnaire de la future voie, dont l'achèvement est chose faite, paraît-il, à l'heure actuelle. Les actions seront d'excellentes valeurs, car la ligne doit relier toute une contrée fertile aux marchés de l'est et du sud à Saint-Louis et à Galveston, sur le golfe du Mexique.

P. Lemosof.

E. PLON, NOURRIT ET Cⁱᵉ, IMPRIMEURS-ÉDITEURS, rue Garancière, 10, PARIS

CARTES VÉLO-KILOMÉTRIQUES

Au 250,000

EN TROIS COULEURS

Indiquant les routes vélocipédiques, les côtes, pavés, altitudes, distances et la population; les routes et chemins vicinaux; les chemins de fer, canaux, rivières; enfin, toutes les communes et la plupart des hameaux, sur une étendue de quatre à cinq départements.

ENVIRONS DE PARIS (PARIS AU CENTRE)
A 125 kilomètres.

Comprenant : Paris — Versailles — Rambouillet — Chartres — Dreux — Évreux — Louviers — Rouen — Les Andelys — Mantes — Pontoise — Beauvais — Clermont — Senlis — Compiègne — Soissons — Meaux — Château-Thierry — Provins — Sens — Fontainebleau — Melun — Corbeil — Étampes.

Prix : En feuille sous couverture. . . . . **1 fr. »**
— Collée sur toile et pliée pour la poche. . . . . **2 fr. 25**

ENVIRONS DE PARIS (NORD-OUEST)
A 250 kilomètres.

Comprenant : Paris — Pontoise — Mantes — Vernon — Évreux — Les Andelys — Beauvais — Amiens — Abbeville — Neufchâtel — Dieppe — Rouen — Yvetot — Le Havre — Trouville — Pont-l'Évêque — Pont-Audemer — Bernay — Lisieux — Caen — Falaise.

Prix : En feuille sous couverture. . . . . **1 fr. 50**
— Collée sur toile et pliée pour la poche. . . . . **2 fr. 75**

ENVIRONS DE PARIS (SUD-OUEST)
A 250 kilomètres.

Comprenant : Paris — Sceaux — Versailles — Rambouillet — Étampes — Chartres — Châteaudun — Dreux — Nogent-le-Rotrou — Alençon — Argentan — Mortagne — Le Mans — Saint-Calais — La Flèche — Mamers — Blois — Vendôme — Orléans — Pithiviers.

Prix : En feuille sous couverture. . . . . **1 fr. 50**
— Collée sur toile et pliée pour la poche. . . . . **2 fr. 75**

ENVIRONS DE PARIS (NORD-EST)
A 200 kilomètres.

Comprenant : Paris — Saint-Denis — Senlis — Clermont — Compiègne — Montdidier — Péronne — Saint-Quentin — Laon — Soissons — Château-Thierry — Vervins — Mézières — Rethel — Rocroi — Sedan — Vouziers — Châlons-sur-Marne — Reims — Épernay — Meaux.

Prix : En feuille sous couverture. . . . . **1 fr. 50**
— Collée sur toile et pliée pour la poche. . . . . **2 fr. 75**

ENVIRONS DE PARIS (SUD-EST)
A 200 kilomètres.

Comprenant : Paris — Corbeil — Melun — Fontainebleau — Montereau — Provins — Coulommiers — Vitry-le-François — Nogent-sur-Seine — Arcis-sur-Aube — Bar-sur-Seine — Châtillon-sur-Seine — Auxerre — Tonnerre — Joigny — Sens — Montargis — Gien.

Prix de chaque carte : En feuille sous couverture. . . . . . . **1 fr. 50**
— — Collée sur toile et pliée pour la poche. . . **2 fr. 75**

CARTE VÉLO-KILOMÉTRIQUE DE LA NORMANDIE

AMIENS AU MONT SAINT-MICHEL

Comprenant : Amiens — Neufchâtel — Dieppe — Rouen — Yvetot — Le Havre — Trouville — Pont-l'Évêque — Pont-Audemer — Bernay — Lisieux — Caen — Bayeux — Saint-Lô — Valognes — Cherbourg — Coutances — Granville — Avranches — Vire — Falaise — Argentan — Laigle.

Prix : En feuille sous couverture. . . . . **1 fr. 50**
— Collée sur toile et pliée pour la poche. . . . . **2 fr. 75**

PARIS. TYPOGRAPHIE DE E. PLON, NOURRIT, ET Cⁱᵉ, RUE GARANCIÈRE, 8.

MEMENTO GÉOGRAPHIQUE,

ÉVÉNEMENTS ET FAITS IMPORTANTS

Courrier de la Semaine. LXIV. (Janvier 1899.)

GÉNÉRALITÉS

Renseignements commerciaux. — *Chambres de commerce françaises à l'étranger.* La Chambre de commerce française de Montréal se plaint avec juste raison du ton et des termes qu'emploient souvent les commerçants français dans leurs demandes de renseignements. Les chambres de commerce françaises à l'étranger rendent, comme on sait, de signalés services au commerce national auquel elles fournissent gratuitement toutes les informations concernant les divers produits ou les maisons de commerce de leurs ressorts. Les formes dans lesquelles ces demandes se produisent sont quelquefois de nature à enlever toute envie d'y donner suite. Tel correspondant de la chambre de commerce de Montréal lui demande de lui procurer un acheteur ferme pour ses produits. Une autre fois, le président de cette chambre reçoit une demande de renseignements sur une maison de commerce dont le siège se trouve dans la province d'Ontario. Comme il faut s'adresser à quelqu'un sur les lieux, la réponse est retardée de quelques jours L'honorable président de l'association reçoit bientôt une lettre très verte, « telle qu'un chef de maison n'en écrirait pas à un de ses employés... »

Quelques correspondants emettent des exigences d'autre nature. On demande à la chambre une foule de renseignements techniques qui ne sont pas toujours à la connaissance de ses membres. « On ne devrait pas exiger des chambres de commerce à l'étranger d'entrer dans le menu détail des affaires possibles, détails qui ne peuvent être établis exactement que par ceux qui sont en mesure de faire eux-mêmes l'opération supposée. Les chambres se font un devoir de mettre en communication l'acheteur et le vendeur; elles ne peuvent arrêter les conditions de l'achat ou de la vente...» — Nous avons cru devoir soumettre ces réflexions fort judicieuses aux nombreux négociants que nous avons certainement l'honneur de compter parmi les lecteurs de la *Bibliothèque illustrée.*

Orages et bourrasques. — Les observations ont permis de constater jusqu'à présent qu'à l'approche des orages, des signes d'inquiétude se manifestent chez divers animaux, notamment chez les animaux domestiques (bœufs, chevaux). Une constatation très curieuse a été faite récemment sur l'effet que produit l'approche de ces phénomènes sur les oiseaux. Un observateur américain, M. E. Warner, a remarqué que durant les quarante-huit heures qui précédèrent le grand ouragan du 15-16 août dans l'Illinois, on n'entendit aucun chant d'oiseau. Une enquête faite dans la région a confirmé les observations du savant naturaliste : du 13 au 16 août la gent volatile n'a pas donné signe de vie et s'est tenue blottie dans les nids ou sous les rochers. — Qu'on nous permette, à ce sujet, de rééditer une légende qui touche de très près le *folk-lore* des pays orientaux. « Un prince persan, dit-on, se promenait en compagnie de son médecin et d'un astronome. S'étant égarés dans la campagne, ils avisèrent un paysan qui prenait son repas : « Cet homme tombera dans une heure foudroyé, dit le médecin, il mange trop. » Lorsqu'on lui eut demandé le chemin pour retourner en ville, le paysan répondit qu'un orage était sur le point d'éclater et qu'il serait prudent de se mettre à l'abri. L'astronome examina le ciel et affirma au souverain qu'aucune pluie n'était à craindre pour la journée. Quelques minutes s'étaient à peine écoulées, qu'un orage épouvantable déchira l'atmosphère et les trois promeneurs n'eurent que le temps de se réfugier dans la cabane du laboureur. Le prince lui demanda alors comment il pouvait absorber tant d'aliments sans être incommodé. — « C'est, dit-il, que je me mets au travail immédiatement après mon repas, ce qui facilite ma digestion. » — « Et comment as-tu pu deviner qu'il y aura un orage? — « Mon bœuf, répondit le paysan, s'est couché, la tête vers la cour et la queue du côté de la porte; c'est signe de mauvais temps... » — « Bien, fit le souverain, à l'avenir je consulterai pour ma santé, les paysans, et pour le temps, leurs animaux... »

France. — *Démographie.* On vient de publier le mouvement de la population française durant l'année 1897. Constatation consolante : les chiffres des décès diminuent sensiblement d'année en année. En 1895, la proportion était de 22,4 par 1,000 habitants ; en 1896, elle est descendue à 20,2 ; en 1897, elle n'était plus que de 19,6 sur 1,000 ; soit, au total, sur une population de 38,269,091 habitants (d'après le recensement de 1896), 751,019 décès. Les naissances étaient au nombre de 859,107 : excédent des naissances, 108,088. Ajoutons encore qu'on a enregistré, durant cette année 1897, 291,462 mariages et 7,460 divorces.

AFRIQUE

Algérie. — L'Algérie est sur le point d'être dotée d'un nouvel animal de labour, qui sera fort apprécié dans les régions dont le climat ne permet pas l'élevage de nos animaux domestiques. Le zébu, l'animal en question, est une sorte de bœuf originaire du Bengale. D'une très grande douceur, quoique vif, il se prête aux différents travaux d'agriculture avec une agilité que ne possèdent pas nos bœufs ordinaires. Il est d'un entretien facile, d'une grande rusticité et a l'avantage de pouvoir résister aux nombreuses maladies, comme le charbon, auxquelles succombent si facilement les autres animaux.

L'état économique de notre grande colonie africaine est très satisfaisant. Le mouvement commercial de l'Algérie avec la France et les pays étrangers s'est élevé en 1897 — chiffre du commerce général — à la somme respectable de 572,629,000 francs, dont 512 millions environ avec la France continentale, et 60 millions avec les pays étrangers, notamment, avec l'Angleterre, 24 millions environ, Russie, 10 millions, Espagne, 8 millions, Maroc, Tunisie, Italie, Allemagne. Les exportations d'Algérie comprennent les vins, les céréales, les moutons, la laine, les chevaux, les tabacs... L'importation consiste en tissus, objets fabriqués, meubles et ouvrages en bois. La progression dans les chiffres du mouvement commercial est, d'ailleurs, régulière depuis nombre d'années et se traduit par près de 76 millions sur l'année 1892, c'est-à-dire sur une période de cinq ans.

Afrique orientale anglaise. — Le lac Victoria Nyanza sera bientôt relié à la côte, c'est-à-dire à l'océan Indien, par une voie ferrée qui, de Mombassa, point de départ de la ligne, est déjà livrée à la circulation sur les deux tiers de son parcours (près de 400 kilomètres). Pour atteindre ce vaste lac, les Anglais auront donc deux voies : l'une, au nord, par le Nil ; la seconde, à l'est, par le chemin de fer. Une fois de plus, nous constatons avec tristesse l'infériorité de nos administrations coloniales. Pourquoi n'emploie-t-on pas la même activité dans les possessions françaises ? Un ingénieur fort distingué, qui revient d'un voyage à Madagascar, nous dépeignait, ces jours-ci, les doléances de nos colons de là-bas auxquels on retire toute initiative et dont les efforts, y compris même ceux de l'admirable gouverneur Gallieni, sont paralysés par l'indolence et l'apathie de nos administrations centrales. Quand y remédiera-t-on ?

Au Klondyke. — Le *Memento* a tenu nos lecteurs au courant des diverses péripéties des voyages accomplis dans le « pays de l'or » durant les deux dernières années.

Un volume spécial a été également consacré à l'Eden glacé (*Bibliothèque illustrée*, n° 27). Le Klondyke a été encore l'objet d'une conférence faite récemment (6 janvier) à la Société de Géographie, par M. Loicq de Lobel. Témoignage précieux, confirmant les données que nous avons pu fournir sur cet étrange pays. Après plusieurs naufrages et mille autres difficultés, le voyageur parvint à la rivière Biz Salmon, l'un des affluents du Yukon. Il remonta cette rivière, en compagnie de deux officiers de police ; pendant trois jours, ils durent traîner le canot, ayant de l'eau jusqu'aux aisselles. Un moment, ils veulent traverser le torrent en canot ; à peine installés, le frêle esquif est culbuté dans le rapide ; leurs provisions sont perdues et les trois aventuriers sont obligés de revenir à l'embouchure. Quelque temps après, M. Loicq de Lobel remonte avec un de ses compagnons la rivière Stuart, autre affluent, avant d'arriver à Dawson-City. Après une marche de six jours sur l'eau, ils s'enfoncent dans les montagnes. Mais une nuit un ours dévore toutes les provisions, ne leur laissant qu'un biscuit de mer. Pendant trois jours, les explorateurs souffrent de la faim et sont assez heureux pour rencontrer des Indiens qui leur cèdent un quartier d'ours. M. Loicq de Lobel est toutefois d'avis que l'Alaska est un pays de grand avenir ; on y trouve en abondance non seulement de l'or, mais aussi de l'argent, du cuivre et, ce qui est plus précieux encore dans ces pays glacés, du charbon. Le gouvernement canadien s'évertue de son côté pour rendre ce pays accessible aux blancs.

P. Lemosof.

E. PLON, NOURRIT ET Cᵉ, IMPRIMEURS-ÉDITEURS, rue Garancière, 10, PARIS

CARTES VÉLO-KILOMÉTRIQUES

Au 250,000·

EN TROIS COULEURS

*Indiquant les routes vélocipédiques, les côtes, pavés, altitudes, distances et la population;
les routes et chemins vicinaux; les chemins de fer, canaux, rivières; enfin, toutes les
communes et la plupart des hameaux, sur une étendue de quatre à cinq départements.*

ENVIRONS DE PARIS (PARIS AU CENTRE)

A 125 kilomètres.

Comprenant : Paris — Versailles — Rambouillet — Chartres — Dreux — Évreux — Louviers
— Rouen — Les Andelys — Mantes — Pontoise — Beauvais — Clermont — Senlis — Compiègne — Soissons — Meaux — Château-Thierry — Provins — Sens — Fontainebleau —
Melun — Corbeil — Étampes.

Prix : En feuille sous couverture. . . . . 1 fr. »
— Collée sur toile et pliée pour la poche. . . . . 2 fr. 25

ENVIRONS DE PARIS (NORD-OUEST)

A 250 kilomètres.

Comprenant : Paris — Pontoise — Mantes — Vernon — Évreux — Les Andelys — Beauvais
— Amiens — Abbeville — Neufchâtel — Dieppe — Rouen — Yvetot — Le Havre — Trouville — Pont-l'Évêque — Pont-Audemer — Bernay — Lisieux — Caen — Falaise.

Prix : En feuille sous couverture. . . . . 1 fr. 50
— Collée sur toile et pliée pour la poche. . . . . 2 fr. 75

ENVIRONS DE PARIS (SUD-OUEST)

A 250 kilomètres.

Comprenant : Paris — Sceaux — Versailles — Rambouillet — Étampes — Chartres — Châteaudun — Dreux — Nogent-le-Rotrou — Alençon — Argentan — Mortagne — Le Mans —
Saint-Calais — La Flèche — Mamers — Blois — Vendôme — Orléans — Pithiviers.

Prix : En feuille sous couverture. . . . . 1 fr. 50
— Collée sur toile et pliée pour la poche. . . . . 2 fr. 75

ENVIRONS DE PARIS (NORD-EST)

A 200 kilomètres.

Comprenant : Paris — Saint-Denis — Senlis — Clermont — Compiègne — Montdidier —
Péronne — Saint-Quentin — Laon — Soissons — Château-Thierry — Vervins — Mézières —
Rethel — Rocroi — Sedan — Vouziers — Châlons-sur-Marne — Reims — Epernay — Meaux.

Prix : En feuille sous couverture. . . . . 1 fr. 50
— Collée sur toile et pliée pour la poche. . . . . 2 fr. 75

ENVIRONS DE PARIS (SUD-EST)

A 200 kilomètres.

Comprenant : Paris — Corbeil — Melun — Fontainebleau — Montereau — Provins — Coulommiers — Vitry-le-François — Nogent-sur-Seine — Arcis-sur-Aube — Bar-sur-Seine —
Châtillon-sur-Seine — Auxerre — Tonnerre — Joigny — Sens — Montargis — Gien.

Prix de chaque carte : En feuille sous couverture. . . . . 1 fr. 50
— Collée sur toile et pliée pour la poche. . 2 fr. 75

CARTE VÉLO-KILOMÉTRIQUE DE LA NORMANDIE

AMIENS AU MONT SAINT-MICHEL

Comprenant : Amiens — Neufchâtel — Dieppe — Rouen — Yvetot — Le Havre — Trouville — Pont-l'Évêque — Pont-Audemer — Bernay — Lisieux — Caen — Bayeux — Saint-Lô
— Valognes — Cherbourg — Coutances — Granville — Avranches — Vire — Falaise —
Argentan — Laigle.

Prix : En feuille sous couverture. . . . . 1 fr. 5C
— Collée sur toile et pliée pour la poche. . . . . 2 fr. 75

PARIS. TYPOGRAPHIE DE E. PLON, NOURRIT, ET Cⁱᵉ, RUE GARANCIÈRE, 8.

MEMENTO GÉOGRAPHIQUE

ÉVÉNEMENTS ET FAITS IMPORTANTS

Courrier de la Semaine. LXV. (Janvier 1899.)

EUROPE

France.— Angleterre. — Nous avons exprimé nos sentiments, lors de l'incident de Fachoda (V. *Memento,* n° 56), sur les chances d'une guerre entre la France et l'Angleterre. Ces sentiments, nous avons la satisfaction de le constater, sont aussi ceux de l'éminent économiste, M. Paul Leroy-Beaulieu. Une guerre entre les deux nations, funeste pour la civilisation, serait également désastreuse pour les deux belligérants. Rien, toutefois, n'autorise à affirmer *a priori* une défaite pour la France. A présent que cet incident est considéré comme clos, des difficultés sont soulevées sur d'autres points du globe. Le *Memento* a signalé (n° 63) le conflit au sujet de Terre-Neuve. Dans un *Livre Bleu* (document parlementaire) publié par le gouvernement britannique, les ministres de la reine se plaignent des entraves apportées au commerce anglais, à Madagascar. Quelques-unes de ces plaintes sont puériles. D'autres, au contraire, trouvent de l'écho même dans des organes de la presse française. La question de Terre-Neuve est aussi fort sagement discutée par la presse sérieuse de France, et des esprits judicieux préconisent un terrain d'entente en vue de calmer les susceptibilités de la Grande-Bretagne. Un reproche, entre autres, est fait à notre système colonial : dans certaines de nos possessions, les droits prélevés sur les marchandises de provenance étrangère (et quelquefois même sur celles de provenance française) sont exorbitants et presque prohibitifs. Le système anglais, par contre, encourage les transactions sous toutes les formes. L'opinion publique, en France, semble tendre vers cette dernière solution. Nul doute que le gouvernement tiendra compte de cette nouvelle orientation de l'esprit colonisateur et colonial de notre pays.

Jardins d'essai. — Le *Memento* a signalé (n° 54) le projet d'établissement de jardins d'essai dont quelques-uns fonctionnent déjà dans différentes colonies. Un jardin de cultures coloniales, sur le modèle des *New Gardens* de Londres, va être incessamment installé à proximité de Paris, à Joinville-le-Pont. Il sera placé sous la surveillance des professeurs du Muséum d'histoire naturelle (Jardin des plantes) et rendra, nous osons l'espérer, de grands services à tous ceux qui cherchent à étudier au point de vue pratique le vaste domaine colonial de la France.

Bordeaux. — *Caoutchouc.* Au point de vue commercial nous devons constater un succès pour notre grand port du sud-ouest. La ville de Bordeaux est sur le point de devenir un grand entrepôt de caoutchouc, ce produit auquel est réservé un si bel avenir. Jusqu'à présent, les villes de Liverpool, Anvers et Hambourg paraissaient détenir le monopole de la vente du caoutchouc. En 1898, la quantité de caoutchouc importée et consommée par le port de Bordeaux aura atteint le chiffre de 200 tonneaux. Ce début fait bien présager de l'avenir.

AFRIQUE

Éléphants d'Afrique. — Le conseil municipal de Paris vient d'allouer une somme de 1,000 francs à la Société d'acclimatation de France. Cette société avait institué un comité en vue de « combattre les agissements des chasseurs dont la rapacité menace de détruire entièrement les éléphants en Afrique en privant ainsi l'industrie parisienne de l'ivoire dont elle a besoin ». Le travail de l'ivoire, dit le rapport, « qui constitue un art si délicat et si gracieux dont Paris est le centre... pourrait disparaître ou tout au moins décroître beaucoup si aucune mesure de protection n'est prise... » La Société d'acclimatation s'occupe non seulement de protéger les éléphants des possessions françaises en Afrique, mais étudie aussi les meilleurs moyens d'élevage et de dressage de cet intéressant animal de sorte que nos colonies pourraient être pourvues d'un serviteur nouveau, délaissé depuis longtemps, mais dont les qualités ont été admirées par tous les peuples depuis l'antiquité.

Chine. — **Kiao-tchéou.** — Le
gouvernement allemand vient de distri-
buer au Reichstag (parlement allemand)
un rapport sur l'état actuel du territoire
de Kiao-tchéou. La délimitation du
territoire a été définitivement réglée
entre les plénipotentiaires allemands et
chinois le 8 octobre 1898. Durant ce
même mois ont eu lieu les ventes sur
enchère de terrains à exploiter. 105.390
mètres carrés ont déjà trouvé acquéreurs à des prix assez élevés. Une
compagnie allemande se forme actuellement pour la construction d'un
chemin de fer dans la province de Chan-
toung. Une ville entièrement allemande
sera prochainement construite sur le
modèle des stations balnéaires des
ports de la Baltique. — Autre avantage :
tout chemin de fer ou toute compagnie
minière pour la province de Chan-
Toung devra avoir son siège dans la
concession allemande et se soumettre
aux lois et aux tribunaux allemands.

Le « Tour d'Asie » de M. Monnier.
— Les lecteurs de la *Bibliothèque univer-
selle* connaissent la réputation si justi-
fiée de cet infatigable *globe trotter*. Le
premier volume de notre *Bibliothèque*
est dû à la plume de ce voyageur savant et sagace, qui est aussi un délicat
écrivain. M. Monnier a exposé, le
20 janvier dernier, devant la Société de
Géographie les lignes générales de sa
tournée. Plus de cent vues photographiques ont défilé devant l'assemblée,
leur montrant tour à tour les paysages,
les monuments et des scènes de la vie
intime des peuples du continent asiatique. Le voyage a duré quatre années,
durant lesquelles notre vaillant compatriote (les Français ne sont pas voyageurs !) a parcouru successivement et
exploré : l'Indo-Chine, la Chine propre
jusqu'aux confins du Thibet, la Mongo-
lie, la Corée, la Sibérie, les steppes Kirghizes, la Perse. Retour par le Caucase.
L'itinéraire parcouru par le voyageur
ne comporte (comme nous avons déjà
dit lors de son retour, *Memento*, n° 8),
pas moins de 30,000 kilomètres en
tous sens, et dans des régions qui, pour
une grande partie n'ont jamais encore
été visitées par des Européens. Les
documents rapportés par M. Monnier
sont de la plus haute importance tant
pour la connaissance physique que pour
l'ethnologie des pays asiatiques.

AMÉRIQUE

États-Unis. — Nos prévisions sont
sur le point de se réaliser. Au moment
où, en Europe, on discute la question
d'un désarmement général, les Etats-
Unis, qui raillaient notre vieux monde
au sujet de ses dépenses en armements,
sont bien à la veille de devenir une puissance militaire de premier ordre. Les
résistances inattendues qu'opposent à
leurs « libérateurs » les habitants des
Philippines, la nécessité d'entretenir des
troupes assez nombreuses sur les autres
points des colonies récemment con-
quises sur l'Espagne, forceront, paraît-il,
la grande République à créer plusieurs
corps d'armée, soit un effectif total
de 130 à 150 mille hommes. Or, aux
Etats-Unis, le tempérament national
répugne fort au métier militaire ; la vie
civile offre, d'autre part, un champ
d'activité considérable. Le recrutement
des troupes est volontaire et la paie
assez élevée : 100 francs par mois. On
prévoit qu'un établissement militaire
de 150 mille hommes ne coûtera pas
moins de 1100 à 1200 millions par an.
En y ajoutant les sommes assez considérables payées aux anciens militaires,
vétérans de la guerre de Sécession, pen-
sions diverses, etc., on arrive au total de
1.450 à 1,500 millions, chiffre bien supérieur à ceux des pays les plus milita-
risés de l'Europe !

OCÉANIE

Indes néerlandaises. — Un bâtiment tout neuf de la marine hollan-
daise, le *Siboga*, a quitté Amsterdam le
12 décembre dernier pour une campagne
scientifique dans les eaux de l'Insulinde.
Il s'agit de continuer les travaux du
fameux navire le *Challenger*, étudier la
faune sous-marine, la flore, la composition de l'eau, la profondeur, les îles
de corail, etc. La direction scientifique
a été confiée au professeur Max Weber.
La campagne devra durer deux ans
environ.

P. LEMOSOF.

M. PLON, NOURRIT ET Cⁱᵉ, IMPRIMEURS-ÉDITEURS, rue Garancière, 10, PARIS

CARTES VÉLO-KILOMÉTRIQUES

Au 250,000

EN TROIS COULEURS

Indiquant les routes vélocipédiques, les côtes, pavés, altitudes, distances et la population; les routes et chemins vicinaux; les chemins de fer, canaux, rivières; enfin, toutes les communes et la plupart des hameaux, sur une étendue de quatre à cinq départements.

ENVIRONS DE PARIS (PARIS AU CENTRE)

A 125 kilomètres.

Comprenant : Paris — Versailles — Rambouillet — Chartres — Dreux — Évreux — Louviers — Rouen — Les Andelys — Mantes — Pontoise — Beauvais — Clermont — Senlis — Compiègne — Soissons — Meaux — Château-Thierry — Provins — Sens — Fontainebleau — Melun — Corbeil — Étampes.

Prix : En feuille sous couverture. . . . . **1 fr. »**
— Collée sur toile et pliée pour la poche. . . . . **2 fr. 25**

ENVIRONS DE PARIS (NORD-OUEST)

A 250 kilomètres.

Comprenant : Paris — Pontoise — Mantes — Vernon — Évreux — Les Andelys — Beauvais — Amiens — Abbeville — Neufchâtel — Dieppe — Rouen — Yvetot — Le Havre — Trouville — Pont-l'Évêque — Pont-Audemer — Bernay — Lisieux — Caen — Falaise.

Prix : En feuille sous couverture. . . . . **1 fr. 50**
— Collée sur toile et pliée pour la poche. . . . . **2 fr. 75**

ENVIRONS DE PARIS (SUD-OUEST)

A 250 kilomètres.

Comprenant : Paris — Sceaux — Versailles — Rambouillet — Étampes — Chartres — Châteaudun — Dreux — Nogent-le-Rotrou — Alençon — Argentan — Mortagne — Le Mans — Saint-Calais — La Flèche — Mamers — Blois — Vendôme — Orléans — Pithiviers.

Prix : En feuille sous couverture. . . . . **1 fr. 50**
— Collée sur toile et pliée pour la poche. . . . . **2 fr. 75**

ENVIRONS DE PARIS (NORD-EST)

A 200 kilomètres.

Comprenant : Paris — Saint-Denis — Senlis — Clermont — Compiègne — Montdidier — Péronne — Saint-Quentin — Laon — Soissons — Château-Thierry — Vervins — Mézières — Rethel — Rocroi — Sedan — Vouziers — Châlons-sur-Marne — Reims — Epernay — Meaux.

Prix : En feuille sous couverture. . . . . **1 fr. 50**
— Collée sur toile et pliée pour la poche. . . . . **2 fr. 75**

ENVIRONS DE PARIS (SUD-EST)

A 200 kilomètres.

Comprenant : Paris — Corbeil — Melun — Fontainebleau — Montereau — Provins — Coulommiers — Vitry-le-François — Nogent-sur-Seine — Arcis-sur-Aube — Bar-sur-Seine — Châtillon-sur-Seine — Auxerre — Tonnerre — Joigny — Sens — Montargis — Gien.

Prix de chaque carte : En feuille sous couverture. . . . . . . **1 fr. 50**
— Collée sur toile et pliée pour la poche. . . **2 fr. 75**

CARTE VÉLO-KILOMÉTRIQUE DE LA NORMANDIE

AMIENS AU MONT SAINT-MICHEL

Comprenant : Amiens — Neufchâtel — Dieppe — Rouen — Yvetot — Le Havre — Trouville — Pont-l'Évêque — Pont-Audemer — Bernay — Lisieux — Caen — Bayeux — Saint-Lô — Valognes — Cherbourg — Coutances — Granville — Avranches — Vire — Falaise — Argentan — Laigle.

Prix : En feuille sous couverture. . . . . **1 fr. 50**
— Collée sur toile et pliée pour la poche. . . . . **2 fr. 75**

PARIS. TYPOGRAPHIE DE E. PLON, NOURRIT, ET Cⁱᵉ, RUE GARANCIÈRE, 8.

MEMENTO GÉOGRAPHIQUE

ÉVÉNEMENTS ET FAITS IMPORTANTS

Courrier de la Semaine. LXVI. (Janvier 1899.)

GÉNÉRALITÉS

Nos Colonies. — Le vote du budget est, comme on sait, l'occasion d'une revue générale, le plus souvent défavorable, des divers services administratifs. La discussion qui a eu lieu à la Chambre au sujet du budget des colonies a été cette année encore fort instructive. Nous n'en retiendrons que les faits brutaux. L'Angleterre, avec un empire colonial dont elle tire des bénéfices se chiffrant par plusieurs centaines de millions, dépense pour son administration 30 millions de francs par an. Les budgets coloniaux des autres pays d'Europe, Hollande, Espagne, Portugal, Danemark, Allemagne et Italie, se montent à un chiffre à peu près égal, 30 millions de francs, soit pour l'ensemble des colonies européennes (sauf celles de la France), 60 millions de francs par an. Le budget du beau pays de France (année 1899) se soldera par la bagatelle de 88 millions, soit 28 millions de plus que toutes les puissances coloniales réunies. En compensation de ces sacrifices, la France recevra de ses colonies durant cette même année (abstraction faite, il est vrai, de quelques avantages commerciaux bien faibles, hélas !) la somme formidable de 462,000 francs environ, ainsi répartis en chiffres ronds : Indo-Chine, 100,000; Martinique, 65,000; Guadeloupe, 71,000; Réunion, 67,000; Nouvelle-Calédonie, 33,000; Guyane, 32,000; Inde, 25,800; Madagascar, 9,600; Saint-Pierre et Miquelon, 8,000; Congo, 4,500; Soudan, Guinée, Côte d'Ivoire, Dahomey, chacune, 3,600; Mayotte, 2,400; Côte Somalis, 300. En déduisant cette somme de 462,000 francs des 88 millions inscrits au budget, il ne restera plus aux citoyens français que la quantité négligeable de 87 millions, 538,000 francs à payer pour le bonheur d'avoir un placement de fonctionnaires.

Les restes de Christophe Colomb viennent d'être transférés en Espagne. On ne saurait que s'incliner devant cette grandeur d'âme de nos voisins, lesquels, au milieu de tant d'infortunes, songent à sauver, pour les conserver dans leur patrie, les ossements de celui qui rappelle encore leur gloire. Il n'existe, à notre connaissance, que cinq épreuves photographiques de ces ossements, numérotées et cataloguées, le gouvernement espagnol s'étant toujours refusé à laisser profaner ces précieuses reliques même par la simple reproduction.

AFRIQUE

Le Soudan égyptien ou plus proprement dit : le *Soudan anglais*, vient d'être pourvu d'une administration. Là encore, les Anglais se sont montrés aussitôt à la hauteur de leurs ambitions. Le dernier soldat de la mission Marchand à peine parti, les drapeaux égyptiens et anglais furent partout hissés, des postes établis, et le Soudan est placé sous les ordres du sirdar, lord Kitchener, vainqueur de Khartoum. Une convention imposée au gouvernement égyptien stipule que la région entière sera soumise au contrôle du gouvernement britannique, qui aura seul droit de faire les nominations consulaires. C'est, en somme, le régime de protectorat tel que la France l'exerce en Tunisie. — Une clause particulière prohibe le trafic des armes et des esclaves. Un autre article de ce traité mérite une mention spéciale : « En ce qui concerne les conditions sous lesquelles les Européens sont admis à résider, à faire du commerce ou à acquérir des propriétés au Soudan, aucun privilège spécial ne sera accordé aux sujets d'aucune puissance ». C'est l'application du principe de la « porte ouverte » dont nous ne pouvons pour notre part que féliciter le gouvernement anglais. C'est peut-être aussi l'un des principaux facteurs dans les succès des entreprises coloniales de la Grande-Bretagne.

Afrique occidentale française. — A côté des critiques très justifiées que soulève la discussion du budget de nos colonies et dont il est question ci-dessus, nous devons néanmoins relever une note de consolation. Rapporteur général et opposants sont d'accord pour reconnaître que diverses colonies récentes de l'Afrique occidentale, Côte d'Ivoire, Dahomey et Guinée, ne coûtent rien à la métropole et lui rapportent beaucoup (sous forme de transactions commerciales, bien entendu). Notre *Memento* a déjà signalé à diverses reprises l'état satisfaisant de ces possessions. Il n'est que juste de rendre hommage aux divers administrateurs de ces colonies.

ASIE

Sibérie. — La température exceptionnellement douce dont nous jouissons cet hiver dans nos pays d'Europe prête un caractère d'actualité à une étude faite par M. Studnicki dans l'excellente revue autrichienne : *Deutsche Rundschau v. Geographie.* Dans la Sibérie continentale, les variations de températures d'été et d'hiver sont de 60° à 100°. On sait qu'au mois de janvier, les froids dans certaines localités de Sibérie sont de 50 à 60 degrés au-dessous de zéro. La nature a pourvu les habitants de Sibérie de vastes forêts ; quelques-unes s'étendent sur plusieurs milliers de kilomètres carrés et fournissent une ample provision de bois de chauffage. Ce qui est moins connu, c'est que, même en été, des froids survenant brusquement ne produisent pas les mêmes ravages sur les plantes que dans nos pays de la zone tempérée. Ainsi, le 23 juillet 1889, lorsque les blés étaient à peine mûrs, le thermomètre descendit subitement à 0° ; une forte rafale de neige fut amenée par des vents N.-E., couvrant le sol d'une épaisseur de 250 millimètres. Durant plusieurs jours la température variait de 18° (au jour à 6 le soir). Or la récolte fut cette année-là une des plus abondantes !

AMÉRIQUE

Mexique. — Une découverte intéressante a été faite récemment dans les ruines de Chichen-Itza, Etat de Yucatan, Mexique. Un hasard permit de découvrir sous des décombres sept statues en pierre, œuvres des anciens habitants du Yucatan. Une de ces statues ressemble à un Chinois. Il est donc permis de supposer que les anciens habitants mayas avaient des relations avec les peuples asiatiques. Une autre statue présente une idole peinte en trois couleurs, jaune, vert et rouge. Les couleurs se sont conservées très vives. Parmi les autres statues, l'une semble représenter un prêtre ; une autre a la tête coiffée d'un chapeau dont les ailes ont trois pouces de large. Enfin, quatre statues personnifient des soldats. Leur posture fait croire qu'elles servaient à supporter quelque chose : c'étaient probablement des cariatides. De nouvelles recherches vont être entreprises afin de découvrir, si possible, d'autres vestiges si précieux pour l'histoire antique du Nouveau Monde.

OCÉANIE

Les Philippines. — Les démêlés des Américains avec le peuple des Philippines semblent devoir se prolonger. Voici quelques extraits d'une notice parue ces jours-ci dans une publication américaine, *The American Anthropologist*, et due au savant ethnographe, le professeur D. G. Brinton. M. Brinton évalue la population totale de l'archipel à environ 6 millions et demi d'habitants. (Les Espagnols l'estimaient à 8 millions.) La moitié de cette population habite Luçon et les îles adjacentes ; 500,000 environ, habitent Mindanao ; 100,000 environ les îles Soulou ; le restant, disséminé dans les îles secondaires de l'archipel. Les Espagnols d'Espagne n'y seraient qu'au nombre de 9,000 (déduction faite des anciennes garnisons), 1,200 seraient métis ; 50,000 chinois et japonais, 10,000 négritos. Divers savants font descendre ces derniers des Papouas, de la Nouvelle-Guinée. D'autres leur attribuent une origine malaise, comme d'ailleurs la grande majorité des habitants de l'archipel. L'immigration des premiers habitants remonterait, d'après M. Brinton, aux premiers siècles de notre ère.

Samoa. — Le *Memento* (n° 62) a déjà signalé le projet de partage de cet archipel entre les trois puissances, Angleterre, Etats-Unis et Allemagne. Une insurrection survenue fort à propos ces jours derniers va, paraît-il, précipiter les événements. Deux partis étaient en présence, combattant chacun pour le compte d'un prétendant. Les puissances les plus directement intéressées, Etats-Unis et Allemagne, ont déjà envoyé des navires de guerre avec mission de rétablir l'ordre. Nous verrons donc prochainement un nouveau partage de territoires entre les puissances européennes et américaines.

— P. Lemosof.

CARTES VÉLO-KILOMÉTRIQUES
Au 250,000.
EN TROIS COULEURS

Indiquant les routes vélocipédiques, les côtes, pavés, altitudes, distances et la population; les routes et chemins vicinaux; les chemins de fer, canaux, rivières; enfin, toutes les communes et la plupart des hameaux, sur une étendue de quatre à cinq départements.

ENVIRONS DE PARIS (PARIS AU CENTRE)
A 125 kilomètres.

Comprenant : Paris — Versailles — Rambouillet — Chartres — Dreux — Évreux — Louviers — Rouen — Les Andelys — Mantes — Pontoise — Beauvais — Clermont — Senlis — Compiègne — Soissons — Meaux — Château-Thierry — Provins — Sens — Fontainebleau — Melun — Corbeil — Étampes.

Prix : En feuille sous couverture. . . . . **1 fr. »**
— Collée sur toile et pliée pour la poche. . . . . **2 fr. 25**

ENVIRONS DE PARIS (NORD-OUEST)
A 250 kilomètres.

Comprenant : Paris — Pontoise — Mantes — Vernon — Évreux — Les Andelys — Beauvais — Amiens — Abbeville — Neufchâtel — Dieppe — Rouen — Yvetot — Le Havre — Trouville — Pont-l'Évêque — Pont-Audemer — Bernay — Lisieux — Caen — Falaise.

Prix : En feuille sous couverture. . . . . **1 fr. 50**
— Collée sur toile et pliée pour la poche. . . . . ; ; . **2 fr. 75**

ENVIRONS DE PARIS (SUD-OUEST)
A 250 kilomètres.

Comprenant : Paris — Sceaux — Versailles — Rambouillet — Étampes — Chartres — Châteaudun — Dreux — Nogent-le-Rotrou — Alençon — Argentan — Mortagne — Le Mans — Saint-Calais — La Flèche — Mamers — Blois — Vendôme — Orléans — Pithiviers.

Prix : En feuille sous couverture. . . . . **1 fr. 50**
— Collée sur toile et pliée pour la poche. . . . . **2 fr. 75**

ENVIRONS DE PARIS (NORD-EST)
A 200 kilomètres.

Comprenant : Paris — Saint-Denis — Senlis — Clermont — Compiègne — Montdidier — Péronne — Saint-Quentin — Laon — Soissons — Château-Thierry — Vervins — Mézières — Rethel — Rocroi — Sedan — Vouziers — Châlons-sur-Marne — Reims — Epernay — Meaux.

Prix : En feuille sous couverture. . . . . **1 fr. 50**
— Collée sur toile et pliée pour la poche. . . . . **2 fr. 75**

ENVIRONS DE PARIS (SUD-EST)
A 200 kilomètres.

Comprenant : Paris — Corbeil — Melun — Fontainebleau — Montereau — Provins — Coulommiers — Vitry-le-François — Nogent-sur-Seine — Arcis-sur-Aube — Bar-sur-Seine — Châtillon-sur-Seine — Auxerre — Tonnerre — Joigny — Sens — Montargis — Gien.

Prix de chaque carte : En feuille sous couverture. . . . . **1 fr. 50**
— — Collée sur toile et pliée pour la poche. . **2 fr. 75**

CARTE VÉLO-KILOMÉTRIQUE DE LA NORMANDIE
AMIENS AU MONT SAINT-MICHEL

Comprenant : Amiens — Neufchâtel — Dieppe — Rouen — Yvetot — Le Havre — Trouville — Pont-l'Évêque — Pont-Audemer — Bernay — Lisieux — Caen — Bayeux — Saint-Lô — Valognes — Cherbourg — Coutances — Granville — Avranches — Vire — Falaise — Argentan — Laigle.

Prix : En feuille sous couverture. . . . . **1 fr. 50**
— Collée sur toile et pliée pour la poche. . . . . **2 fr. 75**

PARIS. TYPOGRAPHIE DE E. PLON, NOURRIT ET Cie, RUE GARANCIÈRE, 8.

MEMENTO GÉOGRAPHIQUE
ÉVÉNEMENTS ET FAITS IMPORTANTS

Courrier de la Semaine. LXVII. (Février 1899.)

EUROPE

Angleterre. — *Commerce britannique.* — On vient de publier le rapport général sur le commerce extérieur de l'Angleterre durant l'année 1898. Le total du mouvement s'élève au chiffre formidable de plus de 19 milliards de francs, ainsi décomposé : importations, 11 milliards 765 millions de francs; exportations, 5 milliards 835 millions; réexportations, 1 milliard 500 millions de francs. Ce mouvement a été progressif depuis nombre d'années déjà. Les économistes anglais considèrent toutefois ces chiffres comme peu favorables, ils déplorent surtout l'énorme excédent des importations sur les exportations. Ainsi, durant les six dernières années, l'Angleterre a importé pour 55 milliards de marchandises destinées à sa consommation et à ses manufactures; elle n'a exporté que pour 35 milliards, soit une balance en faveur des importations de 22 milliards environ, soldée, il est vrai, par les bénéfices que le Royaume-Uni tire de son industrie des transports. L'Angleterre, s'adonnant de plus en plus à l'industrie, semble négliger beaucoup les productions agricoles du pays et reste sous ce rapport tributaire de l'étranger. Rien que pour l'année 1898, les articles d'alimentation importés en Angleterre figurent pour plus de 5 milliards de francs. Le blé récolté dans le Royaume-Uni ne suffirait pas, paraît-il, au tiers de la consommation annuelle de ses habitants. C'est peut-être l'un des points les plus faibles de notre puissante voisine.

AFRIQUE

Tunisie. — *Culture du tabac.* — Un rapport officiel adressé au directeur de l'Agriculture de Tunisie, par M. F. Malet, ingénieur agronome, fournit des renseignements intéressants sur la culture du tabac dans notre belle colonie de Tunisie. Nous en extrayons les conclusions générales : 1° le sol et le climat de la Tunisie conviennent en général à la culture du tabac. Les terrains les mieux appropriés sont : la presqu'île du Cap Bon, les Contrôles (régions) de Bizerte, Béjà, Souk-el-Arba, le Kef, Teboursouk; 2° la culture du tabac était autrefois prospère en Tunisie: 3° les variétés cultivées sont l'*arbi* et le *béji*. Production en année moyenne, en terre sèche, 750 kilos par hectare.

L'honorable ingénieur recommande aux colons désireux de se livrer à cette culture, de se limiter à de petites surfaces et de mélanger les variétés indigènes avec quelques autres plants pouvant produire de bons scaferlatis, caporal, etc.

Madagascar. — Fidèles à la promesse faite à nos lecteurs, nous signalons tous les faits importants relatifs à nos possessions coloniales. Nous devons citer, dans cet ordre d'idées, une communication faite dernièrement à l'Union coloniale, par M. Grosclaude, qui — nos lecteurs le savent déjà — s'était improvisé explorateur, et avait parcouru notre grande colonie, il y a environ deux ans. Les journaux ont reproduit, ces jours-ci, les griefs exposés par les ministres anglais, surpris de ce que nos autorités à Madagascar s'efforcent de favoriser l'industrie et le commerce français, au lieu de prêcher devant les indigènes l'excellence des produits britanniques. Inutile d'insister sur l'inanité de pareilles prétentions. Voit-on un marchand de comestibles faire des sacrifices pour l'installation de son magasin et dire aux clients qui viendraient lui faire des achats : « Adressez-vous donc chez mon voisin ; ses marchandises sont de meilleure qualité ! » Dans une conférence aussi spirituelle que patriotique, M. Grosclaude a fait ressortir les avantages de notre établissement à Madagascar et les moyens de compenser les efforts que nous avons faits pour sa conquête. A citer, l'un des moyens auxquels ont recours nos colons pour s'attirer la clientèle indigène, moyen aussi ingénieux que simple, et bien familier aux industriels de nos pays d'Europe (lisez la quatrième page des journaux). Un petit journal populaire illustré a été fondé à Tananarive; il est rédigé en langue malgache et renferme dans ses illustrations diverses scènes bien faites pour frapper l'imagination de ces peuples primitifs. On y voit, par exemple, deux hommes, l'un hâve, sordide, loqueteux, n'ayant que les os, placé en face d'un compatriote, gras et luisant, habillé à la dernière mode. Le pauvre hère s'exclame, en malgache bien entendu : « Peste, mon cher, te voilà bien mis ».

— « Ma foi, répond l'autre, il suffit pour cela d'être amis avec les Français; c'est ainsi que sont traités tous leurs amis.. » Cela nous rappelle les tableaux qu'on voit souvent dans les cabarets des petites villes de France. L'un représente un vendeur au comptant; un tableau qui lui fait pendant reproduit les angoisses d'un commerçant, ruiné pour avoir fait crédit. Franchement, nous serait-il interdit de tirer le moindre profit de nos colonies?

AMÉRIQUE

Les trous dans la terre. — *Entreprises américaines.* — Les Américains n'auront bientôt rien à envier à l'Europe. Jusqu'à présent, les mines les plus profondes étaient : Schladebach, près Leipzig, 1748, 4 mètres ; Paruschowitz, Silésie, 2003. 34 mètres.

Une mine de cuivre dans le Michigan, Red Eacket-Shaft, appartenant à la compagnie Calumet et Hekla Mine, a déjà 1493, 5 mètres de profondeur. — Cette mine possède aussi la plus grande pompe du monde, 15 mètres de haut, à triple expansion, actionnée par une machine de 1.500 chevaux vapeur, fournissant journellement 270,000 mètres cubes d'eau nécesssaire aux travaux. Elle pourrait, d'ailleurs, fournir jusqu'à 337,000 mètres cubes par jour. Plus de 300 machines électriques sont employées pour les divers services de la mine (descente et remonte de l'eau, des minerais, lavages, éclairage, téléphone...) — *Côté financier de l'entreprise* : — Le capital action était, au commencement de l'année 1898, de 2,500,000 dollars (12 millions et demi de francs), divisé en 100,000 actions de 25 dollars. Or, pour le premier semestre de cette même année, les actionnaires ont touché un dividende de 3 millions de dollars. On prévoit une somme au moins égale pour le second semestre, soit 60 dollars par action,

ce qui revient à un placement de 240 pour 100 !

Canal de Nicaragua. — Le *Memento* n° 62, a déjà signalé l'importance de cette nouvelle voie maritime réunissant les deux océans Atlantique et Pacifique, à travers l'isthme américain. Le *bill* concernant le projet de canal interocéanique a passé au Sénat américain. La compagnie actuelle : *Nicaragua Maritime Canal Company* est chargée de la construction. Les États-Unis conserveront le contrôle des opérations et se réservent en outre l'entretien ultérieur du canal. La dépense est fixée à 115 millions de dollars, (575 millions de francs), dont la majeure partie (92 et demi pour 100) sera couverte par la grande République américaine. 7 et demi pour cent de la valeur sont réservés aux républiques du Nicaragua et de Costa-Rica. Ces dernières auront aussi chacune un représentant dans le comité de direction, soit cinq directeurs nommés par les États-Unis, deux par les Etats du centre américain. Par mesure de prudence, sans doute, le gouvernement des Etats-Unis n'avancera les fonds nécessaires à la construction que par des annuités de 20 millions de dollars. La durée de la construction est fixée à six ans. — L'Etat américain garantit la neutralité du canal pour toutes les puissances.

NÉCROLOGIE

Annenkoff. — Le nom du général russe Michel Annenkoff, décédé le 21 janvier dernier, à l'âge de 64 ans, appartient à la Géographie par l'œuvre hardie créée au Turkestan. Il y a moins d'un demi siècle, un Européen ne pouvait s'aventurer dans ce pays que sous un déguisement. Pour arriver à Samarcand ou à Tachkent, il fallait revêtir un costume de derviche ambulant, Encore, risquait-on, neuf fois sur dix, d'être massacré comme un infidèle.

Après avoir collaboré à la conquête du pays, en qualité de militaire, le général Annenkoff a puissamment aidé à l'assimilation du Turkestan par la création d'un chemin de fer, le fameux chemin de fer transcaspien, qui transporte, de nos jours, des touristes de Londres et de Paris jusqu'aux premiers contreforts du Pamir. Un voyage à Samarcand ou à Merv est devenu une simple banalité, tout comme une excursion de Paris à Brest. — Annenkoff était aussi un véritable franco-russe, ayant épousé une française et se tenant constamment en relations intimes avec nos compatriotes. Ces titres, joints à ses mérites de géographe et d'explorateur, suffisent pour lui valoir un hommage dans notre Revue.

P. LEMOSOF.

E. PLON, NOURRIT ET Cⁱᵉ, IMPRIMEURS-ÉDITEURS, rue Garancière, 10, PARIS

CARTES VÉLO-KILOMÉTRIQUES
Au 250,000ᵉ

EN TROIS COULEURS

*Indiquant les routes vélocipédiques, les côtes, pavés, altitudes, distances et la population;
les routes et chemins vicinaux; les chemins de fer, canaux, rivières; enfin, toutes les
communes et la plupart des hameaux, sur une étendue de quatre à cinq départements.*

ENVIRONS DE PARIS (PARIS AU CENTRE)
A 125 kilomètres.

Comprenant : Paris — Versailles — Rambouillet — Chartres — Dreux — Évreux — Louviers
— Rouen — Les Andelys — Mantes — Pontoise — Beauvais — Clermont — Senlis — Compiègne — Soissons — Meaux — Château-Thierry — Provins — Sens — Fontainebleau —
Melun — Corbeil — Étampes.

Prix : En feuille sous couverture. . . . . **1 fr. »**
— Collée sur toile et pliée pour la poche. . . . . **2 fr. 25**

ENVIRONS DE PARIS (NORD-OUEST)
A 250 kilomètres.

Comprenant : Paris — Pontoise — Mantes — Vernon — Évreux — Les Andelys — Beauvais
— Amiens — Abbeville — Neufchâtel — Dieppe — Rouen — Yvetot — Le Havre — Trouville — Pont-l'Evêque — Pont-Audemer — Bernay — Lisieux — Caen — Falaise.

Prix : En feuille sous couverture. . . . . **1 fr. 50**
— Collée sur toile et pliée pour la poche. . . . . **2 fr. 75**

ENVIRONS DE PARIS (SUD-OUEST)
A 250 kilomètres.

Comprenant : Paris — Sceaux — Versailles — Rambouillet — Étampes — Chartres — Châteaudun — Dreux — Nogent-le-Rotrou — Alençon — Argentan — Mortagne — Le Mans —
Saint-Calais — La Flèche — Mamers — Blois — Vendôme — Orléans — Pithiviers.

Prix : En feuille sous couverture. . . . . **1 fr. 50**
— Collée sur toile et pliée pour la poche. . . . . **2 fr. 75**

ENVIRONS DE PARIS (NORD-EST)
A 200 kilomètres.

Comprenant : Paris — Saint-Denis — Senlis — Clermont — Compiègne — Montdidier —
Péronne — Saint-Quentin — Laon — Soissons — Château-Thierry — Vervins — Mézières —
Rethel — Rocroi — Sedan — Vouziers — Châlons-sur-Marne — Reims — Epernay — Meaux.

Prix : En feuille sous couverture. . . . . **1 fr. 50**
— Collée sur toile et pliée pour la poche. . . . . **2 fr. 75**

ENVIRONS DE PARIS (SUD-EST)
A 200 kilomètres.

Comprenant : Paris — Corbeil — Melun — Fontainebleau — Montereau — Provins — Coulommiers — Vitry-le-François — Nogent-sur-Seine — Arcis-sur-Aube — Bar-sur-Seine —
Châtillon-sur-Seine — Auxerre — Tonnerre — Joigny — Sens — Montargis — Gien.

Prix de chaque carte : En feuille sous couverture. . . . . . . **1 fr. 50**
— — Collée sur toile et pliée pour la poche. . **2 fr. 75**

CARTE VÉLO-KILOMÉTRIQUE DE LA NORMANDIE
AMIENS AU MONT SAINT-MICHEL

Comprenant : Amiens — Neufchâtel — Dieppe — Rouen — Yvetot — Le Havre — Trouville — Pont-l'Evêque — Pont-Audemer — Bernay — Lisieux — Caen — Bayeux — Saint-Lô
— Valognes — Cherbourg — Coutances — Granville — Avranches — Vire — Falaise —
Argentan — Laigle.

Prix : En feuille sous couverture. . . . . **1 fr. 50**
— Collée sur toile et pliée pour la poche. . . . . **2 fr. 75**

PARIS. TYPOGRAPHIE DE E. PLON, NOURRIT ET Cⁱᵉ, RUE GARANCIÈRE, 8.

MEMENTO GÉOGRAPHIQUE

ÉVÉNEMENTS ET FAITS IMPORTANTS

Courrier de la Semaine. LXVIII. (Février 1899.)

GÉNÉRALITÉS

Cultures coloniales. — Le *Journal officiel* a publié récemment les rapports, décrets et règlements concernant la création, près Paris, d'un grand jardin de cultures coloniales, sur le modèle de celui qui fonctionne à Londres et connu sous le nom de New Gardens. Notre *Memento* a déjà entretenu ses lecteurs de cette intéressante création (voir n°⁸ 54 et 65).

L'établissement de ce jardin n'est encore qu'à l'état de projet, et déjà il soulève des difficultés d'ordre judiciaire. Le terrain, choisi à Vincennes (près Joinville), appartient à la ville de Paris. Il avait été prêté autrefois, pour y effectuer diverses expériences, à l'éminent agronome G. Ville. Il est resté jusqu'à ce jour sous la dépendance nominale du Muséum d'histoire naturelle. La mainmise de l'État sur ce terrain va donc engendrer un procès avec la ville de Paris. Espérons toutefois que les difficultés seront aplanies et que les Français ne seront pas privés plus longtemps d'un champ d'études si indispensable aux entreprises d'agriculture coloniale.

EUROPE

Suisse. — Le 27 décembre dernier, une masse de roche s'est détachée du Mont-Sasso-Rosso, sur la route du Saint-Gothard, ensevelissant plusieurs personnes et détruisant un hôtel et diverses maisons d'Airolo situées au pied de la montagne. Le volume des matériaux tombés d'une hauteur de près de 1,200 mètres est évalué à 400,000 mètres cubes.

D'autres éboulements de moindre importance ont eu lieu depuis et les géologues suisses expriment la crainte de voir la catastrophe se reproduire à nouveau. Une masse de roches semblable à celles tombées le 27 décembre se trouve encore suspendue en effet au-dessus de la ville, qu'elle menace de ruine.

Les catastrophes de ce genre sont malheureusement assez fréquentes dans les pays montagneux, et l'histoire a conservé le souvenir de l'éboulement qui s'était produit à Bienz, en 1749, où la masse de terre tombée de haut pouvait être évaluée à 40 millions de mètres cubes.

AFRIQUE

Kilimandjaro. — Le *Memento* a déjà signalé l'importante exploration du Kilimandjaro faite par le célèbre alpiniste Hans Meyer. Comme pour nos hautes montagnes des Alpes, il a suffi d'un signal donné par un ascensionniste hardi pour entraîner d'autres touristes. Le curieux massif de l'Afrique équatoriale, glacier situé dans la zone la plus torride du globe, et dont l'existence était à peine connue il y a quelques années, n'aura bientôt plus de secrets pour le monde civilisé. Un officier allemand, M. Johannes, a gravi le Kilimandjaro au mois d'octobre dernier. Il est parvenu à une altitude de près de 6,000 mètres. Détail remarquable, le froid n'y était pas excessif, 3° centigrades environ au-dessus de zéro.

Grande forêt d'Afrique équatoriale. — Une nouvelle traversée de l'Afrique, de l'Ouganda à Léopoldville, au Congo belge, vient d'être effectuée, durant les mois d'octobre et novembre derniers, par un missionnaire anglais, M. Llyod. L'itinéraire de M. Llyod coïncide en grande partie avec celui suivi par nos compatriotes, MM. Versepuy et de Romans, en 1896. M. Llyod a traversé la grande forêt équatoriale déjà décrite par le célèbre Stanley. Il y a rencontré une population inconnue encore, des nains barbus (Stanley et d'autres ont vu des nains sans poils), et dont la barbe descendant jusqu'au delà de la poitrine leur donne une physionomie des plus étranges. Les habitants de la forêt se sont d'ailleurs prêtés de bonne grâce aux expériences du voya-geur, qui rapporte de nombreuses photographies. Le plus haut des individus rencontrés par M. Llyod ne dépassait pas 4 pieds (1 m. 20 environ). La forêt renferme des arbres gigantesques qui ne mesurent pas moins de 6 mètres de circonférence et qui obstruent souvent les rares sentiers qu'on y découvre.

Soudan. — Un rapport de M. Le Hérissé adressé à la Chambre des députés renferme diverses informations intéressantes, relatives au chemin de fer qui doit relier les deux grandes voies fluviales de l'Afrique, le Sénégal et le Niger. Les travaux de cette voie ferrée ont été commencés en 1881. Seize années après, en 1897, il n'y avait encore que 188 kilomètres de construits, soit un peu plus de 11 kilomètres par an.

Si les travaux devaient se continuer dans les mêmes conditions, la première locomotive ne serait pas parvenue sur le Niger avant 1930. Une grande impulsion a été donnée heureusement, en ces dernières années, aux travaux du chemin de fer qui avancent avec plus de célérité. L'exploitation régulière de la voie a été assurée par le service du génie en 1893. Depuis cette époque, les recettes ont été en progression constante et atteignaient, en 1898, 420,000 francs. La colonie du Soudan doit faire prochainement un emprunt pour être à même d'activer la construction dont l'achèvement est prévu pour l'année 1906. L'Afrique occidentale française est appelée à profiter largement de cette nouvelle voie.

ASIE

Tibet. — Le Tibet reste décidément impénétrable. Nous avons signalé déjà les diverses tentatives faites par les explorateurs de différentes nationalités (russe, Pievtzoff; anglais, Littledale, Landor, Wellby; américain, W. Rockhill; français, Bonvalot, prince d'Orléans, Dutreuil de Rhins...). Toutes ont échoué. Un explorateur anglais, M. Deasy, qui se trouve en ce moment dans le centre asiatique, informe la société royale de géographie de Londres que les essais qu'il avait faits pour

pénétrer dans le cœur du Tibet ont été jusqu'à présent infructueux. Le motif allégué par ces semi-sauvages pour empêcher M. Deasy de s'avancer dans l'intérieur du pays est... le meurtre de notre compatriote, M. Dutreuil de Rhins, survenu, comme on sait, durant sa mission, en 1894. Le but de tant de voyageurs européens : Lhassa, n'est donc pas près d'être atteint. Il est probable aussi qu'une grande désillusion attend ceux qui parviendront à forcer les portes de la cité sainte.

AMÉRIQUE

Guyane. — Dans une communication adressée à la Société de Géographie le 3 février, M. G. Brousseau a fait ressortir la valeur de notre colonie de la Guyane et l'avantage que des colons et industriels pourraient tirer de l'immense

région connue sous le nom de *Contesté* franco-brésilien. Les grandes richesses minières feraient de cette contrée une des plus intéressantes du continent sud-américain.

OCÉANS

Lignes de navigation. — Tout le monde conserve encore le pénible souvenir du désastre de la *Bourgogne*. Une convention conclue entre les diverses compagnies de navigation, entrée en vigueur à la date du 15 janvier dernier, règle les itinéraires que les bâtiments devront suivre, dans leur traversée de l'Atlantique, afin d'éviter autant que possible les collisions. Le règlement prévoit deux dates : 15 janvier-14 août

et 15 août-14 janvier. Les routes devront se confondre à peu près : d'Europe en Amérique, avec le parallèle 47° O. et 42° lat. N.; 49° O., 46° lat. et 60° O. 43° lat. Ceux venant de New-York passeront par 70° O.; jamais au-dessus de 40°10 lat. N. Une stricte application de ce règlement assurera nécessairement une plus grande sécurité aux nombreux voyageurs qui traversent annuellement l'Atlantique.

P. LEMOSOF.

E. PLON, NOURRIT ET C⁰, IMPRIMEURS-ÉDITEURS, rue Garancière, 10, PARIS

CARTES VÉLO-KILOMÉTRIQUES
Au 250,000ᵉ
EN TROIS COULEURS

Indiquant les routes vélocipédiques, les côtes, pavés, altitudes, distances et la population; les routes et chemins vicinaux; les chemins de fer, canaux, rivières; enfin, toutes les communes et la plupart des hameaux, sur une étendue de quatre à cinq départements.

ENVIRONS DE PARIS (PARIS AU CENTRE)
A 125 kilomètres.

Comprenant : Paris — Versailles — Rambouillet — Chartres — Dreux — Évreux — Louviers — Rouen — Les Andelys — Mantes — Pontoise — Beauvais — Clermont — Senlis — Compiègne — Soissons — Meaux — Château-Thierry — Provins — Sens — Fontainebleau — Melun — Corbeil — Étampes.

Prix : En feuille sous couverture. . . . . **1 fr. »**
— Collée sur toile et pliée pour la poche. . . . . **2 fr. 25**

ENVIRONS DE PARIS (NORD-OUEST)
A 250 kilomètres.

Comprenant : Paris — Pontoise — Mantes — Vernon — Évreux — Les Andelys — Beauvais — Amiens — Abbeville — Neufchâtel — Dieppe — Rouen — Yvetot — Le Havre — Trouville — Pont-l'Évêque — Pont-Audemer — Bernay — Lisieux — Caen — Falaise.

Prix : En feuille sous couverture. . . . . **1 fr. 50**
— Collée sur toile et pliée pour la poche. . . . . **2 fr. 75**

ENVIRONS DE PARIS (SUD-OUEST)
A 250 kilomètres.

Comprenant : Paris — Sceaux — Versailles — Rambouillet — Étampes — Chartres — Châteaudun — Dreux — Nogent-le-Rotrou — Alençon — Argentan — Mortagne — Le Mans — Saint-Calais — La Flèche — Mamers — Blois — Vendôme — Orléans — Pithiviers.

Prix : En feuille sous couverture. . . . . **1 fr. 50**
— Collée sur toile et pliée pour la poche. . . . . **2 fr. 75**

ENVIRONS DE PARIS (NORD-EST)
A 200 kilomètres.

Comprenant : Paris — Saint-Denis — Senlis — Clermont — Compiègne — Montdidier — Péronne — Saint-Quentin — Laon — Soissons — Château-Thierry — Vervins — Mézières — Rethel — Rocroi — Sedan — Vouziers — Châlons-sur-Marne — Reims — Épernay — Meaux.

Prix : En feuille sous couverture. . . . . **1 fr. 50**
— Collée sur toile et pliée pour la poche. . . . . **2 fr. 75**

ENVIRONS DE PARIS (SUD-EST)
A 200 kilomètres.

Comprenant : Paris — Corbeil — Melun — Fontainebleau — Montereau — Provins — Coulommiers — Vitry-le-François — Nogent-sur-Seine — Arcis-sur-Aube — Bar-sur-Seine — Châtillon-sur-Seine — Auxerre — Tonnerre — Joigny — Sens — Montargis — Gien.

Prix de chaque carte : En feuille sous couverture. . . . . **1 fr. 50**
— Collée sur toile et pliée pour la poche. . **2 fr. 75**

CARTE VÉLO-KILOMÉTRIQUE DE LA NORMANDIE
AMIENS AU MONT SAINT-MICHEL

Comprenant : Amiens — Neufchâtel — Dieppe — Rouen — Yvetot — Le Havre — Trouville — Pont-l'Évêque — Pont-Audemer — Bernay — Lisieux — Caen — Bayeux — Saint-Lô — Valognes — Cherbourg — Coutances — Granville — Avranches — Vire — Falaise — Argentan — Laigle.

Prix : En feuille sous couverture. . . . . **1 fr. 50**
— Collée sur toile et pliée pour la poche. . . . . **2 fr. 75**

PARIS. TYPOGRAPHIE DE E. PLON, NOURRIT ET C⁰, RUE GARANCIÈRE, 8.

MEMENTO GÉOGRAPHIQUE

ÉVÉNEMENTS ET FAITS IMPORTANTS

Courrier de la Semaine. LXIX. (Février 1899.)

EUROPE

France. — *Office national du commerce extérieur.* — Le *Memento* a signalé déjà cette intéressante création dès son début, au mois de juillet de l'année dernière (Voir *Memento* n° 41). Voici quelques détails sur cet office tels qu'ils sont exposés dans le premier rapport publié ces jours derniers par son directeur, M. Collin Delavaud. Le service est assuré par une allocation de 70.000 fr. pris sur le budget du ministère du commerce ; beaucoup de chambres de commerce contribuent aussi par diverses souscriptions. Durant les cinq premiers mois de son fonctionnement, l'office a échangé plus de 8,000 correspondances et donné environ 1,250 consultations verbales sur des questions d'ordre commercial ou industriel concernant les colonies ou l'étranger. Le ministre s'est assuré en outre la collaboration de divers commerçants notables établis hors de France et qui auront les titres de *conseillers du commerce extérieur.*

AFRIQUE

Télégraphe transafricain. — Les journaux d'Outre-Manche s'occupent fort en ce moment des travaux de pose du télégraphe en Afrique. Les lecteurs de la *Bibliothèque illustrée* connaissent le hardi projet dont M. Cecil Rhodes, créateur de la Rhodesie (Afrique du Sud) est le principal champion. Il s'agit simplement d'unir le Cap à Alexandrie, c'est-à-dire les deux extrémités sud et nord du continent africain. La ligne entière aura un développement de 10,500 kilomètres. L'activité que les entrepreneurs déploient pour la pose des fils fait supposer que le travail sera terminé dans trois ans. Ce sera, bien entendu, un grand pas de fait pour la civilisation en Afrique, mais, aussi, confessons-le, c'est la Grande-Bretagne qui en bénéficiera le plus largement.

Luttes en Afrique. — *Congo belge.* — Quatre agents de la société anversoise pour le commerce du haut Congo avaient été victimes récemment d'un guet-apens de la part des Cannibales de la Mongala. M. Lothaire, directeur de la société, accompagné de 250 soldats, résolut de les châtier. En dix journées de marche, la petite troupe, avançant avec beaucoup de précautions, parvint dans une clairière du pays de Budja et eut la chance de rencontrer les principaux guerriers de la tribu rassemblés. Une bataille en règle eut lieu, les noirs furent naturellement décimés (on a compté près de 1,800 boucliers abandonnés sur le champ de bataille) et les chefs vinrent faire leur soumission. — Résultats : Annexion d'une vaste contrée encore inconnue à l'Etat indépendant du Congo.

Madagascar. — *Tananarive.* — *Conseils aux colons et aux voyageurs.* — Le Dr Fontoynont, dans une étude sur Tananarive, signale les précautions hygiéniques que les colons et les voyageurs devront prendre durant leur séjour dans la capitale de Madagascar. Il convient de rappeler tout d'abord que la situation élevée de cette ville, 1,402 mètres au-dessus de la mer, lui assure une très grande salubrité. On n'y a jamais signalé ni fièvre typhoïde, ni choléra, ni fièvre jaune. La dysenterie y est bénigne. Seule, la variole y fait quelquefois de grands ravages. Les colons y auront principalement à craindre les fièvres intermittentes et leurs conséquences ; diarrhées et dysenterie. Les Européens devront surtout redouter le soleil et le froid. Le climat moyen et constant de Tananarive est de 18°. La température la plus élevée (26 octobre 1891), 29°2 ; la plus basse (11 août), 5°7. Il est indispensable de se munir de vêtements chauds qu'on utilisera souvent le soir ; le soleil couché, la température change souvent fort brusquement. L'honorable médecin conseille surtout le port de flanelles et particulièrement de la ceinture de flanelle qu'on ne devra quitter même (ou plutôt *surtout*) pendant les plus fortes chaleurs (la même recommandation est faite d'ailleurs, par beaucoup de praticiens, pour nos pays du midi de l'Europe). Il faudra aussi se munir d'une certaine quantité de quinine qu'on prendra à doses progressives et qu'on n'abandonnera que progressivement, même après le retour en Europe.

ASIE

Inde-Bombay. — La ville de Bombay occupe la partie méridionale d'une île, du même nom, étroite et longue, qu'une digue relie à l'île de Salsette et au continent. C'est (ou plutôt c'était) la métropole du commerce de l'Inde. On y est charmé, dit le baron de Hubner, dans son *A travers l'Empire britannique*, par la « variété qu'on trouve tant dans ses sites que dans la physionomie de ses rues et dans sa population... » Hélas ! cette ville de Bombay ne sera bientôt plus qu'un souvenir. La peste, la terrible peste qui travaille en ce moment l'Inde et particulièrement la « métropole commerciale », a déjà fait des vides immenses dans la cité. Ceux qui n'ont pas succombé ont fui. On évalue à plus de 400.000 individus ceux qui ont quitté la ville sans esprit de retour, pour échapper au fléau. Le commerce est annihilé et on ne prévoit aucune possibilité d'effectuer les travaux de canalisation nécessaires pour obvier aux désastres des inondations. On a constaté avec terreur que les eaux souterraines augmentaient à raison de 20 centimètres par an. Il y a onze ans, l'eau se trouvait à une profondeur de 3 mètres. Il suffit actuellement de creuser un puits de 1 m. 20 pour atteindre l'eau. Si des mesures énergiques ne sont pas prises, dans dix années toutes les rues de Bombay seront submergées. On prévoit d'ailleurs que la ville sera abandonnée, d'ici quelques années, par tous ses habitants. Ce sera certes, l'un des phénomènes les plus remarquables dans l'histoire économique des peuples (Bombay comptait en ces dernières années, 770.000 habitants environ).

Chine. — Un pasteur américain, le révérend Gilbert Reid, a fait récemment devant l'Institut impérial de Londres une conférence sur la Chine. Le conférencier, qui vit depuis de longues années dans l'empire du Milieu, affirme que les Chinois sont le peuple le plus intelligent et le plus habile de la terre. Pour faire sa conférence, l'honorable ecclésiastique avait endossé le costume chinois. Enfin, M. Reid annonce l'ouverture prochaine à Pékin d'un Institut international sur le modèle de l'Institut impérial de Londres et qui renfermera un musée, des salles pour le public, des salles d'études, des salons pour sociétés. Ce sera la première création de ce genre en Chine.

Siam. — Les compétitions franco-anglaises au Siam, le *pays-tampon* entre nos possessions indo-chinoises et la Birmanie anglaise, ont eu pour résultat que les travaux publics dans ce royaume sont dirigés actuellement par des Allemands. Il est à présumer que le gouvernement siamois, en présence du désaccord qui règne entre ses deux puissants voisins, s'est décidé à s'adresser à une nation neutre pour lui demander ses ingénieurs.

La ligne principale, notamment, qui doit relier Bangkok, la capitale, à Korat, première étape entre cette ville et le Mékong est confiée à deux ingénieurs, MM. Bethge et Gerhrts. La construction de cette voie avait d'abord été entreprise par une compagnie anglo-danoise. Les premiers tronçons ne furent pas livrés à temps, et ceux qui étaient terminés ne pouvaient être utilisés par suite de défauts dans la construction. Les rapports de MM. Bethge et Gerhrts laissent prévoir que la ligne sera terminée entièrement au 1er avril 1900. La longueur totale de cette première voie ferrée du Siam est de 265 kilomètres environ.

AMÉRIQUE

Mexique. — Une nouvelle découverte d'un haut intérêt archéologique (voir *Memento* n° 66), vient d'être faite au Mexique. Il s'agit d'un *Codex* (recueil de formules...) inconnu jusqu'à ce jour datant de l'année 1545, et qui se rapporte aux tributs payés par la ville de Topéal. Cette découverte faite par le Dr N. Léon, archéologue mexicain, contribuera beaucoup à l'étude de l'histoire si curieuse des peuples du nouveau monde.

P. LEMOSOF.

La **BIBLIOTHÈQUE ILLUSTRÉE DES VOYAGES AUTOUR DU MONDE** s'associe au deuil de la nation française par suite de la mort de son Président M. Félix Faure.

E. PLON, NOURRIT ET Cⁱᵉ, IMPRIMEURS-ÉDITEURS, rue Garancière, 10, PARIS

CARTES VÉLO-KILOMÉTRIQUES
Au 250,000ᵉ
EN TROIS COULEURS

Indiquant les routes vélocipédiques, les côtes, pavés, altitudes, distances et la population; les routes et chemins vicinaux; les chemins de fer, canaux, rivières; enfin, toutes les communes et la plupart des hameaux, sur une étendue de quatre à cinq départements.

ENVIRONS DE PARIS (PARIS AU CENTRE)
A 125 kilomètres.

Comprenant : Paris — Versailles — Rambouillet — Chartres — Dreux — Évreux — Louviers — Rouen — Les Andelys — Mantes — Poutoise — Beauvais — Clermont — Senlis — Compiègne — Soissons — Meaux — Château-Thierry — Provins — Sens — Fontainebleau — Melun — Corbeil — Étampes.

Prix : En feuille sous couverture. . . . . 1 fr. »
— Collée sur toile et pliée pour la poche. . . . . 2 fr. 25

ENVIRONS DE PARIS (NORD-OUEST)
A 250 kilomètres.

Comprenant : Paris — Pontoise — Mantes — Vernon — Évreux — Les Andelys — Beauvais — Amiens — Abbeville — Neufchâtel — Dieppe — Rouen — Yvetot — Le Havre — Trouville — Pont-l'Evêque — Pont-Audemer — Bernay — Lisieux — Caen — Falaise.

Prix : En feuille sous couverture. . . . . 1 fr. 50
— Collée sur toile et pliée pour la poche. . . . . 2 fr. 75

ENVIRONS DE PARIS (SUD-OUEST)
A 250 kilomètres.

Comprenant : Paris — Sceaux — Versailles — Rambouillet — Étampes — Chartres — Châteaudun — Dreux — Nogent-le-Rotrou — Alençon — Argentan — Mortagne — Le Mans — Saint-Calais — La Flèche — Mamers — Blois — Vendôme — Orléans — Pithiviers.

Prix : En feuille sous couverture. . . . . 1 fr. 50
— Collée sur toile et pliée pour la poche. . . . . 2 fr. 75

ENVIRONS DE PARIS (NORD-EST)
A 200 kilomètres.

Comprenant : Paris — Saint-Denis — Senlis — Clermont — Compiègne — Montdidier — Péronne — Saint-Quentin — Laon — Soissons — Château-Thierry — Vervins — Mézières — Rethel — Rocroi — Sedan — Vouziers — Châlons-sur-Marne — Reims — Epernay — Meaux.

Prix : En feuille sous couverture. . . . . 1 fr. 50
— Collée sur toile et pliée pour la poche. . . . . 2 fr. 75

ENVIRONS DE PARIS (SUD-EST)
A 200 kilomètres.

Comprenant : Paris — Corbeil — Melun — Fontainebleau — Montereau — Provins — Coulommiers — Vitry-le-François — Nogent-sur-Seine — Arcis-sur-Aube — Bar-sur-Seine — Châtillon-sur-Seine — Auxerre — Tonnerre — Joigny — Sens — Montargis — Gien.

Prix de chaque carte : En feuille sous couverture. . . . . . . 1 fr. 50
— — Collée sur toile et pliée pour la poche. . 2 fr. 75

CARTE VÉLO-KILOMÉTRIQUE DE LA NORMANDIE
AMIENS AU MONT SAINT-MICHEL

Comprenant : Amiens — Neufchâtel — Dieppe — Rouen — Yvetot — Le Havre — Trouville — Pont-l'Evêque — Pont-Audemer — Bernay — Lisieux — Caen — Bayeux — Saint-Lô — Valognes — Cherbourg — Coutances — Granville — Avranches — Vire — Falaise — Argentan — Laigle.

Prix : En feuille sous couverture. . . . . 1 fr. 50
— Collée sur toile et pliée pour la poche. . . . . 2 fr. 75

PARIS. TYPOGRAPHIE DE E. PLON, NOURRIT ET Cⁱᵉ, RUE GARANCIÈRE, 8.

MEMENTO GÉOGRAPHIQUE

ÉVÉNEMENTS ET FAITS IMPORTANTS

Courrier de la Semaine. LXX. (Mars 1899.)

EUROPE

France. — Bordeaux. — Notre grand port du Sud-Ouest serait-il réellement menacé ? A la Société de géographie commerciale de cette ville on pousse un cri d'alarme. La Pallice a enlevé à Bordeaux le trafic des Charentes, une partie de celui de Paris et des départements au nord des Charentes ; Bayonne prend en charge le gros des expéditions des minerais des Pyrénées qui s'embarquaient autrefois à Bordeaux. Cette n'a plus besoin des lignes maritimes de Bordeaux, ayant des communications directes avec le nord. Marseille reçoit les vins de Narbonne qu'elle expédie directement en Hollande, en Allemagne et aux ports russes de la Baltique. Enfin, les appontements construits à Pauillac ont ruiné à peu près la batellerie fluviale. Le trafic des chargeurs réunis vers le Brésil, la Plata et l'Afrique, celui de la Compagnie transatlantique pour l'Algérie, l'Amérique centrale et Londres, celui de la compagnie havraise péninsulaire vers Maurice, la Réunion et Madagascar, se font par les appontements de Pauillac, et souvent on peut voir les beaux quais de Bordeaux veufs de tout navire, alors qu'à la gare de Saint-Louis-Pauillac on voit partir des marchandises qui faisaient la richesse de Bordeaux. Ajoutons tout de suite que, aux yeux des Bordelais, les intérêts de leur cité ne doivent pas être confondus avec ceux de Pauillac. La grande ville serait donc menacée d'une ruine prochaine (ruine commerciale bien entendu), si elle ne parvient pas à établir des communications fréquentes et régulières avec l'intérieur du pays, notamment avec Lyon. C'est à cela que semblent tendre les efforts du haut négoce bordelais.

Russie. — Le 17 février dernier, M. Paul Labbé a rendu compte à la Société de géographie de sa mission dans la Russie orientale, chez les Bachkirs et les Cosaques. Le voyageur se rendit à Oufa et choisit comme pays d'études les districts de Bélebei, d'Oufa et de Sterlitamak (province d'Oufa et de Verkhné Ouralsk (province d'Orenbourg). Dans ce pays peuplé de Bachkirs, on trouve pourtant des villages russes, tchouvaches, mordves. Les Bachkirs ont perdu ou vendu à vil prix une partie de leurs terres.

M. Paul Labbé habita au milieu des Bachkirs de la steppe, dont l'existence a été durement modifiée par l'arrivée des colons, la diminution des terrains, le nouveau genre de vie : au grand détriment de leur santé, d'insouciants meneurs de troupeaux qu'ils étaient, ils sont devenus de mauvais agriculteurs. Traversant les montagnes Bik-Taou et Ala-Taou et la vallée du Chichiniak, M. Labbé se rendit chez les Bachkirs des hauteurs, à moitié nomades, et qui vivent l'été avec leurs troupeaux sur la cime des montagnes, se nourrissant de koumys et de fromage fumé (krout). Ils s'occupent beaucoup de l'élevage des abeilles.

AFRIQUE

Abyssinie. — Harar. — Bien souvent il a été question de cet important centre de l'Abyssinie avec lequel se nouent les relations de nos commerçants et de nos industriels de la côte des Somalis. Une étude très substantielle faite par M. Maurice Riès, conseiller du commerce extérieur, nous renseigne sur l'état actuel de la région du Harar, ses besoins et les produits qui y trouveraient un écoulement. La population de Harar (ville) est de 40,000 habitants ainsi répartis : Abyssins, 15,000 ; Hararis, 17,500 ; Gallas et Somalis, 6,500 ; étrangers (Arabes, Turcs, Arméniens, Indiens, quelques Européens), 1,000. Le haut commerce de Harar est représenté par une maison grecque, une maison juive arabe, deux maisons indiennes, une maison française. M. Riès insiste sur les ressources immenses du pays ; la fertilité du sol serait incomparable « de vastes terrains non cultivés rendront au centuple les semences qu'on y jettera... » Lorsque la ligne du chemin de fer de Djibouti sera terminée, le Harar deviendra le grand centre d'approvisionnement de moutons, chèvres, bœufs de la Côte des Somalis et des contrées voisines d'Arabie.

Djibouti. — Annonçons aussi l'apparition à Djibouti d'un journal : *Le Djibouti*. La publication d'une feuille périodique est justement considérée comme l'un des signes manifestes des progrès faits par la colonie naissante.

Sénégal. — *Situation de la colonie*. — En ouvrant la session du conseil général du Sénégal, le gouverneur, M. Chaudié, a fait ressortir l'état très prospère de cette grande colonie. « J'ai tenu à établir, dit-il, que... le pays est en voie de prospérité, puisque, sans qu'aucune taxe ait été augmentée,.. les recettes du budget ont dépassé toutes les prévisions... » Parmi les travaux signalés comme les plus urgents et propres à donner une impulsion nouvelle à la colonie, le gouverneur général cite les conduites d'eau destinées à améliorer ou à établir à Saint-Louis, à Dakar et à Rufisque, les routes et l'établissement d'un warf à Saint-Louis.

Congo. — On n'en dira pas autant malheureusement de notre possession du Congo. Déjà, à plusieurs reprises, le *Memento* a signalé le grand désavantage qui résulte pour notre grande colonie africaine lorsqu'on la compare à sa voisine, le Congo belge. Le rapport de M. Doumergue, rapporteur du budget des colonies pour 1899, confirme, en les aggravant plutôt, nos appréciations. «... La situation n'a pas été brillante jusqu'à ce jour, dit le rapport... » L'année dernière, la colonie avait un arriéré de plus de 2 millions de francs. « A part quelques travaux d'assainissement à Libreville et la construction d'une ligne télégraphique entre Loango et le cap Lopez et Loango et Brazzaville, on ne trouve guère de travaux publics au Congo... notre domination y est plus fictive que réelle, on n'y rencontre trace d'aucune administration organisée, encore qu'il y ait bon nombre de fonctionnaires... » Ces critiques, trop justifiées, hélas, expliquent pourquoi nous nous trouvons dans une telle infériorité vis-à-vis de nos voisins. Y remédiera-t-on ?

Transvaal. — Le gouvernement du Transvaal vient de prendre une mesure assez originale : la vente de boissons est interdite, sous les peines les plus sévères, aux gens de couleur : africains, asiatiques, aborigènes de l'Amérique. Cette prohibition comprend les vins, les liqueurs alcooliques, liqueurs de grains, alcool à brûler, etc. On ne sait pas bien si c'est une mesure prise contre l'intempérance ou, plutôt, le désir d'établir un droit restrictif au profit des blancs.

ASIE

Sibérie. — M. Ignatoff, explorateur russe, a fait connaître récemment quelques-uns des principaux résultats de son exploration dans la Sibérie occidentale. M. Ignatoff a examiné plusieurs lacs salés et qui, d'après le dire des indigènes Kirghizes, ne géneraient jamais l'explorateur pour déterminer la température de ces lacs, 14 à 16° à la surface, 18 à 20° au fond. Sur la terre ferme, le froid se fait pourtant sentir d'une manière excessive, et le sol est gelé jusqu'à une profondeur de 80 centimètres environ. Les localités parcourues par M. Ignatoff, où se trouvent les lacs en question, ne diffèrent cependant pas beaucoup en latitude de nos zones tempérées d'Europe, centre de l'Angleterre par exemple (55°). Les lacs nourrissent beaucoup de crustacés, ce qui explique la couleur rose de certaines de ces nappes d'eau.

BIOGRAPHIE.

Joseph Martin. — Les journaux annoncent l'inauguration en grande pompe à Marghelan, province de Ferghana (Turkestan russe) d'un monument à la mémoire d'un explorateur français, Joseph Martin, décédé dans cette ville le 23 mai 1892, au retour de son second voyage en Asie. Joseph Martin était originaire de Lyon. Il avait fait la campagne russo-turque en 1877 et conserva de nombreuses amitiés dans le monde militaire russe. Ayant accompli avec succès une mission en Sibérie, M. Martin fut chargé à nouveau d'une mission d'exploration dans ce même pays et en Chine. Ce fut au retour de ce second voyage que, épuisé, malade, sans ressources, aigri par les misères, l'explorateur mourut à Marghelan. Le monument élevé à la mémoire du voyageur français semble être dû à l'initiative exclusive des Russes. Il convient toutefois de rappeler que lors de son arrivée dans cette ville et dès qu'on eut connaissance à Paris de la situation précaire de l'explorateur, la Société de géographie s'empressa de lui faire parvenir un subside important. La maladie avait malheureusement fait son œuvre et notre compatriote mourut loin de sa patrie.

P. Lemosof.

E. PLON, NOURRIT ET Cie, IMPRIMEURS-ÉDITEURS, rue Garancière, 10, PARIS

CARTES VÉLO-KILOMÉTRIQUES

Au 250,000^e

EN TROIS COULEURS

Indiquant les routes vélocipédiques, les côtes, pavés, altitudes, distances et la population;
les routes et chemins vicinaux; les chemins de fer, canaux, rivières; enfin, toutes les
communes et la plupart des hameaux, sur une étendue de quatre à cinq départements.

ENVIRONS DE PARIS (PARIS AU CENTRE)

A 125 kilomètres.

Comprenant : Paris — Versailles — Rambouillet — Chartres — Dreux — Évreux — Louviers
— Rouen — Les Andelys — Mantes — Pontoise — Beauvais — Clermont — Senlis — Com-
piègne — Soissons — Meaux — Château-Thierry — Provins — Sens — Fontainebleau —
Melun — Corbeil — Étampes.

Prix : En feuille sous couverture. . . . . 1 fr. »
— Collée sur toile et pliée pour la poche. . . . . 2 fr. 25

ENVIRONS DE PARIS (NORD-OUEST)

A 250 kilomètres.

Comprenant : Paris — Pontoise — Mantes — Vernou — Évreux — Les Andelys — Beauvais
— Amiens — Abbeville — Neufchâtel — Dieppe — Rouen — Yvetot — Le Havre — Trouville — Pont-l'Evêque — Pont-Audemer — Bernay — Lisieux — Caen — Falaise.

Prix : En feuille sous couverture. . . . . 1 fr. 50
— Collée sur toile et pliée pour la poche. . . . . 2 fr. 75

ENVIRONS DE PARIS (SUD-OUEST)

A 250 kilomètres.

Comprenant : Paris — Sceaux — Versailles — Rambouillet — Étampes — Chartres — Châteaudun — Dreux — Nogent-le-Rotrou — Alençon — Argentan — Mortagne — Le Mans —
Saint-Calais — La Flèche — Mamers — Blois — Vendôme — Orléans — Pithiviers.

Prix : En feuille sous couverture. . . . . 1 fr. 50
— Collée sur toile et pliée pour la poche. . . . . 2 fr. 75

ENVIRONS DE PARIS (NORD-EST)

A 200 kilomètres.

Comprenant : Paris — Saint-Denis — Senlis — Clermont — Compiègne — Montdidier —
Péronne — Saint-Quentin — Laon — Soissons — Château-Thierry — Vervins — Mézières —
Rethel — Rocroi — Sedan — Vouziers — Châlons-sur-Marne — Reims — Epernay — Meaux.

Prix : En feuille sous couverture. . . . . 1 fr. 50
— Collée sur toile et pliée pour la poche. . . . . 2 fr. 75

ENVIRONS DE PARIS (SUD-EST)

A 200 kilomètres.

Comprenant : Paris — Corbeil — Melun — Fontainebleau — Montereau — Provins — Coulommiers — Vitry-le-François — Nogent-sur-Seine — Arcis-sur-Aube — Bar-sur-Seine —
Châtillon-sur-Seine — Auxerre — Tonnerre — Joigny — Sens — Montargis — Gien.

Prix de chaque carte : En feuille sous couverture. . . . . . . 1 fr. 50
— — Collée sur toile et pliée pour la poche. . 2 fr. 75

CARTE VÉLO-KILOMÉTRIQUE DE LA NORMANDIE

AMIENS AU MONT SAINT-MICHEL

Comprenant : Amiens — Neufchâtel — Dieppe — Rouen — Yvetot — Le Havre — Trou-
ville — Pont-l'Evêque — Pont-Audemer — Bernay — Lisieux — Caen — Bayeux — Saint-Lô
— Valognes — Cherbourg — Coutances — Granville — Avranches — Vire — Falaise —
Argentan — Laigle.

Prix : En feuille sous couverture. . . . . 1 fr. 50
— Collée sur toile et pliée pour la poche. . . . . 2 fr. 75

PARIS. TYPOGRAPHIE DE E. PLON, NOURRIT ET Cie, RUE GARANCIÈRE, 8.

MEMENTO GÉOGRAPHIQUE

ÉVÉNEMENTS ET FAITS IMPORTANTS

Courrier de la Semaine. LXXI. (Mars 1899.)

GÉNÉRALITÉS

Médailles aux explorateurs et aux savants. — Parmi les récompenses décernées cette année par la Société de géographie, nous relevons : une grande médaille d'or, à titre exceptionnel, au général Galliéni pour l'œuvre accomplie dans les trois grandes colonies qu'il eut à administrer : Soudan, Tonkin et Madagascar. La grande médaille d'or de la Société, à M. Gentil, dont nos lecteurs connaissent la belle exploration de la région du Tchad. Diverses autres médailles d'or et d'argent ont été attribuées à des explorateurs (MM. Baud, Vermeesch, Blondiaux, l'explorateur polaire Jackson, Mme Massieu); à des auteurs (le R. P. Piolet, M. Deschamps, M. Duparc). Le prix F. Fournier, d'une valeur de 1,300 francs environ en espèces, a été adjugé au directeur de la mission lyonnaise d'exploration commerciale en Chine pour son livre sur cette mission. Ce prix doit, en effet, selon le vœu du testateur, récompenser l'œuvre française la plus utile à la science géographique parue durant l'année. La Société de géographie décerne aussi, comme on sait, des prix aux élèves des lycées, des collèges et des écoles militaires ayant obtenu le plus grand nombre de points aux épreuves des concours généraux. Enfin, cette association dispose de divers fonds qui lui avaient été légués et qui sont destinés : l'un à accorder tous les trois ans un prix d'environ 6,000 francs pour l'œuvre d'exploration la plus méritante accomplie par un Français ; un autre legs lui permet d'assurer une rente viagère à des explorateurs âgés et nécessiteux. Le regretté A. Marche, dont nous avons dernièrement annoncé le décès (*Mémento* n° 47), était l'un des premiers bénéficiaires de cette libéralité. Deux explorateurs méritants sont actuellement titulaires de ces rentes, qui se montent pour chacun d'eux à la somme de 1,200 francs.

Congrès de géographie. — Le prochain congrès national français de géographie (20° session) doit se tenir à Alger, du 26 mars au 1er avril prochain. Le programme comporte un certain nombre de questions et de communications dont les principales sont : enseignement de la géographie, enseignement agricole, chemins de fer africains, chemin de fer transsaharien, colonisation officielle en Algérie, naturalisation, la main-d'œuvre indigène... On voit que les questions concernant l'Afrique et particulièrement l'Algérie occuperont une large place dans les délibérations du congrès. On sait déjà que cette année doit avoir lieu aussi le septième congrès international de géographie, à Berlin (V. *Mémento* n° 61).

Mouvement maritime. — Dans une communication faite à l'Association américaine pour l'avancement des sciences, le docteur Cortheil établit un parallèle entre le mouvement commercial actuel (fin 1898) avec celui d'il y a cinquante ans (1848) : le tonnage des navires est monté de 26,500,000 tonnes à 201 millions ; le nombre des vapeurs, de 242 à 11,272. La vitesse moyenne des bâtiments est de 18 nœuds ; 20 navires marchent à la vitesse normale de 22 nœuds. Le plus fort tirant d'eau adopté est de 9 mètres environ ; mais on prévoit la nécessité d'approfondir un certain nombre de canaux, havres, baies. Les travaux les plus considérables ont été faits à Liverpool, aménagés pour recevoir des navires de 9 mètres de tirant d'eau ; beaucoup d'autres ports : Londres, Hambourg, Anvers, New-York sont aussi en voie de transformation. Enfin, on a dû approfondir de près d'un mètre le canal de Suez et on prévoit une nouvelle excavation jusqu'à une profondeur d'environ 10 mètres.

EUROPE

Population des divers États. — On vient d'établir le mouvement de la population des divers États de l'Europe durant les dix dernières années, 1887-1897). L'augmentation a été de plus de 35 millions d'individus (379 millions 700,000) au lieu de 343 millions en 1887), soit 10,3 pour 100 pour les dix années, et 1,02 pour 100 par an. La pro-portion la plus élevée est atteinte par la Russie, soit 2,01 pour 100 par an ; la plus faible par la France, 0,08 pour 100. Quant à la densité de la population, c'est toujours la Belgique qui vient au premier rang : 220 habitants par kilo-mètre carré ; les derniers sont la Fin-lande, 7, et la Norvège 6 habitants par kilomètre. Enfin, les principaux États comptent une population (en chiffres ronds) : Russie, 88 millions et demi ; Allemagne, 47 millions ; Autriche-Hon-grie, 40 millions ; France, 38 millions ; Angleterre, 37 millions ; Italie, 30 mil-lions ; Espagne, 17 millions. Viennent ensuite : Roumanie, Turquie d'Europe. Belgique, Pays-Bas, Portugal... (4 à 5 millions d'habitants chaque État.)

AFRIQUE

Nil. — *Pêcheries.* — Les Anglais viennent d'instituer un service spécial, sous les ordres de M. W. L. S. Loat, pour l'étude des pêcheries du Nil. Nos connaissances sur les diverses espèces de poissons qui peuplent le bassin du Nil ne remontent qu'à l'année 1750. La plus grande partie des recherches a été faite par des Français, Geoffroy Saint-Hilaire, Sauvage, et, en dernier lieu, le professeur Vaillant. Depuis 1869, ces études ont été complètement négligées. On compte jusqu'à présent 90 espèces connues de poissons ; mais ce chiffre est évidemment bien au-dessous de la réalité du nombre existant, puisque les études n'ont porté encore que sur la partie du Nil en aval de la première cataracte. Le service qui vient d'être institué comporte l'établissement d'un certain nombre de stations (Damiette. lac Menzaleh, Rosette, Caire, Luqsor, Assouan...) et s'étendra sur tout le bas-sin du vaste fleuve africain, jusques et y compris les possessions belges du haut Congo.

ASIE

Mascate. — Les journaux font grand bruit autour d'un incident qui se serait produit dans le sultanat d'Oman, dont le chef, dans le but de se procurer quel-ques subsides, aurait proposé à la France un point du littoral de son do-maine. Le gouvernement britannique, y voyant une atteinte à des prérogatives consenties antérieurement à l'Angle-terre, a forcé le sultan à renoncer à cette aubaine. Nous renvoyons nos lecteurs au volume spécial publié sur Mascate dans la *Bibliothèque illustrée*, sous le n° 36.

Afghanistan. — Dans l'Afghanis-tan, comme à Mascate, tout événement important affecte d'une manière fort sensible le gouvernement britannique, ou plutôt le gouvernement de l'Inde. La domination anglaise dans l'Inde serait donc assez précaire pour être facilement impressionnable aux gestes des voi-sins ? L'Afghanistan (1) a pour l'Angle-terre une importance politique considé-rable ; il sert d'État-tampon entre les possessions britanniques de l'Inde et les provinces russes de l'Asie centrale. Pour contrebalancer l'influence russe dans ce pays, le gouvernement de l'Inde a obtenu, moyennant une sub-vention, le droit d'exercer une sorte de contrôle sur les affaires afghanes. Or, on annonce la mort de l'émir de l'Afgha-nistan, Abdoul-Rhaman-Khan. Ce prince était âgé de soixante-huit ans et parais-sait pencher plutôt du côté des Anglais. Ces derniers se demandent donc, non sans quelque anxiété, si son successeur ne subira pas forcément l'ascendant d'une puissance voisine, la Russie, dont l'influence sur tout le continent asia-tique croît si rapidement.

RÉGIONS POLAIRES

L'expédition au Spitzberg. — Entreprise en commun par les gouverne-ments russe et suédois, elle semble devoir donner d'excellents résultats. On sait qu'il s'agit d'une expédition purement scientifique : la détermination d'un arc de méridien. Le plan adopté jusqu'à pré-sent comporte quatre navires, deux russes et deux suédois.

Andrée. — Par contre, on reste tou-jours fort inquiet au sujet du malheu-reux Andrée et de ses compagnons. Les nouvelles courues ces jours derniers sur la découverte de traces du ballon et de papiers sont malheureusement con-trouvées ; les indigènes du nord de l'Asie, tout comme dans nos régions, alléchés par la promesse d'une forte récompense, propagent quelquefois des mensonges dans l'espoir d'un gain. Il n'y aura plus lieu maintenant d'y ajouter la moindre foi.

De Gerlach. — De même, malheu-reusement, pour la mission de la *Bel-gica*, commandée par de Gerlach, et qui se trouve dans l'Océan arctique. Rien n'est venu renseigner le monde sur le sort du vaillant petit navire.

(1) Voir le volume spécial consacré à l'Afghanis-tan par C. Simond (n° 12 de la *Bibliothèque illustrée*.)

P. Lemosof.

CARTES VÉLO-KILOMÉTRIQUES

Au 250,000e

EN TROIS COULEURS

Indiquant les routes vélocipédiques, les côtes, pavés, altitudes, distances et la population; les routes et chemins vicinaux; les chemins de fer, canaux, rivières; enfin, toutes les communes et la plupart des hameaux, sur une étendue de quatre à cinq départements.

ENVIRONS DE PARIS (PARIS AU CENTRE)

A 125 kilomètres.

Comprenant : Paris — Versailles — Rambouillet — Chartres — Dreux — Évreux — Louviers — Rouen — Les Andelys — Mantes — Pontoise — Beauvais — Clermont — Senlis — Compiègne — Soissons — Meaux — Château-Thierry — Provins — Sens — Fontainebleau — Melun — Corbeil — Étampes.

Prix : En feuille sous couverture. . . . . **1 fr. »**
— Collée sur toile et pliée pour la poche. . . . . **2 fr. 25**

ENVIRONS DE PARIS (NORD-OUEST)

A 250 kilomètres.

Comprenant : Paris — Pontoise — Mantes — Vernon — Évreux — Les Andelys — Beauvais — Amiens — Abbeville — Neufchâtel — Dieppe — Rouen — Yvetot — Le Havre — Trouville — Pont-l'Évêque — Pont-Audemer — Bernay — Lisieux — Caen — Falaise.

Prix : En feuille sous couverture. . . . . **1 fr. 50**
— Collée sur toile et pliée pour la poche. . . . . **2 fr. 75**

ENVIRONS DE PARIS (SUD-OUEST)

A 250 kilomètres.

Comprenant : Paris — Sceaux — Versailles — Rambouillet — Étampes — Chartres — Châteaudun — Dreux — Nogent-le-Rotrou — Alençon — Argentan — Mortagne — Le Mans — Saint-Calais — La Flèche — Mamers — Blois — Vendôme — Orléans — Pithiviers.

Prix : En feuille sous couverture. . . . . **1 fr. 50**
— Collée sur toile et pliée pour la poche. . . . . **2 fr. 75**

ENVIRONS DE PARIS (NORD-EST)

A 200 kilomètres.

Comprenant : Paris — Saint-Denis — Senlis — Clermont — Compiègne — Montdidier — Péronne — Saint-Quentin — Laon — Soissons — Château-Thierry — Vervins — Mézières — Rethel — Rocroi — Sedan — Vouziers — Châlons-sur-Marne — Reims — Epernay — Meaux.

Prix : En feuille sous couverture. . . . . **1 fr. 50**
— Collée sur toile et pliée pour la poche. . . . . **2 fr. 75**

ENVIRONS DE PARIS (SUD-EST)

A 200 kilomètres.

Comprenant : Paris — Corbeil — Melun — Fontainebleau — Montereau — Provins — Coulommiers — Vitry-le-François — Nogent-sur-Seine — Arcis-sur-Aube — Bar-sur-Seine — Châtillon-sur-Seine — Auxerre — Tonnerre — Joigny — Sens — Montargis — Gien.

Prix de chaque carte : En feuille sous couverture. . . . . . . **1 fr. 50**
— Collée sur toile et pliée pour la poche. . **2 fr. 75**

CARTE VÉLO-KILOMÉTRIQUE DE LA NORMANDIE

AMIENS AU MONT SAINT-MICHEL

Comprenant : Amiens — Neufchâtel — Dieppe — Rouen — Yvetot — Le Havre — Trouville — Pont-l'Évêque — Pont-Audemer — Bernay — Lisieux — Caen — Bayeux — Saint-Lô — Valognes — Cherbourg — Coutances — Granville — Avranches — Vire — Falaise — Argentan — Laigle.

Prix : En feuille sous couverture. . . . . **1 fr. 50**
— Collée sur toile et pliée pour la poche. . . . . **2 fr. 75**

MEMENTO GÉOGRAPHIQUE

ÉVÉNEMENTS ET FAITS IMPORTANTS

Courrier de la Semaine. LXXII. (Mars 1899.)

OCÉANOGRAPHIE.

Le professeur Chun, chef de l'expédition hydrographique allemande de la *Valdivia*, vient d'envoyer de ses nouvelles à la Société royale de Géographie de Londres.

Le voyage effectué par ce navire comprend tout l'Atlantique, le long de la côte occidentale du continent africain et descend jusqu'au point 64° 14' 3" de lat. S. pour remonter ensuite dans la direction N.-E., vers Sumatra.

Les résultats sont considérables et préparent bien le terrain pour l'expédition projetée dans la mer antarctique. Les profondeurs atteintes par les sondes dans l'Atlantique sud dépassent 5,600 mètres. Les explorateurs ont visité également différentes îles et îlots, notamment l'île Bouvet, située par 54° 26' lat. S. et 4° 4' long. E., qu'ils ont trouvée entièrement couverte de glaces ; elle est inaccessible aux navires.

AFRIQUE

Soudan oriental. — Des dispositions ont été prises par les Anglais pour l'édification d'une ville nouvelle, Nouveau-Khartoum, qui sera la future capitale du Soudan. Le terrain choisi pour l'emplacement de la nouvelle cité serait, d'après le rapport de M. Gorst, conseiller financier d'Egypte, le plus favorable au point de vue climatérique, non seulement du Soudan, mais aussi de toute l'Egypte, de sorte qu'il est déjà question d'y établir un sanatorium. Les travaux d'installation semblent marcher rapidement ; à côté de la gare, on construit un vaste hôtel pour voyageurs, et un appel est fait aux anciens cheiks et aux indigènes auxquels il est accordé de grandes facilités et des franchises pour leur établissement dans la région.

ASIE

Arabie. — Nous avons annoncé (*Memento* n° 54) le départ, pour l'Arabie, d'une importante mission scientifique, mi-autrichienne, mi-suédoise, sous les ordres du célèbre orientaliste comte Landberg. Cette mission semble devoir se dissoudre avant même d'avoir commencé ses travaux.

Soit par caprice, soit par crainte d'un conflit avec les indigènes, le chef de la mission a cru devoir renoncer à conduire la caravane. Il a, en outre, par divers procédés peu habiles, fortement indisposé les chefs de divers sultanats de la côte d'Arabie et compromis ainsi, pour un temps assez long, les voyages d'Européens dans ces régions.

Les membres de l'expédition revinrent récemment à Aden, et, après avoir débarqué le comte de Landberg, retournèrent au sud, avec l'espoir de pouvoir accomplir la mission qu'ils s'étaient imposée. Ils sont actuellement dans l'île de Socotra, où opère déjà une mission scientifique anglaise. On prévoit un conflit prochain, et il est probable que l'expédition projetée en Arabie n'aura pas lieu.

Asie centrale. — Une nouvelle grande exploration de l'intérieur de l'Asie est sur le point d'être entreprise par les soins de la Société impériale russe de Géographie. Cette puissante association joue, en Russie, à peu près le même rôle à la fois de notre Société de Géographie de France et du Comité des Missions institué au Ministère de l'Instruction publique. Aussi, est-elle chargée de l'organisation des différentes missions officieuses scientifiques et même politiques. Une somme de 42,000 roubles, soit environ 130,000 fr., vient d'être allouée, par le tzar, pour cette nouvelle expédition.

Inde. — On vient d'établir le bilan des décès causés par les bêtes féroces dans l'Inde. La statistique n'est guère consolante.

On constate, en effet, que, au lieu de diminuer, les ravages causés par les tigres et les serpents vont en augmentant d'une année à l'autre. En 1875, on

a compté 21,266 décès dus à cette cause.
En 1896, il y en avait 21,000 et, en 1897,
26,000 hommes tués. De 1876 à 1898,
soit dans l'espace d'un peu plus de 20
années, 497.584 personnes ont succombé
à l'attaque des tigres et aux morsures
des serpents. Ces derniers sont particulièrement redoutables, car ils se glissent
souvent dans l'intérieur des habitations
et attaquent les hommes durant leur
sommeil.

Indo-Chine. — Il y a quelques années, une excursion parlementaire et
scientifique fut organisée par le résident
de France à Tunis, afin de faire connaître aux savants et aux hommes d'État
français notre belle colonie du nord de
l'Afrique. Un projet semblable est sur le
point d'être réalisé pour l'Indo-Chine.
M. Doumer, gouverneur général, orga-
nise un voyage parlementaire pour les
mois d'août, septembre et octobre pro-
chains, auquel seront invités plusieurs
membres du Parlement, des journalistes
et des savants. La caravane visitera la
Cochinchine, remontera le Mékong jusqu'aux ruines d'Angkor, parcourra le
Cambodge, l'Annam et le Tonkin.

Le voyage en Tunisie a aidé beaucoup
à faire apprécier en France la valeur de
cette colonie. Nul doute qu'un résultat
semblable ne soit obtenu par une visite
de personnes compétentes dans notre
grande colonie de l'extrême Orient.

Ceylan. — Un volume spécial de la
Bibliothèque illustrée (n° 50) a déjà été consacré à Ceylan. Nous rendrons compte,
à titre d'informations complémentaires,
d'une conférence faite le 17 février dernier par M. René Delaporte, ex-chargé
des missions par le Ministère du Commerce, sur son récent séjour dans cette
île. D'abord, les populations. Les Ved-
dahs sont les restes à demi sauvages de
la population aborigène. Les Cinghalais
se distinguent par leur apparence fémi-
nine : ils ont les traits fins et réguliers,
plutôt délicats que virils. Les Malais
sont venus de Java. Les Maurés ou Mu-
sulmans constituent la classe marchande
et industrielle. Les Parsis, adorateurs
du feu, exercent généralement la pro-
fession de banquiers. Il y en a encore
d'autres : Tamoules, Rodiyas, Ambat-
tyos. Le voyageur fait une description
enthousiaste de Colombo, la capitale de
l'île, et de ses environs.

Là, on admire une végétation luxuriante, éclairée le soir par mille feux,
qui ne sont autres que des mouches lumineuses.

Au point de vue économique, M. Delaporte constate qu'on trouve encore
des pierres précieuses à Ceylan (rubis,
saphirs, grenats), mais que les pêcheries
de perles sont devenues insignifiantes.
La culture du thé y a pris un grand développement, ainsi que celle du cacao,
qui fournit un rendement de 400 p. 100.

AMÉRIQUE

Cyclones. — Les Américains recon-
naissent même que leur victoire sur les
Espagnols dans les Indes occidentales
fut due en partie à l'exceptionnelle
tranquillité qui régnait dans ces parages
durant la dernière saison d'été, août-
octobre. Leur flotte ne serait pas parvenue, en effet, à opérer les mouvements,
si les tempêtes qui sévissent habituelle-
ment à cette époque de l'année avaient eu
lieu durant les hostilités. Les cyclones
sont très fréquents à Porto-Rico au mois
d'août; à Cuba durant le mois d'octobre.

L'année dernière, seul le groupe des
îles Windward a été visité par un fort
cyclone. Il fut rencontré en mer vers
12° 2' latit., par la barque française
Tourny, commandant Mortois, le 9 septembre. Le lendemain, 10, le cyclone
arriva à Barbados, où il occasionna de
forts dégâts, et, le surlendemain, 11, à
Saint-Vincent et à Sainte-Lucie. A Barbados, il y eut 83 personnes tuées, 150
blessés.

OCÉANIE

L'île de Pâques ou **Christmas** a
été l'objet d'une intéressante communication faite à la fois à la Société royale
de Géographie et à celle de Paris, où
l'auteur, le capitaine Barclay, est venu
exprès, le 3 mars dernier, exposer les
résultats de ses recherches.

L'île de Pâques, située, comme on
sait, dans l'Océan Pacifique, n'a que 50
et quelques kilomètres de superficie ;
par contre, elle renferme un grand
nombre de statues, quelques-unes colos-
sales, disposées avec méthode le long
des côtes, face à la mer. Certaines de
ces statues, probablement anciennes
idoles, atteignent 25 mètres de haut et
ne pèsent pas moins de 250 tonnes. On
découvre, en outre, sur toute la surface
de l'île, d'anciennes habitations dont
les murs ont jusqu'à 3 mètres d'épaisseur.

P. Lemosof.

E. PLON, NOURRIT ET Cie, IMPRIMEURS-ÉDITEURS, rue Garancière, 10, PARIS

CARTES VÉLO-KILOMÉTRIQUES

Au 250,000.

EN TROIS COULEURS

Indiquant les routes vélocipédiques, les côtes, pavés, altitudes, distances et la population;
les routes et chemins vicinaux; les chemins de fer, canaux, rivières; enfin, toutes les
communes et la plupart des hameaux, sur une étendue de quatre à cinq départements.

ENVIRONS DE PARIS (PARIS AU CENTRE)
A 125 kilomètres.

Comprenant : Paris — Versailles — Rambouillet — Chartres — Dreux — Évreux — Louviers — Rouen — Les Andelys — Mantes — Pontoise — Beauvais — Clermont — Senlis — Compiègne — Soissons — Meaux — Château-Thierry — Provins — Sens — Fontainebleau — Melun — Corbeil — Étampes.

Prix : En feuille sous couverture. . . . . 1 fr. »
— Collée sur toile et pliée pour la poche. . . . . 2 fr. 25

ENVIRONS DE PARIS (NORD-OUEST)
A 250 kilomètres.

Comprenant : Paris — Pontoise — Mantes — Vernon — Évreux — Les Andelys — Beauvais — Amiens — Abbeville — Neufchâtel — Dieppe — Rouen — Yvetot — Le Havre — Trouville — Pont-l'Évêque — Pont-Audemer — Bernay — Lisieux — Caen — Falaise.

Prix : En feuille sous couverture. . . . . 1 fr. 50
— Collée sur toile et pliée pour la poche. . . . . 2 fr. 75

ENVIRONS DE PARIS (SUD-OUEST)
A 250 kilomètres.

Comprenant : Paris — Sceaux — Versailles — Rambouillet — Étampes — Chartres — Châteaudun — Dreux — Nogent-le-Rotrou — Alençon — Argentan — Mortagne — Le Mans — Saint-Calais — La Flèche — Mamers — Blois — Vendôme — Orléans — Pithiviers.

Prix : En feuille sous couverture. . . . . 1 fr. 50
— Collée sur toile et pliée pour la poche. . . . . 2 fr. 75

ENVIRONS DE PARIS (NORD-EST)
A 200 kilomètres.

Comprenant : Paris — Saint-Denis — Senlis — Clermont — Compiègne — Montdidier — Péronne — Saint-Quentin — Laon — Soissons — Château-Thierry — Vervins — Mézières — Rethel — Rocroi — Sedan — Vouziers — Châlons-sur-Marne — Reims — Épernay — Meaux.

Prix : En feuille sous couverture. . . . . 1 fr. 50
— Collée sur toile et pliée pour la poche. . . . . 2 fr. 75

ENVIRONS DE PARIS (SUD-EST)
A 200 kilomètres.

Comprenant : Paris — Corbeil — Melun — Fontainebleau — Montereau — Provins — Coulommiers — Vitry-le-François — Nogent-sur-Seine — Arcis-sur-Aube — Bar-sur-Seine — Châtillon-sur-Seine — Auxerre — Tonnerre — Joigny — Sens — Montargis — Gien.

Prix de chaque carte : En feuille sous couverture. . . . . . . 1 fr. 50
— — Collée sur toile et pliée pour la poche. . . 2 fr. 75

CARTE VÉLO-KILOMÉTRIQUE DE LA NORMANDIE

AMIENS AU MONT SAINT-MICHEL

Comprenant : Amiens — Neufchâtel — Dieppe — Rouen — Yvetot — Le Havre — Trouville — Pont-l'Évêque — Pont-Audemer — Bernay — Lisieux — Caen — Bayeux — Saint-Lô — Valognes — Cherbourg — Coutances — Granville — Avranches — Vire — Falaise — Argentan — Laigle.

Prix : En feuille sous couverture. . . . . 1 fr. 50
— Collée sur toile et pliée pour la poche. . . . . 2 fr. 75

PARIS. TYPOGRAPHIE DE E. PLON, NOURRIT ET Cie, RUE GARANCIÈRE, 8.

MEMENTO GÉOGRAPHIQUE

ÉVÉNEMENTS ET FAITS IMPORTANTS

Courrier de la Semaine. LXXIII. (Mars 1899.)

EUROPE

L'Office colonial. — La création de *l'Office colonial*, dont le *Journal Officiel* a fait connaître l'objet, le fonctionnement et le personnel dirigeant, est appelé à embrasser une série de mesures qui peuvent être fécondes en excellents résultats, si la bureaucratie ne revise pas le programme de l'institution. Le gouvernement, et dans l'espèce le ministère des colonies, devient, grâce à cette innovation, un guide stimulant dans notre transformation économique. On ne saurait que l'en féliciter, à la condition que *l'Office colonial* ne se borne pas à être un centre d'informations, mais soit aussi un centre d'études actives, et que le public soit régulièrement tenu au courant de ces études. Dresser des statistiques coloniales plus précises, plus détaillées, plus utiles que celles qu'on possédait jusqu'ici en France, faire connaître surtout les rapports consulaires en exigeant qu'ils soient complets, fonder des jardins d'essais, donner une publicité étendue à tout ce qui peut multiplier et améliorer nos débouchés, nos ressources, nos entreprises dans nos diverses colonies, voilà sans doute de très bons moyens et outils pour favoriser l'agriculture, l'industrie, le commerce, l'utilisation des capitaux français et des efforts français. Mais il importe que ces moyens ne soient pas simplement théoriques. Si, comme tout le fait espérer, le but de *l'Office colonial* est surtout de faire œuvre pratique, il contribuera certainement et efficacement à remédier à des maux actuels qui sont nombreux et que tout le monde connaît.

La marine marchande française. — M. Charles Roux, ancien député de Marseille, mène en ce moment par la plume et la parole une campagne des plus méritoires en faveur du relèvement de notre marine marchande. Tous les bons esprits s'associeront à l'éminent économiste, qui n'a pas de difficulté à démontrer les dangers de décadence complète dont est menacée notre marine, autrefois si prospère.

Ainsi, durant les dix années de 1886 à 1896, le nombre des navires marchands français est tombé de 1310 à 880, et le chiffre du tonnage, de 711,743 à 612,772 tonneaux. Pendant cette même période, les effectifs d'équipages ont subi une diminution de près de 5,000 hommes (20,233 au lieu de 25,185 en 1886). Autres symptômes : De 1870 à 1879, la moyenne des capitaines marins reçus à l'examen était de 144 ; de 1890 à 1897, ce chiffre tombe à 65 ! Cette situation semble d'autant plus critique que toutes les autres puissances, nos rivaux notamment, voient les chiffres de leur marine marchande augmenter d'une manière très sensible. Et nous possédons de vastes colonies sur tous les points du globe !

Espagne. — Nous avons fait pressentir, dans l'un de nos derniers courriers, qu'à la suite de la perte de leurs colonies, les Espagnols seront amenés à mieux utiliser les innombrables richesses que renferme le sol de leur patrie en Europe, trop négligées jusqu'à présent. Notre humble avis serait-il écouté? On s'occupe, paraît-il, à mettre en valeur les vastes étendues de gisements houillers enfouis dans le sol, et dont l'exploitation affranchirait l'Espagne d'un joug aussi dangereux pour son indépendance que préjudiciable à ses intérêts économiques.

Le charbon anglais, dont on introduit environ 600,000 tonnes tous les ans, est d'un prix si élevé qu'il ne peut pas être question de l'utiliser dans un but industriel. Or, l'Espagne renferme des mines importantes de charbon, notamment en Catalogne, où deux mines : Calaff et San-Juan de las Abadesas, pourraient alimenter toute la région. Celle de Calaff a été presque abandonnée il y a quelques années déjà. Une autre mine de grande valeur, dans la province de Teruel, s'étend sur 15.000 hectares, et ne renfermerait pas moins de 220 millions de tonnes de houille. Elle est restée jusqu'ici intacte. Enfin, la province de Huesca renfermerait également d'excellentes mines de charbon qui ont à peine été entamées. On s'attend, paraît-il, à ce que des capitalistes étrangers s'en rendent acquéreurs. Ce serait peut-être le seul moyen de les mettre en exploitation.

Italie. — *L'Anuario statistico italiano,* qui vient de paraître, établit, pour l'année 1898, le chiffre de la population italienne à 31,500,000 habitants, en augmentation de 3 millions sur les données de 1881; en y comprenant les Italiens émigrés à l'étranger durant ce laps de temps, environ 100.000 par an, on arrive à une augmentation totale de près de 5 millions d'individus. Les journaux populaires de la péninsule en tirent quelque vanité. Ils font ressortir la vitalité du peuple italien en face de l'état stationnaire de la population en France et de la diminution constante de la natalité chez les autres peuples d'Europe : 31.3 pour 1,000 en Angleterre et en Belgique ; 33.4 en Hollande, etc. En France, on le sait, la natalité n'est plus que de 23 p. 1000. Nos excellents confrères — pour lesquels nous ressentons d'ailleurs la plus vive sympathie — semblent, malheureusement, oublier que *vitalité* et *natalité* sont deux choses fort distinctes. Il est avéré, en outre, que presque tous les émigrants italiens — la plupart sans esprit de retour — sont vite absorbés par les nations chez lesquelles ils viennent chercher refuge, notamment aux États-Unis et dans l'Amérique du Sud. Nous en avons aussi divers exemples chez nous, en France. Il serait donc téméraire de les comprendre dans les chiffres de la *force vitale* du royaume.

AFRIQUE

Algérie. Tunisie. — Nous devons signaler un rapport de M. Marès au Ministre de l'Agriculture sur la culture de l'olivier dans notre grande colonie africaine.

En Algérie, l'olivier s'accommode de tous les terrains; il résiste également aux plus fortes chaleurs et aux abaissements extrêmes de température. On cite comme un modèle de plantation l'essai qui a été fait dans le Sahel tunisien. Le sol y est aride, crayeux, blanc et desséché. 4 millions d'oliviers donnent, bon an, mal an, 15 millions de litres d'huiles, soit 12 millions de francs. Le rapporteur recommande la création de pépinières pour l'étude des différentes espèces d'olivier et de leurs traitements. Diverses erreurs dans le choix des plants et de l'emplacement ont été la cause de pertes matérielles et pourraient décourager les entreprises.

ASIE

Arabie. Mascate. — L'incident de Mascate (V. *Mémento* n° 71) s'est terminé, comme nous l'avions fait pressentir, à la satisfaction des deux pays. La France, qui y jouit des mêmes droits que la Grande-Bretagne, possédera dans cette localité un dépôt de charbons.

Qu'il nous soit permis à présent, sans entrer dans des questions de personnalités, judicieusement bannies de nos *Mémentos*, d'établir un point qui n'a pas été — que nous sachions — relevé suffisamment par la presse quotidienne, ou scientifique et coloniale. L'incident soulevé à Mascate a eu pour auteur le vice-roi actuel des Indes, M. Curzon. C'est un homme — que nous avons eu l'honneur d'approcher — d'une très haute culture scientifique, connaissant à fond l'Orient, ou plutôt ce qu'il est convenu d'appeler : Extrême-Orient, Perse, Inde et Chine. Malheureusement, à ces grandes qualités, doit être opposée une haine aveugle — défaut capital chez un administrateur — de tout ce qui n'est pas anglais. La francophobie particulièrement (jalousie ou rivalité ?) est poussée par ce fonctionnaire à un degré inconnu chez les hommes d'État les moins bien disposés pour notre pays. Ceci établi pour dégager quelque peu la responsabilité de l'Angleterre dans ce sot et pénible incident.

Chine. San-Moun. — Après l'Allemagne, la France et l'Angleterre, voici encore l'Italie qui demande à la Chine la concession d'un point de son vaste territoire pour y établir une station navale. Les demandes de concessions sont en quelque sorte légitimées par la nécessité, pour toute puissance maritime, d'avoir un point sûr de ravitaillement et de défense dans l'Océan Pacifique. On parle même d'une prochaine intervention de l'Autriche. Il est à remarquer toutefois que ces demandes se sont surtout multipliées depuis la défaite subie par les Chinois dans leur guerre avec les Japonais. Ce n'est pas à ces derniers non plus que les puissances européennes s'adressent pour des concessions de territoires. Il y aurait pourtant quelques ports disponibles dans ce même Pacifique. Enfin, il n'est pas à notre connaissance qu'une puissance asiatique, Chine ou Japon, ait demandé une concession de territoire sur les bords de la Méditerranée ou de la Manche. *Væ Victis!*

La baie de San-Moun visée par l'Italie est considérée par les marins comme offrant un abri sûr aux navires, elle est bien protégée au Nord et à l'Ouest, et partiellement aussi à l'Est. Sa profondeur est suffisante. L'entrée de cette baie se trouve à 20 milles dans l'O.-N.-O des îles Hieshan. On la reconnaît facilement à la vue d'un pic remarquable, en forme d'un pouce, élevé à 245 mètres au-dessus du niveau de la mer (Pic Tafou ou Pic Albert). La région de l'intérieur est réputée comme fort productive en thé.

P. LEMOSOF.

E. PLON, NOURRIT ET Cie, IMPRIMEURS-ÉDITEURS, rue Garancière, 10, PARIS

CARTES VÉLO-KILOMÉTRIQUES
Au 250,000°

EN TROIS COULEURS

Indiquant les routes vélocipédiques, les côtes, pavés, altitudes, distances et la population;
les routes et chemins vicinaux; les chemins de fer, canaux, rivières; enfin, toutes les
communes et la plupart des hameaux, sur une étendue de quatre à cinq départements.

ENVIRONS DE PARIS (PARIS AU CENTRE)
A 125 kilomètres.

Comprenant : Paris — Versailles — Rambouillet — Chartres — Dreux — Évreux — Louviers — Rouen — Les Andelys — Mantes — Pontoise — Beauvais — Clermont — Senlis — Compiègne — Soissons — Meaux — Chât.-au-Thierry — Provins — Sens — Fontainebleau — Melun — Corbeil — Étampes.

Prix : En feuille sous couverture. . . . . **1 fr.** »
— Collée sur toile et pliée pour la poche. . . . . : **2 fr. 25**

ENVIRONS DE PARIS (NORD-OUEST)
A 250 kilomètres.

Comprenant : Paris — Pontoise — Mantes — Vernon — Évreux — Les Andelys — Beauvais — Amiens — Abbeville — Neufchâtel — Dieppe — Rouen — Yvetot — Le Havre — Trouville — Pont-l'Évêque — Pont-Audemer — Bernay — Lisieux — Caen — Falaise.

Prix : En feuille sous couverture. . . . . **1 fr. 50**
— Collée sur toile et pliée pour la poche. . . . . **2 fr. 75**

ENVIRONS DE PARIS (SUD-OUEST)
A 250 kilomètres.

Comprenant : Paris — Sceaux — Versailles — Rambouillet — Étampes — Chartres — Châteaudun — Dreux — Nogent-le-Rotrou — Alençon — Argentan — Mortagne — Le Mans — Saint-Calais — La Flèche — Mamers — Blois — Vendôme — Orléans — Pithiviers.

Prix : En feuille sous couverture. . . . . **1 fr. 50**
— Collée sur toile et pliée pour la poche. . . . . **2 fr. 75**

ENVIRONS DE PARIS (NORD-EST)
A 200 kilomètres.

Comprenant : Paris — Saint-Denis — Senlis — Clermont — Compiègne — Montdidier — Péronne — Saint-Quentin — Laon — Soissons — Château-Thierry — Vervins — Mézières — Rethel — Rocroi — Sedan — Vouziers — Châlons-sur-Marne — Reims — Epernay — Meaux.

Prix : En feuille sous couverture. . . . . **1 fr. 50**
— Collée sur toile et pliée pour la poche. . . . . **2 fr. 75**

ENVIRONS DE PARIS (SUD-EST)
A 200 kilomètres.

Comprenant : Paris — Corbeil — Melun — Fontainebleau — Montereau — Provins — Coulommiers — Vitry-le-François — Nogent-sur-Seine — Arcis-sur-Aube — Bar-sur-Seine — Châtillon-sur-Seine — Auxerre — Tonnerre — Joigny — Sens — Montargis — Gien.

Prix de chaque carte : En feuille sous couverture. . . . . **1 fr. 50**
—   —   Collée sur toile et pliée pour la poche. . **2 fr. 75**

CARTE VÉLO-KILOMÉTRIQUE DE LA NORMANDIE

AMIENS AU MONT SAINT-MICHEL

Comprenant : Amiens — Neufchâtel — Dieppe — Rouen — Yvetot — Le Havre — Trouville — Pont-l'Évêque — Pont-Audemer — Bernay — Lisieux — Caen — Bayeux — Saint-Lô — Valognes — Cherbourg — Coutances — Granville — Avranches — Vire — Falaise — Argentan — Laigle.

Prix : En feuille sous couverture. . . . . **1 fr. 50**
— Collée sur toile et pliée pour la poche. . . . . **2 fr. 75**

PARIS. TYPOGRAPHIE DE E. PLON, NOURRIT ET Cie, RUE GARANCIÈRE, 8.

MEMENTO GÉOGRAPHIQUE

ÉVÉNEMENTS ET FAITS IMPORTANTS

Courrier de la Semaine. LXXIV. (Mars 1899.)

EUROPE

France. — *Notre marine marchande.* Nous avons signalé dans notre dernière chronique le cri d'alarme jeté en France pour le relèvement de notre marine marchande, menacée de décadence.

Une discussion intéressante a eu lieu à ce sujet, il y a quelques jours, au sein de l'*Union coloniale*, et voici quelques-uns des remèdes qui ont été proposés :

Modifier, pour les navires naviguant dans les mers coloniales, la loi sur la composition des équipages, et réduire ses exigences quant au nombre des inscrits maritimes.

Modifier pour les mêmes navires la loi sur les examens, et faciliter l'accès aux emplois de mécaniciens.

Permettre la francisation d'un navire étranger dans les ports français des colonies. (Actuellement un navire acheté à l'étranger ne peut être francisé que dans les ports de la métropole. De sorte qu'un bâtiment dans un port de la mer de Chine, par exemple, doit, pour obtenir le bénéfice de la francisation, faire un voyage long et coûteux, parfois même dangereux, jusqu'en France.)

Abrogation de la loi en vertu de laquelle tout navire perd sa nationalité française lorsqu'il aura fait en port étranger des réparations dépassant 6 francs par tonneau.

Enfin, accorder toutes facilités aux jeunes gens désireux de se rendre aux colonies, surtout pour ce qui concerne les obligations militaires, en les mettant sur le même pied que ceux qui se rendent à l'étranger. Ces derniers jouissent, comme on sait, d'exonération totale ou partielle du temps de service, selon la durée du séjour qu'ils font hors de France.

AFRIQUE

Colonies allemandes d'Afrique. — *Frais d'entretien.* Nous avons indiqué à plusieurs reprises les frais qui résultent pour notre pays de la conquête de nouvelles colonies. Voici, à titre de comparaison, quelques renseignements sur le coût de colonies allemandes dans l'Afrique, renseignements que nous empruntons à un rapport adressé récemment au ministère des Affaires étrangères d'Italie.

La colonie de la Côte orientale d'Afrique a été proclamée colonie allemande le 1er janvier 1891. Le gouvernement y entretient une troupe d'environ 1,800 hommes répartis en 12 compagnies. Les frais d'entretien (administration civile et militaire, flottille, constructions diverses, voie ferrée de Tanga) se sont montés, l'année dernière, à 8,500,000 fr. Les revenus (douane, impositions) ont été de 2.500.000 fr.; soit différence, à la charge de l'État, environ 6 millions de francs. Le Cameroun a coûté à l'Allemagne, l'année dernière, environ 1 million 200,000 fr., soit 150,000 fr. de plus que l'année 1897. Pour l'Afrique Sud-Ouest, les frais d'entretien se sont montés à 6,500,000 fr., avec une augmentation de près de 2 millions sur le budget de l'année précédente. Seule, la colonie de Togo se suffit à elle-même et ne reçoit aucune subvention de la métropole.

Lacs d'Afrique. — L'Académie des sciences de Berlin vient d'organiser une expédition scientifique dans l'Afrique orientale en vue d'étudier la faune et la flore du lac Nyassa et de la région environnante. Cette expédition a été décidée à la suite des découvertes remarquables faites dans le même ordre d'idées dans la région du Tanganyka. La durée de la mission, à la tête de laquelle sont placés le botaniste Gotz et le zoologue Fülleborn, est calculée pour 14 mois. Le gouvernement de la colonie de la Côte orientale d'Afrique prêtera naturellement son appui pour le transport des divers matériaux de la côte au lac. Ajoutons encore que les Allemands vont avoir bientôt un steamer sur le Tanganyka. Le transport, qui ne comporte pas moins de 2,500 charges, se fait en ce moment depuis le lac Nyassa. On espère y parvenir au mois de juin. Il n'y a, jusqu'à présent, qu'un seul steamer sur le Tanganyka, un petit vapeur appartenant à la Compagnie anglaise des Lacs africains (*African Lakes Company*).

Un voyage contesté. — Il y a

quelque temps, un M. le Dr Esser fit paraître, à Berlin, un ouvrage sur une exploration qu'il aurait effectuée dans le nord de la colonie allemande du Sud-Ouest africain, entre Mossamèdes (Guinée portugaise) et le Counéné. Il avait même fait à ce sujet une conférence à la Société allemande de Géographie. Or, plusieurs savants allemands, et particulièrement un géographe connu, le Dr Hans Wagner, viennent de prouver que le voyage de M. Esser n'a jamais été exécuté... qu'en son imagination. De là vive polémique entre le prétendu explorateur et les géographes berlinois, qui sont décidés à considérer ce voyage comme apocryphe — jusqu'à preuve du contraire.

Guinée. Conakry. — L'excellente nouvelle que nous avons donnée récemment au sujet de cette possession de la côte africaine se confirme et se précise. Un communiqué officieux nous informe que la prospérité de Conakry augmente dans des conditions qui « dépassent les espérances ».

En une année, le mouvement des caravanes a triplé. Le nombre des charges recensé dans cette ville au mois de janvier 1898 était de 2,304. Il a été de près de 7,000 en janvier 1899. Les paquebots d'Anvers qui, précédemment, touchaient à Sierra Leone, ont abandonné ce port pour faire escale à Conakry. Cette ville, par suite de l'extension de son mouvement commercial, s'agrandit considérablement et deviendra bientôt un des principaux centres du continent africain. C'est avec une réelle satisfaction que nous enregistrons cette information.

ASIE

Caucase. — *Observatoire de montagne.* Un nouvel observatoire météorologique sera bientôt établi sur l'une des montagnes les plus élevées du globe, l'Elbrouz. L'emplacement choisi est un immense rocher situé au milieu de glaciers qui couvrent le versant septentrional de la montagne. On sait que l'Elbrouz, le massif le plus puissant du Caucase, a une altitude de près de 5,650 mètres.

Asie centrale. — Les Russes ont terminé récemment la construction d'une nouvelle voie ferrée destinée à jouer un rôle stratégique de première importance dans leurs possessions du centre asiatique. Le chemin de fer de Merv à Kouchk qui vient d'être livré à l'exploitation a une longueur de 354 kilomètres. Kouchk, situé sur la frontière septentrionale de la Perse, à 152 kilomètres au nord de Hérat, se trouve ainsi directement relié à la grande ligne transcaspienne dont nous avons déjà eu l'occasion d'entretenir nos lecteurs.

OCÉANIE

Australie. — Une fort intéressante communication a été faite récemment à la section australienne de la Société royale de Géographie de Londres, sur les aborigènes de Mac Donnel Rauge, du centre du continent. Là aussi règne encore une sorte d'aristocratie de caste : en aucun cas, un individu d'une tribu réputée supérieure n'épouserait une femme d'une condition autre que la sienne. Impossible aussi de leur faire adopter la manière de vivre des blancs. Les vêtements que les rares Européens ont essayé de faire endosser à quelques indigènes, avec lesquels ils s'étaient trouvés en contact, étaient enlevés aussitôt après le départ des blancs. M. S. Newland, qui a passé plusieurs années parmi ces sauvages, a assisté à diverses cérémonies (sacrifices, cérémonies de mariage) qui semblent analogues à celles qu'on observe chez les aborigènes d'Afrique. Ces sauvages paraissent toutefois posséder une qualité rare chez leurs congénères d'Afrique : ils sont fidèles, très endurants, et s'accommodent facilement du voisinage de blancs.

RÉGIONS POLAIRES

Projet d'expédition antarctique. — Un appel fut fait, il y a quelque temps déjà, au public allemand, et une souscription nationale fut ouverte, afin d'équiper une expédition scientifique pour l'exploration des mers antarctiques. La souscription, qui reste encore ouverte, n'ayant produit jusqu'à présent qu'une somme insignifiante, le gouvernement se décida à demander un crédit spécial au Parlement. Le Reichstag vient d'accorder, à cet effet, une somme de 1,020,000 marcs (1,500,000 fr. environ), qui sera répartie sur cinq exercices annuels. On compte encore sur une somme d'environ 500,000 fr. provenant de souscriptions privées. La réalisation du projet d'expédition antarctique se trouve de la sorte assurée.

P. LEMOSOF.

CARTES VÉLO-KILOMÉTRIQUES

Au 250,000^e

EN TROIS COULEURS

Indiquant les routes vélocipédiques, les côtes, pavés, altitudes, distances et la population; les routes et chemins vicinaux; les chemins de fer, canaux, rivières; enfin, toutes les communes et la plupart des hameaux, sur une étendue de quatre à cinq départements.

ENVIRONS DE PARIS (PARIS AU CENTRE)

A 125 kilomètres.

Comprenant : Paris — Versailles — Rambouillet — Chartres — Dreux — Évreux — Louviers — Rouen — Les Andelys — Mantes — Pontoise — Beauvais — Clermont — Senlis — Compiègne — Soissons — Meaux — Château-Thierry — Provins — Sens — Fontainebleau — Melun — Corbeil — Étampes.

Prix : En feuille sous couverture. . . . . 1 fr. »
— Collée sur toile et pliée pour la poche. . . . . 2 fr. 25

ENVIRONS DE PARIS (NORD-OUEST)

A 250 kilomètres.

Comprenant : Paris — Pontoise — Mantes — Vernon — Évreux — Les Andelys — Beauvais — Amiens — Abbeville — Neufchâtel — Dieppe — Rouen — Yvetot — Le Havre — Trouville — Pont-l'Evêque — Pont-Audemer — Bernay — Lisieux — Caen — Falaise.

Prix : En feuille sous couverture. . . . . 1 fr. 50
— Collée sur toile et pliée pour la poche. . . . . 2 fr. 75

ENVIRONS DE PARIS (SUD-OUEST)

A 250 kilomètres.

Comprenant : Paris — Sceaux — Versailles — Rambouillet — Étampes — Chartres — Châteaudun — Dreux — Nogent-le-Rotrou — Alençon — Argentan — Mortagne — Le Mans — Saint-Calais — La Flèche — Mamers — Blois — Vendôme — Orléans — Pithiviers.

Prix : En feuille sous couverture. . . . . 1 fr. 50
— Collée sur toile et pliée pour la poche. . . . . 2 fr. 75

ENVIRONS DE PARIS (NORD-EST)

A 200 kilomètres.

Comprenant : Paris — Saint-Denis — Senlis — Clermont — Compiègne — Montdidier — Péronne — Saint-Quentin — Laon — Soissons — Château-Thierry — Vervins — Mézières — Rethel — Rocroi — Sedan — Vouziers — Châlons-sur-Marne — Reims — Épernay — Meaux.

Prix : En feuille sous couverture. . . . . 1 fr. 50
— Collée sur toile et pliée pour la poche. . . . . 2 fr. 75

ENVIRONS DE PARIS (SUD-EST)

A 200 kilomètres.

Comprenant : Paris — Corbeil — Melun — Fontainebleau — Montereau — Provins — Coulommiers — Vitry-le-François — Nogent-sur-Seine — Arcis-sur-Aube — Bar-sur-Seine — Châtillon-sur-Seine — Auxerre — Tonnerre — Joigny — Sens — Montargis — Gien.

Prix de chaque carte : En feuille sous couverture. . . . . . . 1 fr. 50
— — Collée sur toile et pliée pour la poche. . 2 fr. 75

CARTE VÉLO-KILOMÉTRIQUE DE LA NORMANDIE

AMIENS AU MONT SAINT-MICHEL

Comprenant : Amiens — Neufchâtel — Dieppe — Rouen — Yvetot — Le Havre — Trouville — Pont-l'Evêque — Pont-Audemer — Bernay — Lisieux — Caen — Bayeux — Saint-Lô — Valognes — Cherbourg — Coutances — Granville — Avranches — Vire — Falaise — Argentan — Laigle.

Prix : En feuille sous couverture. . . . . 1 fr. 50
— Collée sur toile et pliée pour la poche. . . . . 2 fr. 75

MEMENTO GÉOGRAPHIQUE

ÉVÉNEMENTS ET FAITS IMPORTANTS

Courrier de la Semaine. LXXV. (avril 1899.)

GÉNÉRALITÉS

Ballons-sondes. — Les journaux ont annoncé dernièrement le départ simultané de ballons-sondes de différentes villes d'Europe.

Les ballons-sondes sont des aérostats munis de divers appareils scientifiques et qui enregistrent automatiquement les phénomènes météorologiques des hautes régions (intensité du vent, de la lumière, température, etc.).

Les résultats que fournissent ces ballons sont fort appréciables. L'homme ne pouvant pas vivre à ces altitudes, nous resterions dans l'ignorance des phénomènes de la nature à une certaine élévation au-dessus de nos têtes. — Parmi les personnages éclairés qui encouragent ces intéressantes expériences en France, nous devons citer le prince Roland Bonaparte, dont le concours est toujours assuré à une œuvre utile à la science et au pays, et M. Balaschoff, nom donné à l'un de ces ballons, parti récemment de la Villette, M. Balaschof est un Mécène russe, établi depuis longtemps en France, et auquel nous devons plus d'une libéralité tant en faveur de la science française qu'au profit d'un certain nombre de nos compatriotes dignes d'intérêt. Qu'il nous soit permis de rendre dans cette Revue un hommage personnel à la générosité éclairée de cet homme de bien. Il y a une douzaine d'années, trois de nos compatriotes se trouvaient en détresse dans l'intérieur de l'Asie. Lorsque la nouvelle de leurs embarras fut parvenue en France, M. Balaschoff est venu spontanément offrir une somme importante en faveur des voyageurs. Ce secours, aussi prompt qu'inattendu, permit aux trois braves de mener à bien leur périlleuse exploration.

La Société de Géographie commerciale a tenu, le 21 mars dernier, son assemblée générale. Les prix et médailles ont été distribués à cette séance. Nous relevons, parmi les lauréats, les noms de M. Liotard, créateur des postes de l'Ouellé et de Ngomo, dans l'intérieur africain; les généraux de Gallieni et de Trentinian (services rendus à Madagascar et au Soudan); de M. Gentil, l'heureux explorateur du Tchad; M. Grenard, ancien compagnon de M. Dutreuil de Rhins en Asie, auteur d'un ouvrage remarquable sur la haute Asie; M. Deiss (études économiques et industrielles en Angleterre); le prince Oukhtomski, compagnon du tzarevitch (actuellement empereur régnant de Russie), dans son voyage autour du monde; M. Lemire, ancien explorateur, publiciste colonial; M. Agostini (explorations en Océanie); M. Lecomte, dont nous avons eu l'occasion de signaler l'important travail sur la création des jardins d'essais coloniaux...

EUROPE

Espagne. — Nous avons eu maintes occasions de parler de ce beau pays, pour lequel tous les Français professent la plus vive sympathie. Raison de plus pour en signaler les défauts et lui souhaiter un avenir meilleur. Nous ne pouvons pas résister à l'envie de signaler, dans cette chronique, une conférence des plus intéressantes faite récemment à la Société de Géographie de Bordeaux sur un séjour d'un Parisien, M. Bolland, à Barcelone et dans les îles Baléares.

D'abord, les tribulations d'un voyageur. Il y a beaucoup de fausse monnaie en Espagne; aux bureaux des gares, de superbes pancartes mettent en garde les voyageurs, ce qui n'empêche pas qu'on reçoive de fausses pièces à certains guichets. Lorsque, dans une gare de bifurcation, vous vous adressez au chef pour savoir quel train vous mène dans votre direction, ce chef vous renvoie au sous-chef, lequel vous engage à vous adresser à un employé quelconque; celui-ci vous en indique un autre, et ainsi de suite. Le seul homme capable de donner le renseignement serait le mécanicien! N'essayez jamais de faire la charité. Un sou donné à deux enfants pâles dans la rue amena autour de notre voyageur une quarantaine de mendiants dont il ne put se débarrasser qu'en jetant à la

volée une poignée de monnaie, pour laquelle, comme bien l'on pense, les plus
infirmes de ces mendiants firent preuve
d'une surprenante agilité.

Il ne doit pas être difficile de se faire
servir dans ce pays. A Majorque, par
exemple, certaines maisons ne comptent pas moins de 150 (cent cinquante)
domestiques là où 4 ou 5 suffiraient pour
le service. Un individu est-il engagé pour
un travail mercenaire, le lendemain quelques membres de sa famille arrivent —
et restent. « On conçoit qu'avec de pa-
reils usages la noblesse soit loin d'être
riche... » — Le peuple non plus ne l'est
pas !

AFRIQUE

Mission Foureau-Lamy. — La
mission Foureau-Lamy a donné une certaine inquiétude. La mission, partie au
mois d'octobre de l'année dernière, a
pour objet de relier, par des itinéraires
à travers le Sahara, nos possessions
algériennes à celles de l'intérieur de
l'Afrique (Tombouctou ou Tchad). Des
bruits, dont la presse s'est fait l'écho,
ont représenté la mission comme en partie détruite par les Touaregs. Il n'en est
rien, heureusement. L'expédition, qui
compte plus de 300 hommes armés, vient
d'arriver sans encombre à Agadès, dans
l'Aïre.

M. Foureau, que nos lecteurs connaissent déjà, en est à sa dixième tentative
de pénétration dans le Sahara. (V. *Mémento* nº 3). Les moyens mis cette fois-
ci à sa disposition ont permis au voyageur d'accomplir un programme plein
de promesses. — L'expédition Foureau-
Lamy (ce dernier commandant militaire
de la mission) a été organisée par la
Société de Géographie, avec des fonds
qu'un généreux donateur, M. Renoust
des Orgeries, lui avait légués, il y a
quelques années, à charge pour elle de
« concourir à la conquête pacifique d'un
territoire neuf en Afrique en faveur de
la France ».

Agadès, ville près de laquelle se
trouve en ce moment l'expédition Foureau, est considérée comme l'un des
principaux centres de l'intérieur africain (vers 17º lat. N. et 5º10' long. E. de
Paris). — La ville n'a été visitée jusqu'à
présent que par un seul Européen,
H. Barth, en 1855. Le célèbre voyageur
évaluait, à cette époque, la population
d'Agadès à 7,000 âmes, y compris les
esclaves. Le nombre des maisons était
d'environ 700... « L'aspect d'Agadès,
dans son ensemble, est celui d'une ville
abandonnée ; partout on y retrouve les
vestiges d'une splendeur évanouie. Au
centre de la ville, les maisons sont pour
la plupart en ruines, et des mosquées
autrefois nombreuses, il ne reste que
fort peu. » Nous serons donc renseignés
prochainement sur l'état actuel de cette
étrange cité.

La France au Tchad. — L'arrange-
ment franco-anglais du 20 mars dernier,
faisant suite à la convention franco-
anglaise du 14 juin 1898, met hors con-
teste la domination française sur les pays
au nord et à l'est du Grand lac : Kanem,
Bagurmis, Ouadaï, (ou Wadaï). Ce sont
des pays riches, peuplés, organisés, et
dont les habitants, d'une civilisation relativement avancée, deviendront certainement des consommateurs de produits
européens. Par cette même convention,
la France conserve le droit de libre trafic dans tout le Soudan et sur le Nil.

Nous ne saurions trop insister sur
la nécessité, pour notre pays, de s'en
arrêter là dans la voie des conquêtes.
Le devoir de notre gouvernement est
d'y créer des routes, des voies de communication rapides. Le succès déjà assuré de la mission Foureau-Lamy contribuera puissamment à la réalisation
du projet de chemin de fer transsaharien.

ASIE

Thibet. — L'attrait de l'inconnu vient
de faire deux nouvelles victimes. Un
missionnaire hollandais, M. Rijnhard,
accompagné de sa femme et d'un enfant
de six mois, s'aventura, au commencement de l'année dernière, dans cette région, si néfaste aux voyageurs européens. L'enfant mourut de privations
dès leur entrée sur le territoire thibé-
tain. Parvenus à la limite du royaume
de Lhassa, M. Rijnhard et sa courageuse
compagne furent attaqués par une bande
de 35 à 40 cavaliers thibétains et obligés
de rebrousser chemin. Ils atteignirent,
au mois de septembre, les sources du
Mékong. Cette contrée n'avait encore été
visitée que par trois Européens : Nos
compatriotes Dutreuil de Rhins et Grenard, et l'Américain Rockhill.

Le 19 du même mois, une fusillade
éclatait sur le haut d'un rocher. Dans
la mêlée, l'infortuné missionnaire disparut. Sa femme revint seule à travers
les pays les plus sauvages du continent
asiatique.

P. LEMOSOF.

E. PLON, NOURRIT ET C⁰, IMPRIMEURS-ÉDITEURS, rue Garancière, 10, PARIS

CARTES VÉLO-KILOMÉTRIQUES

Au 250,000·

EN TROIS COULEURS

Indiquant les routes vélocipédiques, les côtes, pavés, altitudes, distances et la population; les routes et chemins vicinaux; les chemins de fer, canaux, rivières; enfin, toutes les communes et la plupart des hameaux, sur une étendue de quatre à cinq départements.

ENVIRONS DE PARIS (PARIS AU CENTRE)

A 125 kilomètres.

Comprenant : Paris — Versailles — Rambouillet — Chartres — Dreux — Évreux — Louviers — Rouen — Les Andelys — Mantes — Pontoise — Beauvais — Clermont — Senlis — Compiègne — Soissons — Meaux — Château-Thierry — Provins — Sens — Fontainebleau — Melun — Corbeil — Étampes.

Prix : En feuille sous couverture. . . . . 1 fr. »
— Collée sur toile et pliée pour la poche. . . . . 2 fr. 25

ENVIRONS DE PARIS (NORD-OUEST)

A 250 kilomètres.

Comprenant : Paris — Pontoise — Mantes — Vernon — Évreux — Les Andelys — Beauvais — Amiens — Abbeville — Neufchâtel — Dieppe — Rouen — Yvetot — Le Havre — Trouville — Pont-l'Évêque — Pont-Audemer — Bernay — Lisieux — Caen — Falaise.

Prix : En feuille sous couverture. . . . . 1 fr. 50
— Collée sur toile et pliée pour la poche. . . . . 2 fr. 75

ENVIRONS DE PARIS (SUD-OUEST)

A 250 kilomètres.

Comprenant : Paris — Sceaux — Versailles — Rambouillet — Étampes — Chartres — Châteaudun — Dreux — Nogent-le-Rotrou — Alençon — Argentan — Mortagne — Le Mans — Saint-Calais — La Flèche — Mamers — Blois — Vendôme — Orléans — Pithiviers.

Prix : En feuille sous couverture. . . . . 1 fr. 50
— Collée sur toile et pliée pour la poche. . . . . 2 fr. 75

ENVIRONS DE PARIS (NORD-EST)

A 200 kilomètres.

Comprenant : Paris — Saint-Denis — Senlis — Clermont — Compiègne — Montdidier — Péronne — Saint-Quentin — Laon — Soissons — Château-Thierry — Vervins — Mézières — Rethel — Rocroi — Sedan — Vouziers — Châlons-sur-Marne — Reims — Epernay — Meaux.

Prix : En feuille sous couverture. . . . . 1 fr. 50
— Collée sur toile et pliée pour la poche. . . . . 2 fr. 75

ENVIRONS DE PARIS (SUD-EST)

A 200 kilomètres.

Comprenant : Paris — Corbeil — Melun — Fontainebleau — Montereau — Provins — Coulommiers — Vitry-le-François — Nogent-sur-Seine — Arcis-sur-Aube — Bar-sur-Seine — Châtillon-sur-Seine — Auxerre — Tonnerre — Joigny — Sens — Montargis — Gien.

Prix de chaque carte : En feuille sous couverture. . . . . 1 fr. 50
— — Collée sur toile et pliée pour la poche. . . 2 fr. 75

CARTE VÉLO-KILOMÉTRIQUE DE LA NORMANDIE

AMIENS AU MONT SAINT-MICHEL

Comprenant : Amiens — Neufchâtel — Dieppe — Rouen — Yvetot — Le Havre — Trouville — Pont-l'Évêque — Pont-Audemer — Bernay — Lisieux — Caen — Bayeux — Saint-Lô — Valognes — Cherbourg — Coutances — Granville — Avranches — Vire — Falaise — Argentan — Laigle.

Prix : En feuille sous couverture. . . . . 1 fr. 50
— Collée sur toile et pliée pour la poche. . . . . 2 fr. 75

PARIS. TYPOGRAPHIE DE E. PLON, NOURRIT ET Cⁱᵉ, RUE GARANCIÈRE, 8.

MÉMENTO GÉOGRAPHIQUE

ÉVÉNEMENTS ET FAITS IMPORTANTS

Courrier de la Semaine. LXXVI. (Avril 1899).

AFRIQUE

Tunisie. — *Voyages d'études.* Nous avons signalé le voyage effectué, il y a quelque temps, par des savants spécialistes dans notre colonie tunisienne, où les avait conviés le résident général, M. Millet. Cette année, durant les vacances de Pâques, une autre excursion, non moins intéressante, a été accomplie par une caravane d'une centaine d'instituteurs, pour la plupart de nos écoles rurales, guidés cette fois par des fonctionnaires de l'enseignement et de la direction de l'agriculture. Les touristes ont visité les principales exploitations agricoles du pays. A leur retour en France, ils seront à même de fournir à leurs disciples, enfants et adultes, des renseignements précis sur la colonisation en Tunisie, le climat, la nature des terres, les modes de culture, d'élevage, etc. Excellente manière de faire connaître aux Français la valeur réelle de leurs colonies.

Au Tchad. — Voici quelques renseignements sur les nouveaux territoires autour du grand lac africain, entré définitivement dans la sphère d'action française à la suite de la convention du 20 mars 1899, conclue avec le gouvernement britannique et dont nous avons entretenu nos lecteurs dans la dernière chronique. Le Kânem, d'une superficie d'environ 8,000,000 d'hectares, produit, en assez grande quantité, des céréales, du coton, du tabac et diverses espèces légumineuses. Sa population, un peu turbulente, semble être alliée aux peuplades tripolitaines.

La population du Tibesti, au nord, est évaluée à environ 12,000 âmes. Le climat, très chaud, passe pour sain. Les pluies y sont peu abondantes. L'Ouadaï et le Baguirmi, à l'est du Tchad, sont mieux connus, ayant déjà reçu plusieurs visites d'Européens, et, notamment, de voyageurs français. Ceux-ci s'accordent généralement à louer ces pays, tant sous le rapport physique qu'au point de vue des mœurs de leurs habitants, facilement maniables.

AMÉRIQUE

États-Unis. — *Exode en masse d'Indiens.* Près de 10,000 Indiens Peaux-Rouges quittent, en ce moment, le territoire indien des États-Unis pour se rendre au Mexique (la grande République américaine n'est guère hospitalière pour les malheureux indigènes, à visages de couleur): 4,700 Cherokees, 3,000 Creeks, 1,500 Delawars, tous civilisés, ayant reçu même, presque tous, une bonne éducation, mais déclarant ne plus pouvoir supporter les persécutions des blancs. Ils ont vendu leurs biens et se transportent en masse au Mexique, où ils espèrent trouver bon accueil. Ils sont tous agriculteurs.

OCÉANIE

Établissements français. — Tahiti. La Chambre de commerce de Papeete, répondant à une circulaire ministérielle, fournit quelques renseignements intéressants sur l'état actuel de notre colonie au Pacifique. La situation de l'île, tant au point de vue de son développement agricole qu'au point de vue de ses relations commerciales avec la métropole, est loin d'être brillante. D'une manière générale, le développement de l'agriculture à Tahiti est entravé, d'un côté, par la rareté de la main-d'œuvre; d'un autre côté, par l'absence d'un domaine local propre à être loti et livré aux colons immigrés. La moyenne des exportations annuelles de Tahiti est de 3,500,000 francs. Or, à l'exception de quelques petits lots de nacre et de vanille, tous les autres produits sont dirigés sur l'Angleterre, l'Allemagne et les États-Unis. Cette infériorité du commerce français dans une colonie éminemment française serait due, à plusieurs causes énumérées par la Chambre de commerce et dont nous signalerons les principales, d'autant plus que nous avons déjà eu l'occasion d'insister, dans ces *mémentos*, sur les défauts capitaux de notre système colonial.

1° Les maisons allemandes, anglaises et américaines entretiennent dans l'archipel de nombreux agents; 2° les négociants français qui trafiquent à Tahiti ne possèdent pas les capitaux nécessaires et ne sont pas suffisamment soutenus par les capitalistes de la métropole; 3° il n'existe pas de communications directes et rapides entre nos possessions de l'Océanie avec la France européenne.

Marquises. Ce que nous venons d'exposer pour l'archipel de Tahiti s'applique avec non moins de rigueur aux îles Marquises, situées, comme on sait, à l'est du grand archipel océanien, et qui forment une dépendance administrative de nos établissements de Tahiti. Là, nous avons un témoignage tout aussi probant. Un voyageur allemand de grand mérite, Karl von den Steinen, vient notamment de faire une communication à la Société de géographie de Berlin sur un voyage d'exploration scientifique accompli l'année dernière aux Marquises. L'explorateur, dont la bonne foi ne saurait être suspecte, constate avec surprise l'abandon dans lequel cette colonie est laissée par les autorités françaises. La population des Marquises, qui était en 1838 de plus de 20,000 habitants, est représentée actuellement par environ 5,000 individus dont le nombre tend encore à diminuer, tant par suite des maladies (la lèpre notamment) qu'à cause de la faiblesse de la natalité. Le commerce français, dit l'explorateur, est nul. Dans les eaux du Pacifique sud, la *Société commerciale de l'Océanie* (titre français) est une association essentiellement allemande, dont le siège social est à Hambourg. Le représentant de cette Société dans le Pacifique (à Tahiti) est le consul allemand à Papeete, M. Hoppenstedt.

Nous nous sommes associés dernièrement (Voir *Mémento*), aux fêtes célébrées en Espagne en l'honneur de Mendana, le découvreur des Marquises. Or, ceux qui utilisent ou mettent à profit ces îles ne sont ni les Espagnols, auxquels on doit leur découverte; ni les Français, maîtres actuels du pays: elles sont exploitées par des peuples germains ou anglo-saxons. Devons-nous en rester là?

Iles Samoa. — La question des îles Samoa, sur laquelle nous avons été des premiers à appeler l'attention, (voir *Bibliothèque illustrée des Voyages*, n° 62, préface de Charles Simond), entre dans une nouvelle phase de complications, par suite de l'intervention directe des Etats-Unis dans ce litige. On ne sait encore comment il sera réglé; mais on pense généralement que le projet de haute commission suggéré par le gouvernement de Washington n'aboutira pas et qu'il faudra finir par recourir à un arbitrage. Dans ce cas, on croit que le roi de Suède serait choisi pour arbitre.

NÉCROLOGIE

Louis Mizon, qui vient de mourir à Zanzibar, à l'âge de 46 ans, s'était acquis une juste popularité en France par l'intelligente initiative dont il a fait preuve durant ses diverses pérégrinations en Afrique. Le voyage qui devait le mettre particulièrement en relief fut accompli durant les années 1890-1892. Parti du Congo, il parvint, non sans mille difficultés, à Yola, capitale de l'Adamoua, et revint à la côte en longeant le Niger. Les misères qui lui furent suscitées par la Compagnie royale anglaise du Niger devaient le rendre plus sympathique encore à nos compatriotes. Durant cette mémorable équipée, Mizon fut à la fois capitaine, chauffeur, mécanicien, pilote. Il réussit à tenir en échec, à la fois les bandes indigènes et les agents de la Compagnie rivale anglaise. Il fut reçu en triomphe, par la Société de géographie, le 10 juillet 1892.

Il repartit quelque temps après, pourvu d'un lot de marchandises diverses qui lui avaient été fournies par divers industriels et négociants de France. Des circonstances d'ordre diplomatique ont été cause de la non-réussite de cette seconde mission. Le gouvernement a cru devoir dignement récompenser l'explorateur en le nommant gouverneur de notre colonie de la Côte des Somalis (Djibouti). Ses connaissances de la vie africaine lui auraient certainement servi dans cette haute fonction. La mort impitoyable l'a enlevé avant même qu'il eût atteint son poste. Qu'il nous soit permis de rendre ici un hommage personnel à la mémoire d'un ami éclairé et d'un vaillant Français!

Albert Doliné, qui vient de mourir aussi presque subitement, était également un explorateur africain. C'est au Congo qu'il s'était particulièrement distingué, où il seconda très intelligemment les efforts de M. de Brazza. Il succéda à ce dernier en qualité de lieutenant gouverneur de notre colonie.

P. LEMOSOF.

E. PLON, NOURRIT ET C⁰⁹, IMPRIMEURS-ÉDITEURS, rue Garancière, 10, Paris

CARTES VÉLO-KILOMÉTRIQUES

Au 250,000⁰

EN TROIS COULEURS

Indiquant les routes vélocipédiques, les côtes, pavés, altitudes, distances et la population; les routes et chemins vicinaux; les chemins de fer, canaux, rivières; enfin, toutes les communes et la plupart des hameaux, sur une étendue de quatre à cinq départements.

ENVIRONS DE PARIS (PARIS AU CENTRE)
A 125 kilomètres.

Comprenant : Paris — Versailles — Rambouillet — Chartres — Dreux — Évreux — Louviers — Rouen — Les Andelys — Mantes — Pontoise — Beauvais — Clermont — Senlis — Compiègne — Soissons — Meaux — Château-Thierry — Provins — Sens — Fontainebleau — Melun — Corbeil — Étampes.

Prix : En feuille sous couverture. . . . . 1 fr. »
— Collée sur toile et pliée pour la poche. . . . . 2 fr. 25

ENVIRONS DE PARIS (NORD-OUEST)
A 250 kilomètres.

Comprenant : Paris — Pontoise — Mantes — Vernon — Évreux — Les Andelys — Beauvais — Amiens — Abbeville — Neufchâtel — Dieppe — Rouen — Yvetot — Le Havre — Trouville — Pont-l'Évêque — Pont-Audemer — Bernay — Lisieux — Caen — Falaise.

Prix : En feuille sous couverture. . . . . 1 fr. 50
— Collée sur toile et pliée pour la poche. . . . . 2 fr. 75

ENVIRONS DE PARIS (SUD-OUEST)
A 250 kilomètres.

Comprenant : Paris — Sceaux — Versailles — Rambouillet — Étampes — Chartres — Châteaudun — Dreux — Nogent-le-Rotrou — Alençon — Argentan — Mortagne — Le Mans — Saint-Calais — La Flèche — Mamers — Blois — Vendôme — Orléans — Pithiviers.

Prix : En feuille sous couverture. . . . . 1 fr. 50
— Collée sur toile et pliée pour la poche. . . . . 2 fr. 75

ENVIRONS DE PARIS (NORD-EST)
A 200 kilomètres.

Comprenant : Paris — Saint-Denis — Senlis — Clermont — Compiègne — Montdidier — Péronne — Saint-Quentin — Laon — Soissons — Château-Thierry — Vervins — Mézières — Rethel — Rocroi — Sedan — Vouziers — Châlons-sur-Marne — Reims — Epernay — Meaux.

Prix : En feuille sous couverture. . . . . 1 fr. 50
— Collée sur toile et pliée pour la poche. . . . . 2 fr. 75

ENVIRONS DE PARIS (SUD-EST)
A 200 kilomètres.

Comprenant : Paris — Corbeil — Melun — Fontainebleau — Montereau — Provins — Coulommiers — Vitry-le-François — Nogent-sur-Seine — Arcis-sur-Aube — Bar-sur-Seine — Châtillon-sur-Seine — Auxerre — Tonnerre — Joigny — Sens — Montargis — Gien.

Prix de chaque carte : En feuille sous couverture. . . . . 1 fr. 50
— Collée sur toile et pliée pour la poche. . 2 fr. 75

CARTE VÉLO-KILOMÉTRIQUE DE LA NORMANDIE

AMIENS AU MONT SAINT-MICHEL

Comprenant : Amiens — Neufchâtel — Dieppe — Rouen — Yvetot — Le Havre — Trouville — Pont-l'Évêque — Pont-Audemer — Bernay — Lisieux — Caen — Bayeux — Saint-Lô — Valognes — Cherbourg — Coutances — Granville — Avranches — Vire — Falaise — Argentan — Laigle.

Prix : En feuille sous couverture. . . . . 1 fr. 50
— Collée sur toile et pliée pour la poche. . . . . 2 fr. 75

PARIS. TYPOGRAPHIE DE E. PLON, NOURRIT ET C⁰⁹, RUE GARANCIÈRE, 8.

MEMENTO GÉOGRAPHIQUE

ÉVÉNEMENTS ET FAITS IMPORTANTS

Courrier de la Semaine. LXXVII. (Avril 1899.)

EUROPE

Paris et Greenwich. — On sait que les méridiens initiaux les plus généralement adoptés pour la construction des cartes sont ceux de Paris (Observatoire) et de Greenwich, près Londres. Or, il n'a pas encore été possible de déterminer, jusqu'à ce jour, la différence exacte de ces deux points. Les observations entreprises en 1888 et en 1892 ont présenté, entre les données fournies par les astronomes anglais et français, un écart d'environ deux secondes (9 m. 20 s. 85, chiffre anglais, 9 m. 21 s. 06, chiffre fourni par les Français) et qui correspond à près de 3 s. d'arc ou 60 mètres environ. La dernière conférence géodésique internationale, tenue à Stuttgart, a décidé de faire une révision des calculs des différents observateurs et, le cas échéant, d'organiser une nouvelle série d'observations pour obtenir l'écart exact entre ces deux points.

France. — *Perte de terrain.* — Le congrès annuel des sociétés savantes s'est tenu cette année, du 4 au 7 avril, à Toulouse. À la section de géographie historique et descriptive, M. Duffart, secrétaire de la Société de géographie commerciale de Bordeaux, a présenté une étude sur les « Origines des sables ayant contribué aux formations éoliennes quaternaires qui caractérisent le plateau landais et la côte de Gascogne ». Il résulterait des recherches de M. Duffart que les dunes anciennes continentales de Gascogne, les dunes anciennes littorales et les dunes modernes sont formées de matériaux ayant une origine commune, transportés et poussés à l'est par les vents dominants... Des vallées sous-marines se sont constituées parallèles à la côte. Ce phénomène, dit M. Bouquet de la Grye, président de la section, « se traduit par une perte annuelle d'une bande de 1ᵐ,50 de terrain le long du littoral, perte qui n'est pas compensée par les atterrissements en d'autres points des côtes françaises. »

AFRIQUE

Le Transsaharien. — Le vingtième congrès national de géographie qui s'est tenu à Alger vient de clôturer ses travaux. Parmi les vœux émis, nous signalerons celui relatif au chemin de fer transsaharien, dont nous avons déjà entretenu à plusieurs reprises nos lecteurs. Le congrès, sans se prononcer d'une manière décisive, semble incliner, en majorité, pour la voie du Touat. Le transsaharien partirait du Sud oranais, au Touat et à la frontière marocaine. L'occupation du Touat paraît l'une des conditions essentielles de réussite pour la pénétration française dans le Sahara.

Le Touat forme, comme on sait, un groupe d'oasis de 300 kilomètres de long sur 160 de large, à mi-chemin entre Alger et Tombouctou. Peu d'Européens (3 ou 4 seulement) ont pénétré dans ces oasis, habitées par de turbulents Touaregs. Les oasis du Touat avec celles d'In-Çalah forment jusqu'à présent les citadelles les plus redoutables du Sahara.

Climat du Sahara. — Nous relevons une particularité remarquable dans la correspondance adressée récemment par M. Foureau à la Société de géographie. Cet explorateur se trouve, comme on sait, au cœur du Sahara. Or, voici ce qu'il écrit : «... Depuis 15 jours (janvier 1899) nous subissons des jours de froid rigoureux et nous avons eu à plusieurs reprises des minima de — 8° et de — 10°... » Ce fait nous a paru assez caractéristique pour l'enregistrer dans ces colonnes.

Congo français. — Nous avons insisté à plusieurs reprises sur la nécessité pour notre pays de mettre en valeur le domaine colonial de la France, et particulièrement la région du Congo, dont l'administration avait soulevé des critiques trop justifiées. Nous avons la satisfaction d'enregistrer, cette fois, une mesure prise à l'égard de notre grande colonie africaine, de nature à contribuer à son relèvement. Trois décrets signés le 28 mars dernier règlent : 1° le régime forestier du Congo ; 2° le régime de la propriété foncière ; 3° le régime de la terre domaniale. Trois concessions de terrains ont, en outre, été accordées à des compagnies françaises, pour l'exploitation des différentes portions du Congo. La concession de terres aux sociétés privées est considérée, avec juste raison, comme le facteur le plus puissant de la mise en valeur d'une colonie. Il y a donc lieu d'espérer que les richesses que renferme le Congo français — richesses qui ne doivent pas être moindres que celles du Congo belge — ne resteront plus longtemps improductives.

De plus, plusieurs officiers topographes doivent se rendre le mois prochain au Congo avec la mission d'opérer les délimitations nécessaires et procéder à la confection du cadastre.

ASIE

Sarykol, que les Russes semblent sur le point d'annexer à leurs possessions de l'Asie, est une province chinoise de l'est du Pamir. Ses limites sont fort indécises. La région convoitée par les Russes s'étend, au sud, jusqu'au Tagdoumbache; au nord-est, aux monts Sarykol et la région de Kachgar où réside déjà, depuis nombre d'années, un consul général russe. L'empire chinois se trouve ainsi entamé des deux côtés à la fois par les puissances européennes : à l'est, on occupe son littoral; à l'ouest, les Slaves pénètrent insensiblement jusqu'au cœur même du pays !

AMÉRIQUE

République Argentine. — *Le Parama*. Une correspondance de Parama rapporte une curieuse légende indienne qui a cours parmi certaines peuplades de ces régions. notamment les Botocudos, tribu entièrement sauvage et rebelle à toute tentative civilisatrice. Cette légende a ceci de particulier qu'elle présente une certaine analogie avec l'histoire biblique de l'arche de Noé. Les Botocudos ne connaissent que la chasse, le pillage et le meurtre. Ils prétendent descendre d'un nommé Aré qui, lors d'une grande inondation, parvint à se réfugier sur le sommet d'un palmier. Ne sachant pas nager, il y serait mort de faim si deux oiseaux, un *sapacuru* (espèce d'ibis de rivière) et une *saracura* (poule d'eau) n'étaient venus à son secours en apportant dans leur bec des mottes de terre qu'ils jetèrent dans l'eau; peu à peu une montagne surgit et notre Noé put non seulement atteindre des champs cultivés, mais y trouva aussi une compagne avec laquelle il eut une nombreuse descendance. Voilà donc un nouveau champ d'études pour les ethnographes !

Bello-Horizonte est le nom de la nouvelle capitale de la province de Minas Geraes (Brésil), qui doit remplacer Ouro-Preto. Le Bulletin du ministère des affaires étrangères italien fournit quelques renseignements intéressants sur cette cité naissante dont le développement semble toutefois être excessivement lent.

Les plans de la ville ont été tracés pour une population présumée de trois cent mille habitants. Elle est située sur le versant de la Serra do Curral, dans un endroit des plus pittoresques, bien pourvu d'eau. Malheureusement, les fonds alloués pour les constructions, 24 millions environ, sont tout à fait insuffisants, et sauf quelques édifices officiels : palais du président, bureaux administratifs, peu de constructions se sont élevées depuis. La vie y est fort chère, et la population atteint (bien que l'édification de la ville remonte à plusieurs années déjà) à peine douze à quinze mille habitants. Une baisse considérable sur les cafés a produit en outre une certaine crise économique et beaucoup d'établissements commerciaux de la nouvelle capitale ont dû suspendre leurs affaires. L'avenir de cette ville se présente donc sous des auspices peu favorables.

RÉGIONS POLAIRES

Régions antarctiques. — *Expédition de Gerlache*. Nos lecteurs n'auront pas appris sans satisfaction l'annonce de l'arrivée à Punta-Arenas (Patagonie) de l'expédition de Gerlache, expédition belge partie en août 1897 et dont on était sans nouvelle depuis quinze mois environ. L'inquiétude était fort grande dans le monde des géographes, particulièrement en Belgique. Le navire (la *Belgica*) a atteint la latitude 74° 36 m.

Ajoutons que trois navigateurs seulement avaient dépassé jusqu'à présent, cette latitude : Weddell, en 1823, (74° 15'); Ross, en 1842 (78° 9' 30"), et Christensen, en 1895 (74° 15'). Cook, le célèbre navigateur des terres australes, n'est parvenu qu'au 71° 10' lat. S. On a appris aussi l'arrivée au cap Adar (côte N.-E. de Victoria) de l'expédition antarctique dirigée par M. Borchgrevink.

La réussite de cette expédition donnera certainement une impulsion nouvelle aux missions scientifiques au pôle sud que préparent en ce moment les Anglais et les Allemands et dont nous avons déjà entretenu les lecteurs de nos *Mementos*.

P. Lemosof.

E. PLON, NOURRIT ET C⁰, IMPRIMEURS-ÉDITEURS, rue Garancière, 10, PARIS

CARTES VÉLO-KILOMÉTRIQUES

Au 250,000⁰

EN TROIS COULEURS

Indiquant les routes vélocipédiques, les côtes, pavés, altitudes, distances et la population; les routes et chemins vicinaux; les chemins de fer, canaux, rivières; enfin, toutes les communes et la plupart des hameaux, sur une étendue de quatre à cinq départements.

ENVIRONS DE PARIS (PARIS AU CENTRE)

A 125 kilomètres.

Comprenant : Paris — Versailles — Rambouillet — Chartres — Dreux — Évreux — Louviers — Rouen — Les Andelys — Mantes — Pontoise — Beauvais — Clermont — Senlis — Compiègne — Soissons — Meaux — Château-Thierry — Provins — Sens — Fontainebleau — Melun — Corbeil — Étampes.

Prix : En feuille sous couverture. . . . . **1 fr. »**
— Collée sur toile et pliée pour la poche. . . . . **2 fr. 25**

ENVIRONS DE PARIS (NORD-OUEST)

A 250 kilomètres.

Comprenant : Paris — Pontoise — Mantes — Vernon — Évreux — Les Andelys — Beauvais — Amiens — Abbeville — Neufchâtel — Dieppe — Rouen — Yvetot — Le Havre — Trouville — Pont-l'Évêque — Pont-Audemer — Bernay — Lisieux — Caen — Falaise.

Prix : En feuille sous couverture. . . . . **1 fr. 50**
— Collée sur toile et pliée pour la poche. . . . . **2 fr. 75**

ENVIRONS DE PARIS (SUD-OUEST)

A 250 kilomètres.

Comprenant : Paris — Sceaux — Versailles — Rambouillet — Étampes — Chartres — Châteaudun — Dreux — Nogent-le-Rotrou — Alençon — Argentan — Mortagne — Le Mans — Saint-Calais — La Flèche — Mamers — Blois — Vendôme — Orléans — Pithiviers.

Prix : En feuille sous couverture. . . . . **1 fr. 50**
— Collée sur toile et pliée pour la poche. . . . . **2 fr. 75**

ENVIRONS DE PARIS (NORD-EST)

A 200 kilomètres.

Comprenant : Paris — Saint-Denis — Senlis — Clermont — Compiègne — Montdidier — Péronne — Saint-Quentin — Laon — Soissons — Château-Thierry — Vervins — Mézières — Rethel — Rocroi — Sedan — Vouziers — Châlons-sur-Marne — Reims — Epernay — Meaux.

Prix : En feuille sous couverture. . . . . **1 fr. 50**
— Collée sur toile et pliée pour la poche. . . . . **2 fr. 75**

ENVIRONS DE PARIS (SUD-EST)

A 200 kilomètres.

Comprenant : Paris — Corbeil — Melun — Fontainebleau — Montereau — Provins — Coulommiers — Vitry-le-François — Nogent-sur-Seine — Arcis-sur-Aube — Bar-sur-Seine — Châtillon-sur-Seine — Auxerre — Tonnerre — Joigny — Sens — Montargis — Gien.

Prix de chaque carte : En feuille sous couverture. . . . . **1 fr. 50**
— Collée sur toile et pliée pour la poche. . . **2 fr. 75**

CARTE VÉLO-KILOMÉTRIQUE DE LA NORMANDIE

AMIENS AU MONT SAINT-MICHEL

Comprenant : Amiens — Neufchâtel — Dieppe — Rouen — Yvetot — Le Havre — Trouville — Pont-l'Évêque — Pont-Audemer — Bernay — Lisieux — Caen — Bayeux — Saint-Lô — Valognes — Cherbourg — Coutances — Granville — Avranches — Vire — Falaise — Argentan — Laigle.

Prix : En feuille sous couverture. . . . . **1 fr. 50**
— Collée sur toile et pliée pour la poche. . . . . **2 fr. 75**

PARIS, TYPOGRAPHIE DE E. PLON, NOURRIT ET C⁰, RUE GARANCIÈRE, 8.

MÉMENTO GÉOGRAPHIQUE

ÉVÉNEMENTS ET FAITS IMPORTANTS

Courrier de la Semaine. LXXVIII. (Avril 1899).

GÉNÉRALITÉS

Congrès national de géographie. — Nous avons signalé déjà le vœu ou plutôt l'avis émis par le Congrès de géographie d'Alger relatif au tracé du chemin de fer à adopter pour relier nos possessions algériennes avec l'intérieur de l'Afrique. Parmi les autres *desiderata* exprimés par les savants congressistes, quelques-uns sembleront plutôt anodins. Tels, par exemple, le vœu relatif à la décimalisation de l'heure; celui engageant le gouvernement à construire une mosquée à Paris, afin — paraît-il — d'*islamiser les idées françaises*. D'un caractère plus sérieux sont les vœux demandant un service de paquebots plus fréquent entre Marseille et Alger; la création de ports francs à Dunkerque, au Havre, à Saint-Nazaire, à Bordeaux, à Marseille et à Alger; réunion de toutes les colonies françaises par des câbles sous-marins français. Enfin, un dernier vœu demande « que le nom du vaillant explorateur Mizon (dont nous avons annoncé le décès dans notre avant-dernière chronique) soit donné à un des villages de l'Algérie ».

EUROPE

France. — On sait les diverses discussions auxquelles ont donné lieu les derniers recensements de la France, et les cris d'alarme jetés par différents économistes au sujet de la faible natalité qu'on constate dans notre pays. Autrefois l'État le plus peuplé de l'Europe, la France n'aura bientôt plus que l'importance numérique d'une puissance de cinquième ou sixième catégorie. « La France se dépeuple; la France va disparaître ! » — A ces maux, divers remèdes ont été proposés. M. J. Bertillon, l'éminent statisticien, préconise quelques mesures qu'il croit efficaces et qui consistent à assurer une pension alimentaire au père et à la mère d'une nombreuse famille ; à décerner des marques publiques d'intérêt et de respect à ces mêmes familles (*sic*); à étendre la liberté de tester ; à exempter les pères de plusieurs enfants de certaines taxes; n'accorder des faveurs officielles qu'aux familles ayant beaucoup d'enfants; enfin, — ce qui nous paraît la plus sensée et la plus pratique des mesures à prendre, — une large protection à accorder à l'enfance.

Indigence. — Nous apprenons d'autre part, par une étude faite par M. Fournier de Flaix, qu'on peut évaluer la moyenne de l'indigence en France à 6 pour 100 de la population totale, avec des inégalités considérables entre les diverses zones du territoire, de même qu'entre les villes et les campagnes. Dans les villes, la proportion peut s'élever jusqu'à 10 pour 100; dans les campagnes, elle peut descendre jusqu'à 4 pour 100. A Paris, la proportion est de 8 pour 100, soit environ 200,000 individus, sur une population de 2,000,000 d'habitants. — Il est juste d'ajouter que c'est surtout dans les classes les moins aisées que se rencontrent aussi les familles les plus nombreuses !

AFRIQUE

Tunisie. — Nous avons souvent entretenu nos lecteurs des progrès réels faits dans notre colonie depuis l'établissement définitif du régime français. Enregistrons une autre nouvelle consolante. Des efforts fructueux sont tentés en ce moment afin de faire revivre les antiques industries tunisiennes qui faisaient autrefois de ce pays l'une des provinces les plus prospères de l'Afrique romaine. Une société vient de se créer, avec des capitaux français naturellement, pour l'organisation, à Tunis, d'un atelier de maroquinerie, établissement d'une teinturerie, d'un atelier de tissage et d'une fabrique de carreaux de faïence. La société s'attache à reproduire les anciens motifs de décoration de l'art arabe ; elle obtient ainsi des produits du meilleur goût et à des prix peu élevés. — Ailleurs, à Nabeul, on vient de construire un four perfectionné où l'on fait cuire les objets fabriqués par les potiers indigènes. — Toutes ces créations sont autant de vastes champs d'activité pour nos industriels et nos ingénieurs.

Érythrée italienne. — L'administration exemplaire du général Gallieni, à Madagascar, a suscité des émules. Dans l'Erythrée italienne, le gouverneur, M. Martini, semble travailler énergiquement à la mise en valeur de la colonie. Des routes se construisent rapidement; un chemin de fer est également en construction entre Saati et Asmaro; il est même question de le pousser jusqu'à Seganeit et l'on espère que les Éthiopiens ne s'opposeront pas à son prolongement jusqu'à Adaoua. Une ligne télégraphique doit aussi être prochainement posée entre Massouah et Adis-Ababa. M. Martini fait venir des cultivateurs de café du Yémen et fait faire des essais de plantations de caoutchouc. Le négus Ménélick se montrerait, paraît-il, favorable à ces diverses entreprises.

ASIE

Sibérie. Tchouktchis. — Les travaux du grand chemin de fer transsibérien ont déjà servi à étendre d'une manière considérable nos connaissances sur le vaste pays qui embrasse tout le nord du continent asiatique. Une conférence faite récemment au musée historique de Moscou, par M. Gondatti, délégué du gouvernement russe pour l'étude des peuples Tchouktchis, nous révèlent des données fort curieuses sur cette population presque ignorée jusqu'en ces derniers temps. Les Tchouktchis occupent l'extrémité nord de la Sibérie orientale. En 1644. les Cosaques entrèrent pour la première fois en relations avec les Tchouktchis et fondèrent dans leur pays quelques villages retranchés. Avec les Tchouktchis, nous remontons au véritable âge de pierre. Cette peuplade se sert d'instruments en pierre et en os pour tous les usages domestiques. Pour allumer le feu, ils emploient un instrument curieux, sorte de figure humaine grossièrement taillée dans une bûche et dans laquelle ils appuient un petit bâton. Ils y impriment ensuite un mouvement rapide au moyen d'un petit arc en os. Toutes leurs coutumes et cérémonies intimes (naissances. mariages, décès) décèlent le degré primitif de leur culture. La pêche est leur principale ressource et le renne, sauvage et domestique, leur sert à la fois de nourriture et de vêtement. La faune est représentée en outre par le renard blanc, le renard ordinaire, l'hermine, l'ours et le loup. Les principaux villages commencent actuellement à être russifiés, et il est à prévoir que d'ici peu, avec la pénétration en avant de l'élément russe, ce petit peuple, comme beaucoup de ses congénères d'Amérique et d'Australie, disparaîtra pour faire place à l'envahisseur blanc.

NÉCROLOGIE

H. de Bizemont. — Aux noms des deux explorateurs décédés que nous avons enregistrés dans l'avant-dernier *Mémento* (n° 76), MM. Mizon et Dolisie (et non Dolénie, erreur typographique que nos lecteurs auront rectifiée eux-mêmes), nous avons le regret d'ajouter celui de M. le comte Henri de Bizemont, ancien capitaine de vaisseau, explorateur et géographe. Le défunt avait été désigné, en 1870, pour suivre, en qualité d'attaché scientifique français, l'expédition conduite par le célèbre Sir Samuel Baker, dans l'Afrique équatoriale. A la nouvelle de la guerre, M. de Bizemont quitta la mission et revint précipitamment en France prendre son poste de combat. Ses dernières années ont été entièrement vouées à la cause géographique, qu'il servit soit par ses écrits, soit en secondant les efforts des explorateurs. Il a été, depuis nombre d'années, l'un des membres les plus écoutés de la commission centrale (conseil) de la Société de Géographie.

P. Lemosof.

CARTES VÉLO-KILOMÉTRIQUES

Au 250,000ᵉ

EN TROIS COULEURS

Indiquant les routes vélocipédiques, les côtes, pavés, altitudes, distances et la population; les routes et chemins vicinaux; les chemins de fer, canaux, rivières; enfin, toutes les communes et la plupart des hameaux, sur une étendue de quatre à cinq départements.

ENVIRONS DE PARIS (PARIS AU CENTRE)
A 125 kilomètres.

Comprenant : Paris — Versailles — Rambouillet — Chartres — Dreux — Évreux — Louviers — Rouen — Les Andelys — Mantes — Pontoise — Beauvais — Clermont — Senlis — Compiègne — Soissons — Meaux — Château-Thierry — Provins — Sens — Fontainebleau — Melun — Corbeil — Étampes.

Prix : En feuille sous couverture. . . . . 1 fr. »
— Collée sur toile et pliée pour la poche. . . . . 2 fr. 25

ENVIRONS DE PARIS (NORD-OUEST)
A 250 kilomètres.

Comprenant : Paris — Pontoise — Mantes — Vernon — Évreux — Les Andelys — Beauvais — Amiens — Abbeville — Neufchâtel — Dieppe — Rouen — Yvetot — Le Havre — Trouville — Pont-l'Évêque — Pont-Audemer — Bernay — Lisieux — Caen — Falaise.

Prix : En feuille sous couverture. . . . . 1 fr. 50
— Collée sur toile et pliée pour la poche. . . . . 2 fr. 75

ENVIRONS DE PARIS (SUD-OUEST)
A 250 kilomètres.

Comprenant : Paris — Sceaux — Versailles — Rambouillet — Étampes — Chartres — Châteaudun — Dreux — Nogent-le-Rotrou — Alençon — Argentan — Mortagne — Le Mans — Saint-Calais — La Flèche — Mamers — Blois — Vendôme — Orléans — Pithiviers.

Prix : En feuille sous couverture. . . . . 1 fr. 50
— Collée sur toile et pliée pour la poche. . . . . 2 fr. 75

ENVIRONS DE PARIS (NORD-EST)
A 200 kilomètres.

Comprenant : Paris — Saint-Denis — Senlis — Clermont — Compiègne — Montdidier — Péronne — Saint-Quentin — Laon — Soissons — Château-Thierry — Vervins — Mézières — Rethel — Rocroi — Sedan — Vouziers — Châlons-sur-Marne — Reims — Épernay — Meaux.

Prix : En feuille sous couverture. . . . . 1 fr. 50
— Collée sur toile et pliée pour la poche. . . . . 2 fr. 75

ENVIRONS DE PARIS (SUD-EST)
A 200 kilomètres.

Comprenant : Paris — Corbeil — Melun — Fontainebleau — Montereau — Provins — Coulommiers — Vitry-le-François — Nogent-sur-Seine — Arcis-sur-Aube — Bar-sur-Seine — Châtillon-sur-Seine — Auxerre — Tonnerre — Joigny — Sens — Montargis — Gien.

Prix de chaque carte : En feuille sous couverture. . . . . . 1 fr. 50
— — Collée sur toile et pliée pour la poche. . 2 fr. 75

CARTE VÉLO-KILOMÉTRIQUE DE LA NORMANDIE

AMIENS AU MONT SAINT-MICHEL

Comprenant : Amiens — Neufchâtel — Dieppe — Rouen — Yvetot — Le Havre — Trouville — Pont-l'Évêque — Pont-Audemer — Bernay — Lisieux — Caen — Bayeux — Saint-Lô — Valognes — Cherbourg — Coutances — Granville — Avranches — Vire — Falaise — Argentan — Laigle.

Prix : En feuille sous couverture. . . . . 1 fr. 50
— Collée sur toile et pliée pour la poche. . . . . 2 fr. 75

MEMENTO GÉOGRAPHIQUE

ÉVÉNEMENTS ET FAITS IMPORTANTS

Courrier de la Semaine. LXXIX. (Mai 1899.)

Colonisation. — *Les femmes aux colonies.* Le *Memento* a signalé, en son temps, le départ d'une caravane de jeunes filles allemandes pour la colonie de l'Ouest africain. Les journaux coloniaux allemands publient actuellement diverses lettres de ces émigrées. Les premières impressions étaient plutôt défavorables. La traversée, le milieu inconnu et étrange où ces demoiselles étaient brusquement transportées, inspiraient à quelques-unes d'entre elles une certaine crainte, presque de la terreur. Peu à peu, elles semblent toutefois s'habituer aux nouvelles conditions de leur existence, et les lettres les plus récentes dénotent chez elles une véritable satisfaction. Quelques-unes envisagent l'avenir (en qualité de futures épouses, bien entendu) sous les plus riants aspects.

A Madagascar. — Ce problème de colonisation par la femme préoccupe, à bon endroit, les esprits coloniaux français, et particulièrement les divers comités qui se sont fondés récemment pour encourager l'émigration française à Madagascar. Il est indéniable que c'est surtout par la femme et par l'enfant que la colonisation peut devenir définitive. Or, dans notre possession de Madagascar les soldats-colons ne peuvent pas fonder de famille, pour la raison qu'ils ne trouvent pas à se marier. Aussi est-il fortement question d'organiser une sorte d'office central de patronage et d'émigration, avec des succursales dans les villes de province et dans les campagnes. On rechercherait des émigrantes auxquelles on faciliterait par tous les moyens possibles le transport. Les dépenses résultant de la fondation d'une nouvelle famille seraient relativement minimes : 300 francs le trousseau, 50 francs pour le voyage au port d'embarquement, 100 francs pour l'argent de poche, soit environ 450 fr. L'établissement de 200 familles par an reviendrait ainsi à 80 ou 100,000 fr. La somme paraît insignifiante, en égard aux résultats qu'on en tirerait. A notre avis, la question pourrait être élargie. Nos colonies de l'Indo-Chine et de l'Océanie méritent autant de sollicitude. Seulement, les frais résultant de ces tentatives devraient être supportés, non pas par la métropole, déjà suffisamment surchargée, mais par les colonies mêmes, où les premiers colons établis sont appelés à bénéficier le plus directement de ces essais.

Muséum d'océanographie — Les lecteurs du *Memento* ont été tenus au courant des recherches océanographiques poursuivies depuis plusieurs années déjà par S. A. le prince Albert de Monaco. Afin de donner à ces études une sanction en quelque sorte pratique et utilitaire, le jeune et éclairé souverain va faire édifier, à Monaco même, un établissement destiné à centraliser et à mettre en œuvre tous les éléments recueillis durant ses divers voyages. Le Muséum comprendra de vastes salles d'exposition et des séries de laboratoires devant être mis à la disposition des savants de toutes les nationalités qui viendront travailler sur les collections. En plus de la faune sous-marine, le Muséum renfermera toutes les données relatives à la météorologie, dans ses rapports avec la navigation. Cet établissement sera donc utile à la fois aux savants naturalistes et aux marins.

EUROPE

Suède et Norvège. — Le récent séjour en France et la visite à Paris du roi Oscar coïncident avec des événements très graves qui se passent dans les Etats de ce souverain. Un mouvement séparatiste fortement prononcé se dessine dans la Norvège. Ce pays est placé vis-à-vis de la Suède comme la Hongrie vis-à-vis de l'Autriche. L'Union — ou plutôt la réunion des deux Etats sous le même sceptre — date de 1814. Mais cette union n'a pas été faite spontanément. Elle fut imposée à la Norvège par le Congrès de Vienne.

Les deux Etats ont leurs armées, leurs flottes et leurs Parlements distincts. Si les Suédois semblent animés de sentiments bienveillants envers leurs semi-compatriotes, les Norvégiens nourrissent une véritable haine contre ceux qu'ils considèrent comme leurs dominateurs. Cette animosité s'est même manifestée, à notre connaissance particulière, lors d'une solennité récente à laquelle avait pris part le représentant des deux royaumes. La personnalité norvégienne, héros de la fête, ne voulut pas qu'un drapeau suédois fût placé à côté du drapeau norvégien parmi les décors de la salle des fêtes!

AFRIQUE

Algérie. — L'opinion publique est sollicitée par les événements qui se déroulent dans notre colonie algérienne. Ces événements, d'ordre plutôt politique, auront leur répercussion sur les destinées du pays, en ce sens qu'ils éveilleront l'attention des gouvernants et détermineront un vif sentiment d'intérêt parmi les Français de la métropole. A Paris, comme en province, dans les grandes villes surtout, le public semble s'intéresser à ce qui se passe de l'autre côté de la Méditerranée. A Marseille, il y a quelques jours, M. Hugues Le Roux, le délicat écrivain, a fait une conférence très applaudie sur l'Algérie, en insistant particulièrement sur les vices de notre organisation coloniale et sur les richesses que cette terre féconde serait susceptible de produire. L'exploitation des 12 millions de moutons que possède l'Algérie pourrait, à ne citer que cet exemple, faire la fortune du pays. Lui-même éleveur de bétail, M. Le Roux fait des voyages fréquents d'inspection dans le Sahara. Quel excellent exemple à imiter!

Nous avons eu la bonne fortune, d'autre part, de causer avec quelques-unes des personnalités ayant fait récemment le voyage de l'Algérie, à l'occasion du congrès géographique qui s'est tenu à Alger. Toutes s'accordent à exalter le pays au point de vue de sa valeur physique, mais déplorent la manière dont la colonie est administrée : la politique militante y fait des ravages; la plaie électorale, le règne de l'usure, l'envahissement des étrangers, voilà les principaux maux signalés. Qu'on y remédie!

OCÉANIE

Samoa. — Nos lecteurs ont été tenus au courant des événements dont les îles du Pacifique sud ont été le théâtre. Le volume 62 de la *Bibliothèque illustrée* leur a donné, d'autre part, une vue d'ensemble de cet archipel dont la découverte est due au navigateur français Bougainville. Nous nous bornerons donc à enregistrer la signature d'une convention entre les trois Etats intéressés : Allemagne, Angleterre et États-Unis, convention qui met fin — provisoirement — au conflit survenu entre ces nations au sujet des Samoa. Les îles seront administrées, jusqu'à nouvel ordre, par une commission mixte internationale. La convention prévoit certaines difficultés pour lesquelles les membres de la commission seront tenus d'en référer à leurs gouvernements respectifs. Nous avons exprimé l'avis que l'archipel sera purement partagé entre les trois puissances. C'est la solution qui nous paraît encore la plus rationnelle et la plus probable dans un avenir prochain.

NÉCROLOGIE

Jules Ferry. — Le monument que la colonie de Tunisie vient d'élever à Jules Ferry (24 avril 1899) est un hommage rendu à la mémoire de l'un des premiers initiateurs de l'expansion coloniale française. Jules Ferry est décédé en mars 1893, à l'âge de soixante et un ans. Ce fut sous son ministère que la Tunisie et le Tonkin furent acquis à la France. A ce titre, notre *Memento* lui doit un respectueux hommage.

Henri Kiepert, dont on annonce la mort à Berlin, à l'âge de quatre-vingt et un ans, est considéré, dans les milieux géographiques, comme le plus grand cartographe du siècle. Innombrables sont, en effet, les productions cartographiques de ce savant auquel on doit une bonne part des perfections apportées durant le dernier quart de siècle, dans la confection des cartes. Les soins et la probité scientifique apportés dans toutes ses œuvres lui ont valu l'estime des géographes de toutes les nations du monde.

P. Lemosof.

E. PLON, NOURRIT, ET Cⁱᵉ, IMPRIMEURS-ÉDITEURS, rue Garancière, 10, PARIS

CARTES VÉLO-KILOMÉTRIQUES

Au 250,000

EN TROIS COULEURS

Indiquant les routes vélocipédiques, les côtes, pavés, altitudes, distances et la population, les routes et chemins vicinaux; les chemins de fer, canaux, rivières; enfin, toutes les communes et la plupart des hameaux, sur une étendue de quatre à cinq départements.

ENVIRONS DE PARIS (PARIS AU CENTRE)

A 125 kilomètres.

Comprenant : Paris — Versailles — Rambouillet — Chartres — Dreux — Évreux — Louviers — Rouen — Les Andelys — Mantes — Pontoise — Beauvais — Clermont — Senlis — Compiègne — Soissons — Meaux — Château-Thierry — Provins — Sens — Fontainebleau — Melun — Corbeil — Étampes.

Prix : En feuille sous couverture. . . . . 1 fr. »
— Collée sur toile et pliée pour la poche. . . . . 2 fr. 25

ENVIRONS DE PARIS (NORD-OUEST)

A 250 kilomètres.

Comprenant : Paris — Pontoise — Mantes — Vernon — Évreux — Les Andelys — Beauvais — Amiens — Abbeville — Neufchâtel — Dieppe — Rouen — Yvetot — Le Havre — Trouville — Pont-l'Évêque — Pont-Audemer — Bernay — Lisieux — Caen — Falaise.

Prix : En feuille sous couverture. . . . . 1 fr. 50
— Collée sur toile et pliée pour la poche. . . . . 2 fr. 75

ENVIRONS DE PARIS (SUD-OUEST)

A 250 kilomètres.

Comprenant : Paris — Sceaux — Versailles — Rambouillet — Étampes — Chartres — Châteaudun — Dreux — Nogent-le-Rotrou — Alençon — Argentan — Mortagne — Le Mans — Saint-Calais — La Flèche — Mamers — Blois — Vendôme — Orléans — Pithiviers.

Prix : En feuille sous couverture. . . . . 1 fr. 50
— Collée sur toile et pliée pour la poche. . . . . 2 fr. 75

ENVIRONS DE PARIS (NORD-EST)

A 200 kilomètres.

Comprenant : Paris — Saint-Denis — Senlis — Clermont — Compiègne — Montdidier — Péronne — Saint-Quentin — Laon — Soissons — Château-Thierry — Vervins — Mézières — Rethel — Rocroi — Sedan — Vouziers — Châlons-sur-Marne — Reims — Épernay — Meaux.

Prix : En feuille sous couverture. . . . . 1 fr. 50
— Collée sur toile et pliée pour la poche. . . . . 2 fr. 75

ENVIRONS DE PARIS (SUD-EST)

A 200 kilomètres.

Comprenant : Paris — Corbeil — Melun — Fontainebleau — Montereau — Provins — Coulommiers — Vitry-le-François — Nogent-sur-Seine — Arcis-sur-Aube — Bar-sur-Seine — Châtillon-sur-Seine — Auxerre — Tonnerre — Joigny — Sens — Montargis — Gien.

Prix de chaque carte : En feuille sous couverture. . . . . 1 fr. 50
— — Collée sur toile et pliée pour la poche. . 2 fr. 75

CARTE VÉLO-KILOMÉTRIQUE DE LA NORMANDIE

AMIENS AU MONT SAINT-MICHEL

Comprenant : Amiens — Neufchâtel — Dieppe — Rouen — Yvetot — Le Havre — Trouville — Pont-l'Évêque — Pont-Audemer — Bernay — Lisieux — Caen — Bayeux — Saint-Lô — Valognes — Cherbourg — Coutances — Granville — Avranches — Vire — Falaise — Argentan — Laigle.

Prix : En feuille sous couverture. . . . . 1 fr. 50
— Collée sur toile et pliée pour la poche. . . . . 2 fr. 75

PARIS. TYPOGRAPHIE DE E. PLON, NOURRIT ET Cⁱᵉ, RUE GARANCIÈRE. 8.

MÉMENTO GÉOGRAPHIQUE

ÉVÉNEMENTS ET FAITS IMPORTANTS

Courrier de la Semaine, LXXX. (Mai 1899).

GÉNÉRALITÉS

Muséum d'histoire naturelle. *Enseignement spécial pour les voyageurs.* Les cours inaugurés, il y a quelques années déjà par le distingué directeur du Muséum d'histoire naturelle, M. A. Milne Edwards, ont repris, cette année, le 18 avril et se continueront jusqu'au 13 juin. Les leçons, au nombre de vingt-quatre, portent sur l'anthropologie, la zoologie, l'anatomie, la minéralogie, la météorologie, la topographie, la géodésie, la photographie, levers des cartes et plans. Des conférences pratiques sont faites dans les laboratoires ou sur le terrain.

Dépôts de charbons. — Les dépôts de charbons sont devenus l'une des nécessités les plus urgentes des nations maritimes. Les trois quarts des transports commerciaux et presque toutes les marines de guerre dépendent en majeure partie du combustible dont disposent les bâtiments. La Grande-Bretagne, pour établir sa suprématie sur mer, s'est assuré la possession de nombreux points sur les grandes lignes de navigation qui lui servent de dépôts de charbon. On compte actuellement, hors d'Europe, environ 230 ports où les navires de toutes les nationalités peuvent s'approvisionner; les principaux se trouvent : côte nord d'Afrique, huit ports; côte occidentale d'Afrique, 13; golfe du Mexique, 14; Indes occidentales, 21; Amérique du Nord (Atlantique), 22; îles de l'Atlantique, 5; Afrique orientale, 9; Asie méridionale, 18; Océan indien, 6; Indes orientales et Philippines, 26; Asie orientale, 14; Japon, Sakhalien, Kamtchatka, 5; Australie, 10; Nouvelle-Zélande, 7; Côte ouest de l'Amérique du Nord, 19; Côte Ouest de l'Amérique du Sud, 10; Honolulu et Hilo dans le Pacifique nord; plus, quatre dans des îles du Pacifique méridional.

ASIE

Cochinchine. — D'après une étude que vient de publier un journal local de Saïgon, la Cochinchine comprendrait environ 2,650,000 hectares de terres cultivables. On n'utilise, jusqu'à présent, que la moitié à peu près de cette étendue, soit 1,400,000. L'auteur de cette étude préconise divers moyens susceptibles de mettre en valeur les terres restées en friche, notamment: une meilleure utilisation de la main d'œuvre indigène, l'organisation de l'immigration chinoise, et la constitution de grandes sociétés de colonisation.

Saïgon. On annonce, d'autre part, la formation, à Saïgon, de deux Sociétés financières, ayant pour but l'une : la construction d'un immense hôtel, pourvu de tous les conforts modernes du genre de ceux qu'on trouve à Colombo, Hong-kong, Shanghaï et qui contribuent si puissamment à la prospérité de ces cités en y attirant les étrangers et les touristes européens. L'autre Société a en vue la construction de maisons particulières avec et sans étages, tant pour Européens que pour Asiatiques. L'accroissement de la population française en Cochinchine et le nouvel afflux qu'y amène l'annonce des grands travaux publics paraissent promettre une réussite à ces entreprises. La colonie ne pourra qu'y gagner.

Chine. — Les graves événements politiques qui se sont déroulés en Chine durant l'année 1898, ne semblent pas avoir apporté une grande perturbation dans ce pays. Le commerce extérieur de la Chine, par exemple, n'en a nullement souffert. Un rapport officiel donne les chiffres suivants : importations, 209,579,334 taëls kaikwan, (la valeur du tael kaikwan pour 1898, était de 3 fr. 70); exportations, 159,037,149.

Un rapport de M. Wehrung, conseiller du commerce extérieur, fournit en outre quelques données sur les établissements des Européens en Chine. Les Anglais occupent la première place : 398 maisons de commerce, 518 résidents immatriculés. Viennent ensuite les Américains (que nous confondons avec Européens), 43 maisons, 2,056 résidents; Allemands, 107 maisons, 1,043 résidents; Portugais, 20 maisons, 1,043 résidents; Français, 37 maisons, 920 résidents; Asiatiques : Japonais, 114 maisons, 1594 résidents. Total, 773 maisons étrangères, 13,421 commerçants non chinois (sans compter Autrichiens, Russes, etc.). Pour ce qui est de la France, M. Wehrung est d'avis que

si l'on considère, les efforts isolés, à
l'énergie dont quelques-uns ont fait
preuve sur certains points, à Hankau,
notamment, où la concession française a été si bien organisée par une commu-
nauté prospère, on peut avoir foi dans
l'avenir.

AMÉRIQUE

Klondike. — On vient d'établir,
d'après des observations précises faites
sur les lieux, les températures maxima
de cette région de l'Alaska, où, comme
nos lecteurs le savent déjà, la découverte de l'or, attire actuellement tant
d'immigrants, colons ou chercheurs.
Les observations portaient sur trois
points : Dawson (64° 5' lat. n. et 137° 5'
long. E. de Paris). Fort Reliance, situé
à 5' plus au nord, et Fort Yukon, à
66° 34' lat. N. et 143° long. E.). A Dawson,
la moyenne annuelle est de 7° 9. Les
extrêmes sont : — 55° 5, en janvier,
— 27° 2, en juillet. A Fort Reliance, on a
constaté en décembre 1880, 53° 9' au-
dessous de zéro; la température la plus
élevée connue, en mai, — 14° 4. Durant
le même mois, la température descend
aussi jusqu'à — 12. A Fort-Yukon, —
32,7, en janvier; — 18° 4, en juillet. L'amplitude extrême de la température, dans
le Klondike, est ainsi d'environ 80°
(— 55, 5 et 27° 2), ce qui n'a rien d'excessif pour ces hautes régions, puisque,
aux mêmes latitudes, dans la Sibérie
orientale, cette amplitude atteint 100 degrés environ et dans les monts du Pamir,
120 degrés environ (70° en été, au soleil),
— 50°, en hiver.)

OCÉANIE

Vanikoro. — *Reliques de La Pérouse.*
Un savant et éclairé touriste, M. P.
Wenz, de passage à Vanikoro, vient de
se rendre acquéreur de divers objets
provenant de l'expédition de La Pérouse
et retrouvés par un armateur anglais,
M. Wildes-Browne, qui séjourna pendant plusieurs mois dans l'île. Ces reliques sont : une pièce d'or Louis XV,
1728; une pièce d'argent Louis XV,
1727; trois pièces espagnoles d'argent;
un bouton d'uniforme, des silex de
mousquets, des fragments de porcelaine, une ferrure, tête de marteau,
clous, etc. M. Wenz avait déjà obtenu
auparavant, d'un autre marin, des mor-
ceaux de chêne et de teck provenant du
bateau l'*Endeavour*, de l'expédition
Cook. Particularité curieuse : ce bois
qui a séjourné trois cents ans dans l'eau
est aussi sain et aussi solide que s'il
sortait du chantier.

Pour ce qui est de l'expédition Lapé-
rouse, on sait que notre grand navigateur fit naufrage aux îles Vanikoro, en
1788. Ces îles, appartenant à la Mélané-
sie se trouvent vers 11° 40' lat. S. et
16i° 37' long. E. Dillon et, plus tard,
Dumont d'Urville, recueillirent les débris de l'expédition, dont la majeure
partie figure actuellement au musée du
Louvre, à Paris.

Nouvelle-Zélande. — *Mesures an-
ti-européennes.* Un incident diplomatique qui a passé à peu près inaperçu
dans la presse européenne a été soulevé
dernièrement entre le gouvernement
autrichien et la colonie britannique de
la Nouvelle-Zélande. Dans ces îles, sur
les terres de la couronne de la province
d'Auckland, l'exploitation des damma-
ras attire divers Européens et particulièrement des Autrichiens. Ces derniers, formeraient actuellement une
colonie d'environ 2,000 personnes. Le
gouvernement colonial leur reproche de
ne jamais se fixer dans le pays, mais de
s'en retourner en Europe aussitôt qu'ils
réussissent à réaliser un petit pécule.
Les gains sont relativement faciles. La
tonne de résine se paie 45 à 50 livres
sterling (1,125 à 1,250 fr.) et les salaires
des ouvriers, environ 40 fr. par semaine. Aussi, des mesures spéciales
furent édictées, n'admettant dans la colonie, que ceux des ouvriers autrichiens qui justifieraient de la possession
d'un petit capital, ils ne seraient admis,
en outre, à travailler dans ces exploitations qu'après un séjour de treize semaines dans la colonie. Un groupe
d'émigrants arrivait justement, peu
après la promulgation de ce décret, et
il a fallu l'intervention énergique du
consul autrichien pour ne pas forcer
ces malheureux, denués de toutes ressources, à repartir immédiatement pour
l'Europe.

Ile Wake. — Avant d'engager les
nouvelles hostilités avec les habitants
des Philippines, après les Espagnols,
le gouvernement des États-Unis avait
donné l'ordre à un navire de guerre de
prendre possession effective de l'île
Wake. Cette île, rocher isolé dans le
Pacifique, se trouve à 19° 25' lat. N. et
164° long. E. Elle fut découverte par
Mendaña, en 1568. Elle a environ trois
milles dans sa plus grande largeur.
Elle est inhabitée, entourée de récifs
coralliferes, et pourvue d'excellents
mouillages. Les Américains y établirent
un dépôt de charbon et une station de
télégraphe. Il n'existe, paraît-il, qu'un
seul document sur cette île, c'est une
carte établie par l'équipage d'une barque
allemande, la *Libelle*, vers 1866.

P. LEMOSOF

CARTES VÉLO-KILOMÉTRIQUES

Au 250,000

EN TROIS COULEURS

Indiquant les routes vélocipédiques, les côtes, pavés, altitudes, distances et la population;
les routes et chemins vicinaux; les chemins de fer, canaux, rivières; enfin, toutes les
communes et la plupart des hameaux, sur une étendue de quatre à cinq départements.

ENVIRONS DE PARIS (PARIS AU CENTRE)

A 125 kilomètres.

Comprenant : Paris — Versailles — Rambouillet — Chartres — Dreux — Évreux — Louviers
— Rouen — Les Andelys — Mantes — Pontoise — Beauvais — Clermont — Senlis — Com-
piègne — Soissons — Meaux — Château-Thierry — Provins — Sens — Fontainebleau —
Melun — Corbeil — Étampes.

    Prix : En feuille sous couverture. . . . . **1 fr. »**
    — Collée sur toile et pliée pour la poche. . . . . **2 fr. 25**

ENVIRONS DE PARIS (NORD-OUEST)

A 250 kilomètres.

Comprenant : Paris — Pontoise — Mantes — Vernon — Évreux — Les Andelys — Beauvais
— Amiens — Abbeville — Neufchâtel — Dieppe — Rouen — Yvetot — Le Havre — Trouville — Pont-l'Évêque — Pont-Audemer — Bernay — Lisieux — Caen — Falaise.

    Prix : En feuille sous couverture. . . . . **1 fr. 50**
    — Collée sur toile et pliée pour la poche. . . . . **2 fr. 75**

ENVIRONS DE PARIS (SUD-OUEST)

A 250 kilomètres.

Comprenant : Paris — Sceaux — Versailles — Rambouillet — Étampes — Chartres — Châteaudun — Dreux — Nogent-le-Rotrou — Alençon — Argentan — Mortagne — Le Mans —
Saint-Calais — La Flèche — Mamers — Blois — Vendôme — Orléans — Pithiviers.

    Prix : En feuille sous couverture. . . . . **1 fr. 50**
    — Collée sur toile et pliée pour la poche. . . . . **2 fr. 75**

ENVIRONS DE PARIS (NORD-EST)

A 200 kilomètres

Comprenant : Paris — Saint-Denis — Senlis — Clermont — Compiègne — Montdidier —
Péronne — Saint-Quentin — Laon — Soissons — Château-Thierry — Vervins — Mézières —
Rethel — Rocroi — Sedan — Vouziers — Châlons-sur-Marne — Reims — Épernay — Meaux.

    Prix : En feuille sous couverture. . . . . **1 fr. 50**
    — Collée sur toile et pliée pour la poche. . . . . **2 fr. 75**

ENVIRONS DE PARIS (SUD-EST)

A 200 kilomètres.

Comprenant : Paris — Corbeil — Melun — Fontainebleau — Montereau — Provins — Coulommiers — Vitry-le-François — Nogent-sur-Seine — Arcis-sur-Aube — Bar-sur-Seine —
Châtillon-sur-Seine — Auxerre — Tonnerre — Joigny — Sens — Montargis — Gien.

    Prix de chaque carte : En feuille sous couverture. . . . . . . **1 fr. 50**
    — Collée sur toile et pliée pour la poche. **2 fr. 75**

CARTE VÉLO-KILOMÉTRIQUE DE LA NORMANDIE

AMIENS AU MONT-SAINT-MICHEL

Comprenant : Amiens — Neufchâtel — Dieppe — Rouen — Yvetot — Le Havre — Trou-
ville — Pont-l'Évêque — Pont-Audemer — Bernay — Lisieux — Caen — Bayeux — Saint-Lô
— Valognes — Cherbourg — Coutances — Granville — Avranches — Vire — Falaise —
Argentan — Laigle.

    Prix : En feuille sous couverture. . . . . **1 fr. 50**
    — Collée sur toile et pliée pour la poche. . . . . **2 fr. 75**

MEMENTO GÉOGRAPHIQUE

ÉVÉNEMENTS ET FAITS IMPORTANTS

Courrier de la Semaine. LXXXI. (Mai 1899.)

GÉNÉRALITÉS

Armée coloniale. — Les proportions formidables qu'a prises, dans ces vingt dernières années, l'expansion coloniale française, les vastes étendues de territoires, véritables empires, qu'il s'agit actuellement de conserver et de défendre, ont créé en France un mouvement d'opinion en faveur de l'institution d'une armée coloniale, distincte de l'armée nationale de terre et de mer, et qui, par son recrutement, serait apte à résider dans nos possessions lointaines et à supporter un climat quelquefois malsain, presque toujours fort différent de celui dont nous jouissons en Europe. Des critiques, souvent très justifiées, ont été émises contre l'emploi dans les colonies de jeunes soldats de l'armée nationale, qui eurent à lutter plus fréquemment contre les éléments de la nature que contre des ennemis indigènes. Ce sont ces considérations qui dictent en ce moment une série de projets ministériels dont il sera rendu compte ici, dès qu'ils auront été consacrés par un vote de la Chambre.

Hommage à des explorateurs français. — C'est avec un vif plaisir que nous enregistrons l'attribution des deux principales médailles de la Société royale de géographie de Londres à MM. L. Binger, l'éminent et sympathique directeur des affaires d'Afrique au ministère des Colonies, et F. Foureau, qui accomplit actuellement sa douzième exploration dans le Sahara.

Câbles sous marins. — Le câble récemment établi entre Brest et New-York a une longueur de 5,700 kilomètres. Il est composé de 13 fils, dont le fil central, 3.040 m/m; les 12 autres de 1.07 m/m. Son poids est de 300 kilogrammes par mille marin, soit près de 200,000 kilos pour toute sa longueur. En Allemagne, aussi, une Compagnie nouvelle vient de se constituer, au capital de 12 millions de francs, pour l'établissement d'un câble entre Brême et New-York.

Navires voiliers. — La navigation à voile semble rentrer en faveur auprès d'un certain nombre d'armateurs. En France la Compagnie des voiliers français vient de lancer un nouveau bâtiment, *la Ville-de-Mulhouse*, quatre-mâts de 99 mètres de longueur, d'une largeur de 14 mètres et d'un tonnage de 3,500 tonnes. Signalons, à ce propos, une information d'un très grand intérêt adressée à la Société de Géographie par M. P. Serre, sur *les deux routes d'Europe à San-Francisco par le cap Horn et par le cap de Bonne-Espérance.* La distance de Hambourg à San-Francisco, par la voie du cap Horn, est d'un peu plus de 14,000 milles, soit près de 10,000 milles moindre que la voie du cap de Bonne-Espérance. Or, des voiliers, ayant pris la route du cap de Bonne-Espérance, sont arrivés à San-Francisco plusieurs jours avant les bâtiments partis à la même époque du port européen. La route du cap de Bonne-Espérance, la plus longue, a été depuis longtemps déjà abandonnée par les navires, mais les expériences faites en ces derniers temps par divers voiliers, expériences suivies avec beaucoup d'intérêt par les armateurs, semblent devoir engager ceux-ci à reprendre l'ancienne voie, qui offre plus de sécurité et, par temps favorable, une rapidité plus grande que la voie du cap Horn.

EUROPE

Allemagne. — *Mouvement maritime.* Nous avons signalé déjà dans de précédentes chroniques l'état relativement satisfaisant de la marine marchande française. Voici quelques données sur le mouvement de la marine marchande allemande, tel qu'il vient d'être établi pour l'année 1897. Les chiffres officiels sont : 154,851 navires d'un tonnage net de 33,116,598 tonnes. Augmentation sur l'année précédente : 7,315 navires, 2,070,110 tonnes. Le tonnage des voiliers a diminué de 172,568 tonnes, bien que le nombre des bâtiments en circulation ait été supérieur à celui de l'année 1896 de 5,957 navires. Dans ces chiffres, on constate 73.8 0/0 navires allemands, 26.2 0/0 navires étrangers. Pour le tonnage, la proportion des bâtiments sous pavillon allemand et pavillons étrangers est de 52.9 et 47.1 0/0.

AFRIQUE

Soudan. — *Capture de Samory.*
Le *Mémento* a annoncé en son temps le
fait d'armes accompli par nos troupes
soudanaises en opérant la capture du
plus redoutable ennemi de la France
dans ces parages, l'*almamy* Samory.
Le capitaine Gouraud, le héros de cette
action glorieuse, a rendu compte a la
Société de géographie, le 5 mai dernier,
de son séjour au Soudan et des diverses
péripéties qui précédèrent et suivirent
la déroute du célèbre almamy.

Après un violent combat livré en
juillet de l'année dernière à toute l'armée de Samory, le capitaine Gouraud
fut chargé par le commandant de Lar-
tigue de poursuivre l'almamy avec une
reconnaissance de 200 fusils.

Secondé par le capitaine Gaden, les
lieutenants Jacquin et Mangin, le docteur Boyé, les sous-officiers Bratières,
Brail, Maire et Lafon, le capitaine Gouraud réussit, après une marche excessivement pénible, à surprendre et à
prendre Samory et toute sa smala, le
29 septembre 1898, au camp de Gué-
lémou.

Comme nous avons déjà eu l'occasion
de l'exposer, cet événement assure la
pacification du Soudan et va permettre
à son gouverneur actuel, le général de
Trentinian, de reprendre et de parfaire l'œuvre d'organisation et de
mise en valeur de la colonie, qu'il pour-
suit avec autant d'opiniâtreté que de
succès.

ASIE

Chemin de fer transsibérien. —
Le *Mémento* a déjà exposé à ses lecteurs les diverses étapes de cette grande
entreprise. Signalons encore une communication faite dernièrement à la Société impériale de géographie de Vienne
par M. G. Huth, qui avait été chargé
par le gouvernement austro-hongrois
d'une mission scientifique chez les
Toungouzes. M. Huth a utilisé le chemin de fer transsibérien entre Tomsk
et Krasnoyarsk. Il y a quatre classes.
Les trains sont pourvus de tout le
confort désirable. Mais quelle len-
teur ! 11 à 13 kilomètres à l'heure. Les
haltes aux stations sont souvent de plusieurs heures. Les voyageurs demeu-
rent à distances si éloignées, et un retard de quelques minutes les obligerait
à des attentes de 24 heures ! La voie
même laisse encore beaucoup à désirer
sous le rapport de la stabilité et par suite
de la sécurité. Le conférencier constate
toutefois qu'au point de vue stratégique le nouveau chemin de fer produira
des résultats appréciables. En cas d'un
conflit avec l'Angleterre, cette dernière
mettra trente jours pour transporter
ses troupes de Liverpool par la voie du
Canada, tandis que les Russes mettront
20 jours à amener leurs troupes de
Moscou à la frontière de Chine.

Louang-Prabang. — Certains
journaux de la capitale ont annoncé,
avec force détails, l'annexion à la France
d'une grande province du Siam. Il
s'agit du Louang-Prabang. Or, c'est
avec regret que nous constatons l'ignorance, en matière de nos propres colonies, d'une grande partie de la presse.
Nos lecteurs voudront bien se repor-
ter au volume n° 44 de la *Bibliothèque
illustrée* : — Le Laos, par M. le comte de
Barthélemy. Le Louang-Prabang appartient définitivement au Laos français,
c'est-à-dire à l'Indo-Chine française, depuis 1896. La province, d'environ
600,000 hectares, renferme une population de plus de 100,000 âmes. La ville,
réunion de plusieurs villages, compte
une population de 12 à 15,000 habitants.
Le marché de Louang-Prabang pourrait
devenir l'un des centres commerciaux
les plus actifs de l'Indo-Chine ; son développement est intimement lié à la
question de la navigation du Mékong.
On sait que c'est sur la rive droite de ce
grand fleuve que se trouve située la capitale du Laos français. L'annonce, par
quelques journaux, de cette grande
conquête a eu pour résultat, paraît-il,
d'engager le gouvernement britannique
à exiger du Siam une nouvelle compensation !

OCÉANIE

Australie. — Un rapport, inédit
encore, sur la population australienne
en fixe le chiffre à près de quatre millions
et demi d'habitants, ou plus exactement 4,362,758. Ce chiffre se décom-
pose ainsi : Nouvelle-Galles du Sud,
1,311,440 ; Victoria, 1,170,304 ; Queens-
land, 480,000 ; Australie du Sud, 457,781 ;
Tasmanie, 167,072 ; Nouvelle-Zélande,

719,292. Rappelons que ce continent a
une étendue de près de 800 millions
d'hectares, soit 15 fois la France. Un
dixième au moins du continent est propre à toutes les cultures et partant fort
habitable. Le continent australien pourrait donc nourrir plus de dix fois sa
population actuelle.

P. LEMOSOF.

E. PLON, NOURRIT ET C⁰⁰, IMPRIMEURS-ÉDITEURS, rue Garancière, 10, PARIS.

CARTES VÉLO-KILOMÉTRIQUES

Au 250,000°

EN TROIS COULEURS

Indiquant les routes vélocipédiques, les côtes, pavés, altitudes, distances et la population,
les routes et chemins vicinaux; les chemins de fer, canaux, rivières; enfin, toutes les
communes et la plupart des hameaux, sur une étendue de quatre à cinq départements.

ENVIRONS DE PARIS (PARIS AU CENTRE)

A 125 kilomètres.

Comprenant : Paris — Versailles — Rambouillet — Chartres — Dreux — Évreux — Louviers
— Rouen — Les Andelys — Mantes — Pontoise — Beauvais — Clermont — Senlis — Compiègne — Soissons — Meaux — Château-Thierry — Provins — Sens — Fontainebleau —
Melun — Corbeil — Étampes.

    Prix : En feuille sous couverture. . . . . **1 fr. »**
    —   Collée sur toile et pliée pour la poche. . . . . **2 fr. 25**

ENVIRONS DE PARIS (NORD-OUEST)

A 250 kilomètres.

Comprenant : Paris — Pontoise — Mantes -- Vernon — Évreux — Les Andelys — Beauvais
— Amiens — Abbeville — Neufchâtel — Dieppe — Rouen — Yvetot — Le Havre — Trouville — Pont-l'Évêque — Pont-Audemer — Bernay — Lisieux — Caen — Falaise.

    Prix : En feuille sous couverture. . . . . **1 fr. 50**
    —   Collée sur toile et pliée pour la poche. . . . . **2 fr. 75**

ENVIRONS DE PARIS (SUD-OUEST)

A 250 kilomètres.

Comprenant : Paris — Sceaux — Versailles — Rambouillet — Étampes — Chartres — Châteaudun — Dreux — Nogent-le-Rotrou — Alençon — Argentan — Mortagne — Le Mans —
Saint-Calais — La Flèche — Mamers — Blois — Vendôme — Orléans — Pithiviers.

    Prix : En feuille sous couverture. . . . . **1 fr. 50**
    —   Collée sur toile et pliée pour la poche. . . . . **2 fr. 75**

ENVIRONS DE PARIS (NORD-EST)

A 200 kilomètres.

Comprenant : Paris — Saint-Denis — Senlis — Clermont — Compiègne — Montdidier —
Péronne — Saint-Quentin — Laon — Soissons — Château-Thierry — Vervins — Mézières —
Rethel — Rocroi — Sedan — Vouziers — Châlons-sur-Marne — Reims — Epernay — Meaux.

    Prix : En feuille sous couverture. . . . . **1 fr. 50**
    —   Collée sur toile et pliée pour la poche. . . . . **2 fr. 75**

ENVIRONS DE PARIS (SUD-EST)

A 200 kilomètres.

Comprenant : Paris — Corbeil — Melun — Fontainebleau — Montereau — Provins — Coulommiers — Vitry-le-François — Nogent-sur-Seine — Arcis-sur-Aube — Bar-sur-Seine —
Châtillon-sur-Seine — Auxerre — Tonnerre — Joigny — Sens — Montargis — Gien.

    Prix de chaque carte : En feuille sous couverture. . . . . . . **1 fr. 50**
    —   —   Collée sur toile et pliée pour la poche. . **2 fr. 75**

CARTE VÉLO-KILOMÉTRIQUE DE LA NORMANDIE

AMIENS AU MONT SAINT-MICHEL

Comprenant : Amiens — Neufchâtel — Dieppe — Rouen — Yvetot — Le Havre — Trouville — Pont-l'Évêque — Pont-Audemer — Bernay — Lisieux — Caen — Bayeux — Saint-Lô
— Valognes — Cherbourg — Coutances — Granville — Avranches — Vire — Falaise —
Argentan — Laigle.

    Prix : En feuille sous couverture. . . . . **1 fr. 50**
    —   Collée sur toile et pliée pour la poche. . . . . **2 fr. 75**

PARIS. TYPOGRAPHIE DE E. PLON, NOURRIT ET Cⁱᵉ, RUE GARANCIÈRE, 8.

MÉMENTO GÉOGRAPHIQUE

ÉVÉNEMENTS ET FAITS IMPORTANTS

Courrier de la Semaine. LXXXII. (Mai 1899).

AFRIQUE

Madagascar. — Le *Journal officiel* a publié, les 6 et 8 mai derniers, un rapport du général Gallieni sur son administration à Madagascar et sur les progrès généraux de l'île durant les trois années qui viennent de s'écouler. On sait que le gouverneur général de notre colonie est en ce moment en France où il vient prendre un repos de quelques mois.

A côté du rapport qui figure à l'*Officiel*, et dont il nous est impossible de faire ici une analyse même sommaire, nous devons en signaler un autre, rédigé sous forme d'instructions aux officiers et fonctionnaires chargés des divers services administratifs de l'île.

Le général Gallieni y fait ressortir que le Malgache, indolent plutôt que paresseux, aurait la force physique nécessaire pour tous les travaux.

Aux administrateurs à élever l'esprit de l'indigène, le travail d'un homme devenant d'autant plus productif qu'il est plus intelligent.

« .... Les populations qui nous entourent sont perfectibles ; il convient donc d'employer une politique ferme mais bienveillante et d'éducations progressives.... ».

ASIE

Les Russes en Asie. — D'après une information parvenue à la société royale écossaise de géographie, les Russes se proposeraient de faire une voie ferrée d'Alexandropol (sur la ligne actuellement en construction de Tiflis à Kars) à Joulfa, sur la frontière persane. Déjà, comme on sait, la frontière nord de l'Afghanistan (à Kouchk) est reliée à Merv (Turkestan russe), par un chemin de fer inauguré il y a trois mois environ.

La nouvelle ligne aura une longueur de 250 kilomètres environ. La région traversée est en partie (vers le milieu) complètement désertique. Les deux sections extrêmes, par contre, passent pour des pays bien cultivés.

Un embranchement ira rejoindre Erivan. Une grande partie de la Perse se trouvera ainsi rattachée par des routes stratégiques au grand empire slave.

Le coût de la nouvelle voie est estimée à 33 millions de francs.

Les ruines de Babylone vont être l'objet d'une exploration systématique que viennent d'entreprendre plusieurs savants allemands sous la direction du Dr R. Koldewey. La Babylonie a déjà été fouillée sur divers points durant la seconde moitié de notre siècle par des archéologues français et anglais. Les résultats considérables obtenus par ces différentes missions sont toutefois loin d'avoir épuisé le sujet, et les rives de l'Euphrate recèlent encore nombre de ruines et de tumulus qui intriguent fort le monde savant. On espère notamment découvrir en un endroit nommé El-Cassr, le fameux palais de Nabuchodonosor. C'est par là aussi que la mission entreprend ses recherches. L'appui assuré du sultan sera d'un puissant secours pour cette expédition.

Indo-Chine française. — *Cochinchine et Cambodge.* Nous avons signalé récemment (*mémento* n° 80) les progrès constatés dans notre colonie de la Cochinchine. La direction des douanes et régies, vient de publier le tableau du commerce général de la Cochinchine et du Cambodge durant l'année 1898. Ce tableau est fort satisfaisant. On y voit une notable augmentation du mouvement des échanges de la colonie avec les pays européens, et, ce qui est plus important, avec la métropole. Le commerce général, non compris le numéraire, s'est élevé, durant l'année 1898, à la somme de 171.083.555 francs, en augmentation de près de 17 millions, sur l'exercice de l'année 1897. Un tableau complémentaire donne les chiffres de l'accroissement de l'importation européenne depuis l'année 1894. En cinq années, 1894-1898, cet accroissement a été de 18 0/0 pour les marchandises étrangères et 133 0/0 pour les marchandises françaises. C'est donc avec raison que dans les milieux coloniaux on se félicite des résultats de nos relations avec la grande colonie de l'Indo-Chine.

L'Amérique précolombienne.— Une question qui revient périodiquement à l'ordre du jour est celle de la découverte de l'Amérique.

La Société de géographie de Washington vient d'instituer un nouveau concours pour le meilleur mémoire sur l'arrivée et le séjour des Normands (Northmen) dans le nouveau monde. Les annales chinoises parlent, d'autre part, d'un pays Fousang que les archéologues modernes croient pouvoir identifier avec le Mexique. Cette opinion est vivement combattue par le professeur E.-H. Morse, qui consacre une longue étude à ce sujet.

Rien, dit-il, dans la vie des peuples du Centre-Amérique, ne révèle une affinité quelconque avec les mœurs et coutumes des populations asiatiques. Les nations de l'Amérique centrale, vu leur état semi-civilisé, n'auraient pas manqué de s'approprier quelques unes des coutumes chinoises, ou d'emprunter à ces derniers différents outillages : charrues, roues, etc., ou des spécimens de leurs écritures. Il est pourtant universellement admis que le tabac a été introduit d'Amérique sur le vieux continent, bien avant l'époque colombienne.

République Argentine. — L'immigration dans la République Argentine ne se ralentit pas. En 1897, la République reçut 105.143 immigrés. En 1898, ce chiffre est un peu moindre, 95.188.

La majeure partie de ce contingent e fournie par l'Italie, environ le tiers nombre total des immigrants. En 189 44.678 Italiens débarquaient en Arge tine; en 1898, 39.134. L'émigration i lienne se fait par familles. Sur le chiff ci-dessus, il y avait : 24.615 homme 8.235 femmes, 3.577 garçonnets 2.708 filles. Le ministre d'Italie Buenos-Ayres, accorde tout son app aux émigrants. Le territoire des M siones se prête, parait-il, à la color sation agricole. Des terrains y ont é lotis, au prix de 5 fr. 30 environ l 100 hectares, fractionnés en cinq he tares pour ceux des colons qui ne di posent que de petits capitaux. On le accorde aussi des facilités de paiemen Le climat y est chaud mais sain. l département fédéral de l'émigration r commande particulièrement ces terrai aux colons qui disposent d'un capit d'au moins 800 fr.

Amazonie. — D'autre part, un fon tionnaire de l'Institut royal botaniq de Rome a été envoyé en mission su le cours de l'Amazone, notamme dans la province de Manao, afin d'ét dier ce pays au point de vue agr cole.

Là aussi il s'agit de trouver des te rains propices pour l'établissement familles italiennes, qui semblent déc dément se trouver beaucoup trop l'étroit dans leur péninsule !

RÉGIONS POLAIRES

Région antarctique.— Le *mémento* a parlé déjà du mouvement créé en Angleterre, par la Société royale de géographie de Londres, en faveur d'une expédition antarctique anglaise. La société a ouvert une souscription publique et s'était inscrite pour la somme de 5000 livres, (125.000 francs). Le projet ne semblait pas devoir aboutir, le gouvernement anglais s'étant désintéressé de la question.

A la suite de la décision prise par le gouvernement allemand, et en présence du succès de la mission antarctique belge de Gerlache, un revirement s'est produit dans l'opinion.

Un généreux Mécène, M. Longstaf offre la jolie somme de 25.000 livres, o 625.000 fr. Une dizaine de mille livre souscrits par divers particuliers, joint au capital fourni par la Société roya de géographie, font jusqu'à présent u total d'un million de francs. Les frai nécessaires pour équiper convenable ment deux navires se montent au tripl de ce chiffre. Aussi le monde des géo graphes, tant en Angleterre qu'en Ecosse fait-il les plus grands efforts pour pro voquer des souscriptions. Il est probabl que les Anglais se contenteront de coopé rer à l'expédition allemande dont le dé part est remis à l'année 1901.

VOYAGEURS ET GÉOGRAPHES

M. P. LABBÉ, explorateur ou plutôt touriste éclairé auquel on doit déjà de nombreux et intéressants renseignement sur le nord-est de la Russie, vient d'entreprendre un nouveau voyage. Cett fois notre intelligent compatriote s rend à l'île Sakhalien, et se propose d visiter la Mandchourie et la Corée.

P. LEMOSOF.

E. PLON, NOURRIT ET C⁰ⁱ, IMPRIMEURS-ÉDITEURS, rue Garancière, 10, PARIS

CARTES VÉLO-KILOMÉTRIQUES

Au 250,000⁰

EN TROIS COULEURS

*Indiquant les routes vélocipédiques, les côtes, pavés, altitudes, distances et la population,
les routes et chemins vicinaux; les chemins de fer, canaux, rivières; enfin, toutes les
communes et la plupart des hameaux, sur une étendue de quatre à cinq départements.*

ENVIRONS DE PARIS (PARIS AU CENTRE)

A 125 kilomètres.

Comprenant : Paris — Versailles — Rambouillet — Chartres — Dreux — Évreux — Louviers
— Rouen — Les Andelys — Mantes — Pontoise — Beauvais — Clermont — Senlis — Compiègne — Soissons — Meaux — Château-Thierry — Provins — Sens — Fontainebleau —
Melun — Corbeil — Étampes.

    Prix : En feuille sous couverture. . . . . 1 fr. »
    — Collée sur toile et pliée pour la poche. . . . . 2 fr. 25

ENVIRONS DE PARIS (NORD-OUEST)

A 250 kilomètres.

Comprenant : Paris — Pontoise — Mantes — Vernon — Évreux — Les Andelys — Beauvais
— Amiens — Abbeville — Neufchâtel — Dieppe — Rouen — Yvetot — Le Havre — Trouville — Pont-l'Évêque — Pont-Audemer — Bernay — Lisieux — Caen — Falaise.

    Prix : En feuille sous couverture. . . . . 1 fr. 50
    — Collée sur toile et pliée pour la poche. . . . . 2 fr. 75

ENVIRONS DE PARIS (SUD-OUEST)

A 250 kilomètres.

Comprenant : Paris — Sceaux — Versailles — Rambouillet — Étampes — Chartres — Châteaudun — Dreux — Nogent-le-Rotrou — Alençon — Argentan — Mortagne — Le Mans —
Saint-Calais — La Flèche — Mamers — Blois — Vendôme — Orléans — Pithiviers.

    Prix : En feuille sous couverture. . . . . 1 fr. 50
    — Collée sur toile et pliée pour la poche. . . . . 2 fr. 75

ENVIRONS DE PARIS (NORD-EST)

A 200 kilomètres.

Comprenant : Paris — Saint-Denis — Senlis — Clermont — Compiègne — Montdidier —
Péronne — Saint-Quentin — Laon — Soissons — Château-Thierry — Vervins — Mézières —
Rethel — Rocroi — Sedan — Vouziers — Châlons-sur-Marne — Reims — Epernay — Meaux.

    Prix : En feuille sous couverture. . . . . 1 fr. 50
    — Collée sur toile et pliée pour la poche. . . . . 2 fr. 75

ENVIRONS DE PARIS (SUD-EST)

A 200 kilomètres.

Comprenant : Paris — Corbeil — Melun — Fontainebleau — Montereau — Provins — Coulommiers — Vitry-le-François — Nogent-sur-Seine — Arcis-sur-Aube — Bar-sur-Seine —
Châtillon-sur-Seine — Auxerre — Tonnerre — Joigny — Sens — Montargis — Gien.

    Prix de chaque carte : En feuille sous couverture. . . . . . . 1 fr. 50
    —   — Collée sur toile et pliée pour la poche. . 2 fr. 75

CARTE VÉLO-KILOMÉTRIQUE DE LA NORMANDIE

AMIENS AU MONT SAINT-MICHEL

Comprenant : Amiens — Neufchâtel — Dieppe — Rouen — Yvetot — Le Havre — Trouville — Pont-l'Évêque — Pont-Audemer — Bernay — Lisieux — Caen — Bayeux — Saint-Lô
— Valognes — Cherbourg — Coutances — Granville — Avranches — Vire — Falaise —
Argentan — Laigle.

    Prix : En feuille sous couverture. . . . . 1 fr. 50
    — Collée sur toile et pliée pour la poche. . . . . 2 fr. 75

PARIS. TYPOGRAPHIE DE E. PLON, NOURRIT ET Cⁱᵉ, RUE GARANCIÈRE, 8.

MEMENTO GÉOGRAPHIQUE

ÉVÉNEMENTS ET FAITS IMPORTANTS

Courrier de la Semaine. LXXXIII. (Mai 1899.)

GÉNÉRALITÉS

Le tour du monde en 33 jours. — Nous avons exposé les différentes phases du chemin de fer transsibérien, montré ses nombreux avantages et même ses imperfections. Le ministère des voies et communications de Russie (analogue au ministère des travaux publics en France), pour faire valoir l'importance de la nouvelle voie, a fait établir le calcul suivant, d'après lequel, en utilisant le chemin de fer sibérien, on pourra faire le tour du monde en 33 jours :

Brème-Saint-Pétersbourg, un jour et demi; Saint-Pétersbourg-Vladisvostock, 10 jours; Vladisvostock-San-Francisco (en vapeurs sur le Pacifique), 10 jours; San-Francisco-New-Vork (voie ferrée), 4 jours 1/2; New-York-Brème (navigation), 7 jours. Actuellement, et en employant les voies les plus rapides, il faut 66 jours pour faire le tour du monde. Ceux qui voudront exécuter cette intéressante promenade auront donc au moins quelques jours pour se reposer ou pour visiter les localités intermédiaires.

Un bolide. — L'Académie des sciences a reçu une information relative à un bolide tombé au mois de mars dernier dans la mer de Finlande, près de Borgo. La mer étant gelée à cette époque de l'année, la masse de pierre a produit, en tombant sur la glace, un trou de neuf mètres de diamètre qui servit aux recherches entreprises pour le repêcher. Le météorite semble avoir un poids de plus de mille kilogrammes. L'état de la mer a empêché, jusqu'à l'heure actuelle, de retirer le bloc; mais on ne désespère pas d'y parvenir dans le courant de ce mois.

Navires brise-glace. — Le *Mémento* a déjà signalé cette invention, importante surtout pour la navigation dans les hautes latitudes, où la glace s'oppose parfois cinq ou six mois de l'année au passage des navires. C'est sur les indications de l'amiral russe Makaroff qu'une maison anglaise a construit le premier bâtiment de ce genre, l'*Ermak*, qui vient de faire ses essais. Disons, entre parenthèses, que le nom d'*Ermak* a été donné au navire en mémoire du conquérant cosaque de la Sibérie.

L'*Ermak* vient de rentrer à Cronstadt, après une croisière dans la mer de Kara, où il eut à se frayer un chemin à travers des glaçons de 1 m. 50 d'épaisseur. Ce premier essai est un triomphe à la fois pour l'amiral russe qui en a conçu le projet et pour le constructeur qui l'a exécuté. Le navire ne se distingue pas particulièrement des bâtiments ordinaires; il a une longueur de 93 mètres; sa largeur du milieu est de 21 m. 50; 12 m. 80 de creux. Sa force est de 12,000 chevaux. Il est pourvu de quatre hélices, dont deux ont pour fonction spéciale de produire une grande agitation dans l'eau et de couper la glace. Dans l'essai, l'*Ermak* a réalisé en vitesse jusqu'à 15 1/4 nœuds à l'heure. Les glaces rencontrées ont eu en épaisseur jusqu'à 7 m. 60; la marche, réduite à dix nœuds, était surtout entravée par une couche de neige d'environ 0 m. 50. Le type de l'*Ermak* a déjà été adopté, dans des proportions moindres, pour la construction des deux bâtiments qui doivent exécuter, l'année prochaine, une expédition arctique, en vue de mener un arc de méridien au Spitzberg. (Voir *Mémento* nº 71.) Ajoutons que l'*Ermak* sera employé dorénavant pour maintenir libre la mer de Kara et pour assurer l'accès aux fleuves Obi et Yenisseï.

EUROPE

Norvège. — *La pêche de la morue* sur la côte de Norvège a donné cet hiver de très mauvais résultats. Aux Loffoden, comme sur les bancs du Romsual, les marins n'ont capturé qu'une quantité de poissons inférieure au produit normal. Pour toute la Norvège, le rendement total de la pêche à la morue au milieu d'avril ne dépassait pas le chiffre de vingt-six millions de poissons, alors qu'en moyenne, à cette date, il s'élève à 48 millions. En Finmark, les résultats sont également médiocres; l'hiver se prolongeant cette année très tard, la température de la mer ne dépasse pas, paraît-il, 2º, et c'est à cette circonstance que les pêcheurs attribuent l'absence de la morue.

Angleterre. Oxford. — *Une nouvelle école de géographie.* Imitant en

cela l'exemple donné récemment en
France, où fut créé, comme on sait, à la
Sorbonne, un Institut géographique, les
Anglais ont décidé d'ouvrir dans la célèbre université d'Oxford une école de
haute géographie. L'initiative en revient
à la Société royale de géographie de
Londres, qui a voté, à cet effet, une
somme annuelle, durant cinq années,
de 400 livres ou 10,000 francs. Une
somme égale devra être fournie pour
l'administration de l'Université. Cette
dernière n'a pu, jusqu'à présent, extraire
de son budget que 300 livres, mais on
compte sur la générosité de quelque
particulier pour parfaire la somme exi-
gée.

Suisse. Population. — Au 31 décembre 1898, la population de la Suisse
était de 3,105,343, avec une augmentation de 10,814 sur l'année précédente.
Ces chiffres portent naturellement sur
la population stable, la population flot-
tante (touristes étrangers) n'arrivant
que vers le mois de juin. On a enregistré
durant l'année dernière 91,982 naissances et 59,367 décès.

Italie. — *Colonisation.* Une polémique à la fois curieuse et suggestive
est engagée en ce moment entre divers
économistes italiens sur l'opportunité
pour ce pays d'occuper le port de San-
Moun, en Chine. Les lecteurs du *Memento* connaissent déjà les visées de
nos voisins sur ce point de la Chine, que
cette dernière puissance se refuse d'ailleurs à céder. (Voir *Mémento* n° 73.) Le
professeur G Ricchieri, de l'Université
de Palerme, s'élève contre les tendances
du gouvernement italien pour engager
le pays dans cette aventure. « Si, dit-il,
nos industriels et nos commerçants ont
le désir et les capitaux nécessaires —
ce qui n'est pas le cas — pour les entreprises coloniales, qu'ils s'arrangent; le
gouvernement fera la ruine du pays
s'il l'entraîne dans les expéditions... »
Se basant sur les arguments produits à
la tribune française par M. Pelletan et
divers économistes français, Levasseur,
Dubois, Leroy-Beaulieu, etc., le savant
professeur fait ressortir — non sans
quelque raison apparente — que l'Allemagne, qui n'a jusqu'à présent rien dé-
pensé pour des colonies, réussit à enva-
hir tous les marchés du globe, et c'est
elle qui profite le plus des entreprises
coloniales des peuples européens, notamment des entreprises françaises...

AFRIQUE

Soudan français. — Le *Mémento*
a déjà signalé les efforts intelligents et
fructueux tentés par le lieutenant-
gouverneur du Trentinian pour la mise
en valeur de notre colonie du Soudan.
Un nouveau rapport de cet habile administrateur fournit aux commerçants
français des renseignements précieux
sur l'ensemble du mouvement commercial de notre colonie. Les chiffres totaux
de ce mouvement sont : 3,250,000 francs
pour l'importation, 4 millions et demi
pour l'exportation. Parmi les articles
importés d'Europe, les tissus seuls
entrent pour près de trois millions de
francs (soit exactement 2,993,000 fr.).
Le général de Trentinian fait remarquer
fort judicieusement que les tissus
forment pour les noirs les articles de
première nécessité. «...le premier besoin
qui vient au noir à notre contact, le premier luxe dont le goût se développe
chez lui est celui du vêtement. Or, il lui
est infiniment plus facile d'acheter,
moyennant quelques boules de caoutchouc, une pièce d'étoffe, que de la tirer
du pays à l'aide de son métier rudimen-
taire... » L'honorable gouverneur fait
ressortir la nécessité pour les industriels
français de suivre — malgré leur répu-
gnance — les méthodes employées avec
tant de succès par nos rivaux anglais et
belges, en fabriquant de l'étoffe de qualité inférieure afin de pouvoir l'écouler
plus rapidement, — ce qui engage le noir
à faire des achats étant le bon marché!

AMÉRIQUE

Bolivie. — *Disparition éventuelle
d'une république.* Un bruit court avec
persistance : la république de Bolivie
serait sur le point de disparaître, comme
État indépendant, bien entendu. Les
difficultés intérieures auxquelles le pays
est en butte, ses querelles fréquentes
avec les pays voisins : Chili et République Argentine, engageraient ceux-ci
à se partager le territoire, comme les
États européens se sont partagé la Po-
logne. Un fort parti antinational créé et
développé dans le sein même de la
république contribuerait puissamment
à sa désagrégation. D'autre part, sur les
4,500,000 individus dont se compose la
population de ce vaste pays (130 millions d'hectares environ), une très
grande partie, Indiens demi-sauvages,
n'ont naturellement aucune notion de
patrie et sont facilement enrôlés dans
les divers camps politiques opposés.
D'où de nombreux conflits.

P. Lemosof.

CARTES VÉLO-KILOMÉTRIQUES

Au 250,000·

EN TROIS COULEURS

*Indiquant les routes vélocipédiques, les côtes, pavés, altitudes, distances et la population,
les routes et chemins vicinaux; les chemins de fer, canaux, rivières; enfin, toutes les
communes et la plupart des hameaux, sur une étendue de quatre à cinq départements.*

ENVIRONS DE PARIS (PARIS AU CENTRE)
A 125 kilomètres.

Comprenant : Paris — Versailles — Rambouillet — Chartres — Dreux — Évreux — Louviers
— Rouen — Les Andelys — Mantes — Pontoise — Beauvais — Clermont — Senlis — Compiègne — Soissons — Meaux — Château-Thierry — Provins — Sens — Fontainebleau —
Melun — Corbeil — Étampes.

Prix : En feuille sous couverture. . . . . 1 fr. »
— Collée sur toile et pliée pour la poche. . . . . 2 fr. 25

ENVIRONS DE PARIS (NORD-OUEST)
A 250 kilomètres.

Comprenant : Paris — Pontoise — Mantes — Vernon — Évreux — Les Andelys — Beauvais
— Amiens — Abbeville — Neufchâtel — Dieppe — Rouen — Yvetot - Le Havre — Trouville — Pont-l'Évêque — Pont-Audemer — Bernay — Lisieux — Caen — Falaise.

Prix : En feuille sous couverture. . . . . 1 fr. 50
— Collée sur toile et pliée pour la poche. . . . . 2 fr. 75

ENVIRONS DE PARIS (SUD-OUEST)
A 250 kilomètres.

Comprenant : Paris — Sceaux — Versailles — Rambouillet — Étampes — Chartres — Châteaudun — Dreux — Nogent-le-Rotrou — Alençon — Argentan — Mortagne — Le Mans —
Saint-Calais — La Flèche — Mamers — Blois — Vendôme — Orléans — Pithiviers.

Prix : En feuille sous couverture. . . . . 1 fr. 50
— Collée sur toile et pliée pour la poche. . . . . 2 fr. 75

ENVIRONS DE PARIS (NORD-EST)
A 200 kilomètres.

Comprenant : Paris — Saint-Denis — Senlis — Clermont — Compiègne — Montdidier —
Péronne — Saint-Quentin — Laon — Soissons — Château-Thierry — Vervins — Mézières —
Rethel — Rocroi — Sedan — Vouziers — Châlons-sur-Marne — Reims — Epernay — Meaux.

Prix : En feuille sous couverture. . . . . 1 fr. 50
— Collée sur toile et pliée pour la poche. . . . . 2 fr. 75

ENVIRONS DE PARIS (SUD-EST)
A 200 kilomètres.

Comprenant : Paris — Corbeil — Melun — Fontainebleau — Montereau — Provins — Coulommiers — Vitry-le-François — Nogent-sur-Seine — Arcis-sur-Aube — Bar-sur-Seine —
Châtillon-sur-Seine — Auxerre — Tonnerre — Joigny — Sens — Montargis — Gien.

Prix de chaque carte : En feuille sous couverture. . . . . . . 1 fr. 50
— — Collée sur toile et pliée pour la poche. . 2 fr. 75

CARTE VÉLO-KILOMÉTRIQUE DE LA NORMANDIE

AMIENS AU MONT SAINT-MICHEL

Comprenant : Amiens — Neufchâtel — Dieppe — Rouen — Yvetot — Le Havre — Trouville — Pont-l'Évêque — Pont-Audemer — Bernay — Lisieux — Caen — Bayeux — Saint-Lô
— Valognes — Cherbourg — Coutances — Granville — Avranches — Vire — Falaise —
Argentan — Laigle.

Prix : En feuille sous couverture. . . . . 1 fr. 50
— Collée sur toile et pliée pour la poche. . . . . 2 fr. 75

N° 63 — Il parait un volume par semaine. — 15 CENT.

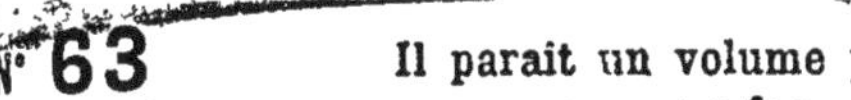

BIBLIOTHÈQUE ILLUSTRÉE DES VOYAGES
AUTOUR DU MONDE
PAR TERRE & PAR MER
DIRECTEUR : C. SIMOND

COMTE GOBLET D'AVIELLA

Le Sahara algérien

El-Ouad — Touggourt

LIBRAIRIE PLON — Rue Garancière 8 — PARIS

VOLUMES PARUS

PLAN DE LA PUBLICATION

Les livres qui parlent des explorations et voyages sont lus avec avidité, cités, commentés, traduits partout.

Ils seraient, dès qu'ils paraissent, dans les mains de cent mille personnes s'ils ne coûtaient trop cher.

La *Bibliothèque illustrée des Voyages autour du monde par terre et par mer* les rend accessibles à tous par la modicité de son prix.

Elle a obtenu un accueil empressé auprès du grand public, grâce à l'importance de ses auteurs, au choix des sujets, qui sont empruntés le plus souvent à l'actualité; grâce aussi à l'abondance, à la variété, à la beauté et à l'exactitude des illustrations (plans, cartes, portraits, vues), aux préfaces, aux annotations et renseignements bibliographiques qui accompagnent chaque fascicule. Le *Mémento (Courrier de la semaine)* raconte et explique tout ce qui, dans le domaine géographique, colonial, etc., offre un intérêt actuel.

La *Bibliothèque illustrée des Voyages autour du monde* se compose d'ouvrages français d'une haute valeur, d'ouvrages étrangers traduits avec soin, de travaux inédits. Sous une direction compétente qui a déjà été couronnée par l'Académie française pour une collection analogue, elle a comme collaborateurs l'élite des écrivains contemporains de la France, de l'Angleterre, de l'Allemagne, de la Russie, de la Suède, de la Norvège, de l'Italie et des deux Amériques.

Nouvelle Prime Gratuite

A TOUS LES ABONNÉS ET ACHETEURS AU NUMÉRO

LES GRANDES EXPLORATIONS
ET DÉCOUVERTES GÉOGRAPHIQUES

Depuis la plus haute antiquité jusqu'à la fin du XIXe siècle (1899).

Cet ouvrage, en préparation, entièrement inédit, et le seul de ce genre publié jusqu'ici en France ou ailleurs, donne **LE TRACÉ COMPLET ET DISTINCT DE TOUS LES ITINÉRAIRES** suivis par les grands explorateurs et voyageurs. C'est le complément de tous les atlas, le guide indispensable à consulter sans cesse dans toutes les études, lectures ou leçons relatives à la géographie ancienne et moderne. Grâce à une méthode synoptique et synchronique, ces tracés, exécutés avec le plus grand soin et avec une exactitude documentaire, permettent de suivre, d'époque en époque, d'une manière comparée, l'histoire et l'expansion coloniales de chaque peuple.

Tout acheteur des numéros 53 à 102 recevra gratuitement cette prime dont on appréciera la valeur. Pour y avoir droit, il suffit d'envoyer à l'éditeur E. PLON, NOURRIT et Cᵢᵉ, soit directement, soit par l'intermédiaire du libraire, les bulletins à découper de 53 à 102 qui figurent à l'avant-dernière page de chaque livraison.

N. B. — Les nouveaux abonnés et acheteurs qui, pour recevoir toute la collection, demanderont la première année recevront pour 9 francs *(France)* ou 11 francs *(Union postale)* les 52 numéros, et, en outre, l'**ATLAS UNIVERSEL**, qui se vend séparément 1 fr. 50.

PARIS. TYP DE E. PLON, NOURRIT ET Cᵢᵉ, 8, RUE GARANCIÈRE.

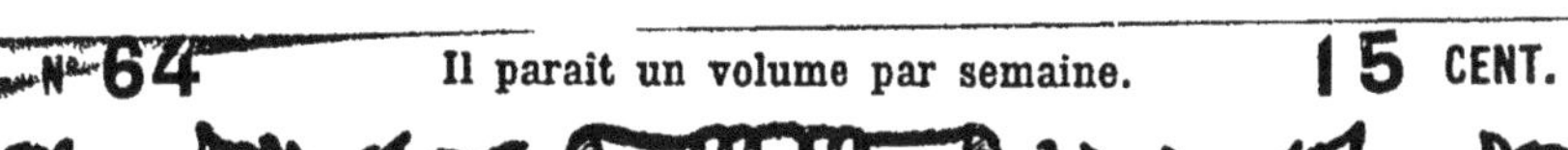

BIBLIOTHÈQUE ILLUSTRÉE
DES VOYAGES
AUTOUR DU MONDE
PAR TERRE & PAR MER
DIRECTEUR : C. SIMOND

ACHILLE ET RENÉ GARNIER

Tanger
La ville des chiens

BIBLIOTHÈQUE ILLUSTRÉE

DES

Voyages autour du Monde

PAR TERRE ET PAR MER

DIRECTEUR : C. SIMOND

Éditeurs : E. PLON, NOURRIT et Cⁱᵉ, 10, rue Garancière, PARIS

IL PARAIT UN VOLUME PAR SEMAINE

Chaque volume contient 34 pages de texte, en caractères neufs, enrichies de 12 à 20 gravures d'après les photographies et dessins originaux fournis par les voyageurs eux-mêmes. Des cartes et plans permettent de suivre le récit. Un *Courrier de la semaine* tient au courant de tous les événements se rattachant à la géographie et donne ainsi à chaque fascicule la valeur de l'actualité.

PRIX DE CHAQUE VOLUME EN LIBRAIRIE : **15** CENT.
PAR LA POSTE : **20** CENT.

En vente chez tous les libraires et marchands de journaux, dans les gares et chez l'Éditeur.

ABONNEMENT

AUX 52 VOLUMES D'UNE ANNÉE

France. . . . . **9** francs
Union postale. . . . . **11** —

Les abonnements partent du 1ᵉʳ numéro de chaque mois.
Le service des abonnés est remis à la poste le jeudi de chaque semaine.

Pour s'abonner, envoyer à **MM. E. PLON, NOURRIT et Cⁱᵉ**, Éditeurs, 8 et 10, rue Garancière, PARIS, le montant de l'abonnement en mandat-poste, timbres-poste français ou valeur à vue sur Paris. On peut également s'abonner chez tous les libraires.

VOLUMES PARUS

PLAN DE LA PUBLICATION

Les livres qui parlent des explorations et voyages sont lus avec avidité, cités, commentés, traduits partout.

Ils seraient, dès qu'ils paraissent, dans les mains de cent mille personnes s'ils ne coûtaient trop cher.

La *Bibliothèque illustrée des Voyages autour du monde par terre et par mer* les rend accessibles à tous par la modicité de son prix.

Elle a obtenu un accueil empressé auprès du grand public, grâce à l'importance de ses auteurs, au choix des sujets, qui sont empruntés le plus souvent à l'actualité; grâce aussi à l'abondance, à la variété, à la beauté et à l'exactitude des illustrations (plans, cartes, portraits, vues), aux préfaces, aux annotations et renseignements bibliographiques qui accompagnent chaque fascicule. Le *Mémento* (*Courrier de la semaine*) raconte et explique tout ce qui, dans le domaine géographique, colonial, etc., offre un intérêt actuel.

La *Bibliothèque illustrée des Voyages autour du monde* se compose d'ouvrages français d'une haute valeur, d'ouvrages étrangers traduits avec soin, de travaux inédits. Sous une direction compétente qui a déjà été couronnée par l'Académie française pour une collection analogue, elle a comme collaborateurs l'élite des écrivains contemporains de la France, de l'Angleterre, de l'Allemagne, de la Russie, de la Suède, de la Norvège, de l'Italie et des deux Amériques.

Nouvelle Prime Gratuite

A TOUS LES ABONNÉS ET ACHETEURS AU NUMÉRO

LES GRANDES EXPLORATIONS
ET DÉCOUVERTES GÉOGRAPHIQUES

Depuis la plus haute antiquité jusqu'à la fin du XIXᵉ siècle (1899).

Cet ouvrage, en préparation, entièrement inédit, et le seul de ce genre publié jusqu'ici en France ou ailleurs, donne **LE TRACÉ COMPLET ET DISTINCT DE TOUS LES ITINÉRAIRES** suivis par les grands explorateurs et voyageurs. C'est le complément de tous les atlas, le guide indispensable à consulter sans cesse dans toutes les études, lectures ou leçons relatives à la géographie ancienne et moderne. Grâce à une méthode synoptique et synchronique, ces tracés, exécutés avec le plus grand soin et avec une exactitude documentaire, permettent de suivre, d'époque en époque, d'une manière comparée, l'histoire et l'expansion coloniales de chaque peuple.

Tout acheteur des numéros 53 à 102 recevra gratuitement cette prime dont on appréciera la valeur. Pour y avoir droit, il suffit d'envoyer à l'éditeur E. PLON, NOURRIT et Cⁱᵉ, soit directement, soit par l'intermédiaire du libraire, les bulletins à découper de 53 à 102 qui figurent à l'avant-dernière page de chaque livraison.

N. B. — Les nouveaux abonnés et acheteurs qui, pour recevoir toute la collection, demanderont la première année recevront pour 9 francs (*France*) ou 11 francs (*Union postale*) les 52 numéros et, en outre, **l'ATLAS UNIVERSEL**, qui se vend séparément 1 fr. 50.

PARIS. TYP. DE E. PLON, NOURRIT ET Cⁱᵉ, 8, RUE GARANCIÈRE.

BIBLIOTHÈQUE ILLUSTRÉE
DES VOYAGES
AUTOUR DU MONDE
PAR TERRE & PAR MER
DIRECTEUR : C. SIMOND
MARCEL MONNIER
Cajamarca
La capitale de l'Inca
LIBRAIRIE·PLON·Rue·GARANCIÈRE·8·PARIS

VOLUMES PARUS

PLAN DE LA PUBLICATION

Les livres qui parlent des explorations et voyages sont lus avec avidité, cités, commentés, traduits partout.

Ils seraient, dès qu'ils paraissent, dans les mains de cent mille personnes s'ils ne coûtaient trop cher.

La *Bibliothèque illustrée des Voyages autour du monde par terre et par mer* les rend accessibles à tous par la modicité de son prix.

Elle a obtenu un accueil empressé auprès du grand public, grâce à l'importance de ses auteurs, au choix des sujets, qui sont empruntés le plus souvent à l'actualité; grâce aussi à l'abondance, à la variété, à la beauté et à l'exactitude des illustrations (plans, cartes, portraits, vues), aux préfaces, aux annotations et renseignements bibliographiques qui accompagnent chaque fascicule. Le *Mémento (Courrier de la semaine)* raconte et explique tout ce qui, dans le domaine géographique, colonial, etc., offre un intérêt actuel.

La *Bibliothèque illustrée des Voyages autour du monde* se compose d'ouvrages français d'une haute valeur, d'ouvrages étrangers traduits avec soin, de travaux inédits. Sous une direction compétente qui a déjà été couronnée par l'Académie française pour une collection analogue, elle a comme collaborateurs l'élite des écrivains contemporains de la France, de l'Angleterre, de l'Allemagne, de la Russie, de la Suède, de la Norvège, de l'Italie et des deux Amériques.

Nouvelle Prime Gratuite

A TOUS LES ABONNÉS ET ACHETEURS AU NUMÉRO

LES GRANDES EXPLORATIONS

ET DÉCOUVERTES GÉOGRAPHIQUES

Depuis la plus haute antiquité jusqu'à la fin du XIXe siècle (1899).

Cet ouvrage, en préparation, entièrement inédit, et le seul de ce genre publié jusqu'ici en France ou ailleurs, donne **LE TRACÉ COMPLET ET DISTINCT DE TOUS LES ITINÉRAIRES** suivis par les grands explorateurs et voyageurs. C'est le complément de tous les atlas, le guide indispensable à consulter sans cesse dans toutes les études, lectures ou leçons relatives à la géographie ancienne et moderne. Grâce à une méthode synoptique et synchronique, ces tracés, exécutés avec le plus grand soin et avec une exactitude documentaire, permettent de suivre, d'époque en époque, d'une manière comparée, l'histoire et l'expansion coloniales de chaque peuple.

Tout acheteur des numéros 53 à 102 recevra gratuitement cette prime dont on appréciera la valeur. Pour y avoir droit, il suffit d'envoyer à l'éditeur E. PLON, NOURRIT et Cⁱᵉ, soit directement, soit par l'intermédiaire du libraire, les bulletins à découper de 53 à 102 qui figurent à l'avant-dernière page de chaque livraison.

N. B. — Les nouveaux abonnés et acheteurs qui, pour recevoir toute la collection, demanderont la première année recevront pour 9 francs (*France*) ou 11 francs (*Union postale*) les 52 numéros et, en outre, l'**ATLAS UNIVERSEL**, qui se vend séparément 1 fr. 50.

PARIS. TYP. DE E. PLON, NOURRIT ET Cⁱᵉ, 8, RUE GARANCIÈRE.

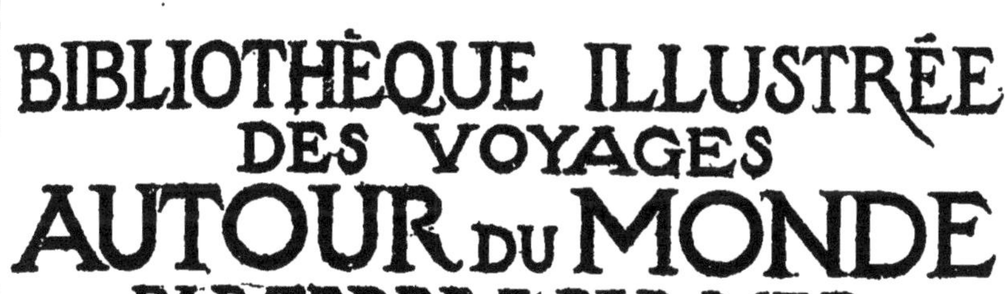

BIBLIOTHÈQUE ILLUSTRÉE
DES VOYAGES
AUTOUR DU MONDE
PAR TERRE & PAR MER
DIRECTEUR : C. SIMOND

GASTON DE BEZAURE

Le Pays
du Fleuve Bleu

LIBRAIRIE PLON, R. GARANCIÈRE 8, PARIS

VOLUMES PARUS

PLAN DE LA PUBLICATION

Les livres qui parlent des explorations et voyages sont lus avec avidité, cités, commentés, traduits partout.

Ils seraient, dès qu'ils paraissent, dans les mains de cent mille personnes s'ils ne coûtaient trop cher.

La *Bibliothèque illustrée des Voyages autour du monde par terre et par mer* les rend accessibles à tous par la modicité de son prix.

Elle a obtenu un accueil empressé auprès du grand public, grâce à l'importance de ses auteurs, au choix des sujets, qui sont empruntés le plus souvent à l'actualité; grâce aussi à l'abondance, à la variété, à la beauté et à l'exactitude des illustrations (plans, cartes, portraits, vues), aux préfaces, aux annotations et renseignements bibliographiques qui accompagnent chaque fascicule. Le *Mémento* (*Courrier de la semaine*) raconte et explique tout ce qui, dans le domaine géographique, colonial, etc., offre un intérêt actuel.

La *Bibliothèque illustrée des Voyages autour du monde* se compose d'ouvrages français d'une haute valeur, d'ouvrages étrangers traduits avec soin, de travaux inédits. Sous une direction compétente qui a déjà été couronnée par l'Académie française pour une collection analogue, elle a comme collaborateurs l'élite des écrivains contemporains de la France, de l'Angleterre, de l'Allemagne, de la Russie, de la Suède, de la Norvège, de l'Italie et des deux Amériques.

Nouvelle Prime Gratuite

A TOUS LES ABONNÉS ET ACHETEURS AU NUMÉRO

LES GRANDES EXPLORATIONS

ET DÉCOUVERTES GÉOGRAPHIQUES

Depuis la plus haute antiquité jusqu'à la fin du XIXe siècle (1899).

Cet ouvrage, en préparation, entièrement inédit, et le seul de ce genre publié jusqu'ici en France ou ailleurs, donne **LE TRACÉ COMPLET ET DISTINCT DE TOUS LES ITINÉRAIRES** suivis par les grands explorateurs et voyageurs. C'est le complément de tous les atlas, le guide indispensable à consulter sans cesse dans toutes les études, lectures ou leçons relatives à la géographie ancienne et moderne. Grâce à une méthode synoptique et synchronique, ces tracés, exécutés avec le plus grand soin et avec une exactitude documentaire, permettent de suivre, d'époque en époque, d'une manière comparée, l'histoire et l'expansion coloniales de chaque peuple.

Tout acheteur des numéros 53 à 102 recevra gratuitement cette prime dont on appréciera la valeur. Pour y avoir droit, il suffit d'envoyer à l'éditeur E. PLON, NOURRIT et Cie, soit directement, soit par l'intermédiaire du libraire, les bulletins à découper de 53 à 102 qui figurent à l'avant-dernière page de chaque livraison.

N. B. — Les nouveaux abonnés et acheteurs qui, pour recevoir toute la collection, demanderont la première année recevront pour 9 francs (*France*) ou 11 francs (*Union postale*) les 52 numéros et, en outre, l'**ATLAS UNIVERSEL**, qui se vend séparément 1 fr. 50.

PARIS. TYP. DE E. PLON, NOURRIT ET Cie, 8, RUE GARANCIÈRE.

BIBLIOTHÈQUE ILLUSTRÉE
DES VOYAGES
AUTOUR DU MONDE
PAR TERRE & PAR MER
DIRECTEUR : C. SIMOND
PAUL CLAVERIE
De Dakar
à Saint-Louis
LIBRAIRIE PLON · RUE GARANCIÈRE 8 · PARIS

VOLUMES PARUS

PLAN DE LA PUBLICATION

Les livres qui parlent des explorations et voyages sont lus avec avidité, cités, commentés, traduits partout.

Ils seraient, dès qu'ils paraissent, dans les mains de cent mille personnes s'ils ne coûtaient trop cher.

La *Bibliothèque illustrée des Voyages autour du monde par terre et par mer* les rend accessibles à tous par la modicité de son prix.

Elle a obtenu un accueil empressé auprès du grand public, grâce à l'importance de ses auteurs, au choix des sujets, qui sont empruntés le plus souvent à l'actualité; grâce aussi à l'abondance, à la variété, à la beauté et à l'exactitude des illustrations (plans, cartes, portraits, vues), aux préfaces, aux annotations et renseignements bibliographiques qui accompagnent chaque fascicule. Le *Mémento* (*Courrier de la semaine*) raconte et explique tout ce qui, dans le domaine géographique, colonial, etc., offre un intérêt actuel.

La *Bibliothèque illustrée des Voyages autour du monde* se compose d'ouvrages français d'une haute valeur, d'ouvrages étrangers traduits avec soin, de travaux inédits. Sous une direction compétente qui a déjà été couronnée par l'Académie française pour une collection analogue, elle a comme collaborateurs l'élite des écrivains contemporains de la France, de l'Angleterre, de l'Allemagne, de la Russie, de la Suède, de la Norvège, de l'Italie et des deux Amériques.

Nouvelle Prime Gratuite

A TOUS LES ABONNÉS ET ACHETEURS AU NUMÉRO

LES GRANDES EXPLORATIONS
ET DÉCOUVERTES GÉOGRAPHIQUES

Depuis la plus haute antiquité jusqu'à la fin du XIXe siècle (1899).

Cet ouvrage, en préparation, entièrement inédit, et le seul de ce genre publié jusqu'ici en France ou ailleurs, donne **LE TRACÉ COMPLET ET DISTINCT DE TOUS LES ITINÉRAIRES** suivis par les grands explorateurs et voyageurs. C'est le complément de tous les atlas, le guide indispensable à consulter sans cesse dans toutes les études, lectures ou leçons relatives à la géographie ancienne et moderne. Grâce à une méthode synoptique et synchronique, ces tracés, exécutés avec le plus grand soin et avec une exactitude documentaire, permettent de suivre, d'époque en époque, d'une manière comparée, l'histoire et l'expansion coloniales de chaque peuple.

Tout acheteur des numéros 53 à 102 recevra gratuitement cette prime dont on appréciera la valeur. Pour y avoir droit, il suffit d'envoyer à l'éditeur E. PLON, NOURRIT et Cie, soit directement, soit par l'intermédiaire du libraire, les bulletins à découper de 53 à 102 qui figurent à l'avant-dernière page de chaque livraison.

N. B. — Les nouveaux abonnés et acheteurs qui, pour recevoir toute la collection, demanderont la première année recevront pour 9 francs (*France*) ou 11 francs (*Union postale*) les 52 numéros et, en outre, l'**ATLAS UNIVERSEL**, qui se vend séparément 1 fr. 50.

PARIS. TYP. DE E. PLON, NOURRIT ET Cie, 3, RUE GARANCIÈRE.

68
Il paraît un volume par semaine.
15 CENT.
BIBLIOTHÈQUE ILLUSTRÉE
DES VOYAGES
AUTOUR DU MONDE
PAR TERRE & PAR MER
DIRECTEUR : C. SIMOND
VICTOR GUÉRIN
Jérusalem
LIBRAIRIE PLON — RUE GARANCIÈRES, PARIS

VOLUMES PARUS

PLAN DE LA PUBLICATION

Les livres qui parlent des explorations et voyages sont lus avec avidité, cités, commentés, traduits partout.

Ils seraient, dès qu'ils paraissent, dans les mains de cent mille personnes s'ils ne coûtaient trop cher.

La *Bibliothèque illustrée des Voyages autour du monde par terre et par mer* les rend accessibles à tous par la modicité de son prix.

Elle a obtenu un accueil empressé auprès du grand public, grâce à l'importance de ses auteurs, au choix des sujets, qui sont empruntés le plus souvent à l'actualité; grâce aussi à l'abondance, à la variété, à la beauté et à l'exactitude des illustrations (plans, cartes, portraits, vues), aux préfaces, aux annotations et renseignements bibliographiques qui accompagnent chaque fascicule. Le *Mémento (Courrier de la semaine)* raconte et explique tout ce qui, dans le domaine géographique, colonial, etc., offre un intérêt actuel.

La *Bibliothèque illustrée des Voyages autour du monde* se compose d'ouvrages français d'une haute valeur, d'ouvrages étrangers traduits avec soin, de travaux inédits. Sous une direction compétente qui a déjà été couronnée par l'Académie française pour une collection analogue, elle a comme collaborateurs l'élite des écrivains contemporains de la France, de l'Angleterre, de l'Allemagne, de la Russie, de la Suède, de la Norvège, de l'Italie et des deux Amériques.

Nouvelle Prime Gratuite

A TOUS LES ABONNÉS ET ACHETEURS AU NUMÉRO

LES GRANDES EXPLORATIONS
ET DÉCOUVERTES GÉOGRAPHIQUES

Depuis la plus haute antiquité jusqu'à la fin du XIXe siècle (1899).

Cet ouvrage, en préparation, entièrement inédit, et le seul de ce genre publié jusqu'ici en France ou ailleurs, donne **LE TRACÉ COMPLET ET DISTINCT DE TOUS LES ITINÉRAIRES** suivis par les grands explorateurs et voyageurs. C'est le complément de tous les atlas, le guide indispensable à consulter sans cesse dans toutes les études, lectures ou leçons relatives à la géographie ancienne et moderne. Grâce à une méthode synoptique et synchronique, ces tracés, exécutés avec le plus grand soin et avec une exactitude documentaire, permettent de suivre, d'époque en époque, d'une manière comparée, l'histoire et l'expansion coloniales de chaque peuple.

Tout acheteur des numéros **53 à 102** recevra gratuitement cette prime dont on appréciera la valeur. Pour y avoir droit, il suffit d'envoyer à l'éditeur E. PLON, NOURRIT et Cⁱᵉ, soit directement, soit par l'intermédiaire du libraire, les bulletins à découper de **53 à 102** qui figurent à l'avant-dernière page de chaque livraison.

N. B. — Les nouveaux abonnés et acheteurs qui, pour recevoir toute la collection, demanderont la première année recevront pour 9 francs *(France)* ou 11 francs *(Union postale)* les 52 numéros et, en outre, l'**ATLAS UNIVERSEL**, qui se vend séparément 1 fr. 50.

PARIS. TYP. DE E. PLON, NOURRIT ET Cⁱᵉ, 8, RUE GARANCIÈRE.

N° 69 — Il paraît un volume par semaine. — 15 CENT.

BIBLIOTHÈQUE ILLUSTRÉE
DES VOYAGES
AUTOUR DU MONDE
PAR TERRE & PAR MER
DIRECTEUR : C. SIMOND

GEORGES BRUEL

L'Oubangui

LIBRAIRIE PLON — R. GARANCIÈRE 8. PARIS

PLAN DE LA PUBLICATION

Les livres qui parlent des explorations et voyages sont lus avec avidité, cités, commentés, traduits partout.

Ils seraient, dès qu'ils paraissent, dans les mains de cent mille personnes s'ils ne coûtaient trop cher.

La *Bibliothèque illustrée des Voyages autour du monde par terre et par mer* les rend accessibles à tous par la modicité de son prix.

Elle a obtenu un accueil empressé auprès du grand public, grâce à l'importance de ses auteurs, au choix des sujets, qui sont empruntés le plus souvent à l'actualité; grâce aussi à l'abondance, à la variété, à la beauté et à l'exactitude des illustrations (plans, cartes, portraits, vues), aux préfaces, aux annotations et renseignements bibliographiques qui accompagnent chaque fascicule. Le *Mémento* (*Courrier de la semaine*) raconte et explique tout ce qui, dans le domaine géographique, colonial, etc, offre un intérêt actuel.

La *Bibliothèque illustrée des Voyages autour du monde* se compose d'ouvrages français d'une haute valeur, d'ouvrages étrangers traduits avec soin, de travaux inédits. Sous une direction compétente qui a déjà été couronnée par l'Académie française pour une collection analogue, elle a comme collaborateurs l'élite des écrivains contemporains de la France, de l'Angleterre, de l'Allemagne, de la Russie, de la Suède, de la Norvège, de l'Italie et des deux Amériques.

Nouvelle Prime Gratuite

LES GRANDES EXPLORATIONS

ET DÉCOUVERTES GÉOGRAPHIQUES

Depuis la plus haute antiquité jusqu'à la fin du XIX⁰ siècle (1899).

Cet ouvrage, en préparation, entièrement inédit, et le seul de ce genre publié jusqu'ici en France ou ailleurs, donne **LE TRACÉ COMPLET ET DISTINCT DE TOUS LES ITINÉRAIRES** suivis par les grands explorateurs et voyageurs. C'est le complément de tous les atlas, le guide indispensable à consulter sans cesse dans toutes les études, lectures ou leçons relatives à la géographie ancienne et moderne. Grâce à une méthode synoptique et synchronique, ces tracés, exécutés avec le plus grand soin et avec une exactitude documentaire, permettent de suivre, d'époque en époque, d'une manière comparée, l'histoire et l'expansion coloniales de chaque peuple.

Tout acheteur des numéros 53 à 102 recevra gratuitement cette prime dont on appréciera la valeur. Pour y avoir droit, il suffit d'envoyer à l'éditeur E. PLON, NOURRIT et Cⁱᵉ, soit directement, soit par l'intermédiaire du libraire, les bulletins à découper de 53 à 102 qui figurent à l'avant-dernière page de chaque livraison.

N. B. — Les nouveaux abonnés et acheteurs qui, pour recevoir toute la collection, demanderont la première année recevront pour 9 francs (*France*) ou 11 francs (*Union postale*) les 12 numéros et, en outre, l'**ATLAS UNIVERSEL**, qui se vend séparément 1 fr. 50.

BIBLIOTHÈQUE ILLUSTRÉE
DES VOYAGES
AUTOUR DU MONDE
PAR TERRE & PAR MER
DIRECTEUR : C. SIMOND

NAPOLÉON NEY

Tiflis

BIBLIOTHÈQUE ILLUSTRÉE

DES

Voyages autour du Monde

PAR TERRE ET PAR MER

DIRECTEUR : C. SIMOND

Éditeurs : E. PLON, NOURRIT et Cⁱᵉ, 10, rue Garancière, PARIS

IL PARAIT UN VOLUME PAR SEMAINE

Chaque volume contient 34 pages de texte, en caractères neufs, enrichies de 12 à 20 gravures d'après les photographies et dessins originaux fournis par les voyageurs eux-mêmes. Des cartes et plans permettent de suivre le récit. Un *Courrier de la semaine* tient au courant de tous les événements se rattachant à la géographie et donne ainsi à chaque fascicule la valeur de l'actualité.

PRIX DE CHAQUE VOLUME EN LIBRAIRIE : **15** CENT.
PAR LA POSTE : **20** CENT.

En vente chez tous les libraires et marchands de journaux, dans les gares et chez l'Éditeur.

ABONNEMENT

AUX 52 VOLUMES D'UNE ANNÉE

France. . . . . **9** francs
Union postale. . . . . **11** —

Les abonnements partent du 1ᵉʳ numéro de chaque mois.
Le service des abonnés est remis à la poste le jeudi de chaque semaine.

Pour s'abonner, envoyer à **MM. E. PLON, NOURRIT et Cⁱᵉ**, Éditeurs, **8 et 10, rue Garancière, PARIS**, le montant de l'abonnement en mandat-poste, timbres-poste français ou valeur à vue sur Paris. On peut également s'abonner chez tous les libraires.

VOLUMES PARUS

PLAN DE LA PUBLICATION

Les livres qui parlent des explorations et voyages sont lus avec avidité, cités, commentés, traduits partout.

Ils seraient, dès qu'ils paraissent, dans les mains de cent mille personnes s'ils ne coûtaient trop cher.

La *Bibliothèque illustrée des Voyages autour du monde par terre et par mer* les rend accessibles à tous par la modicité de son prix.

Elle a obtenu un accueil empressé auprès du grand public. grâce à l'importance de ses auteurs, au choix des sujets, qui sont empruntés le plus souvent à l'actualité; grâce aussi à l'abondance, à la variété, à la beauté et à l'exactitude des illustrations (plans. cartes, portraits, vues), aux préfaces, aux annotations et renseignements bibliographiques qui accompagnent chaque fascicule. Le *Mémento* (*Courrier de la semaine*) raconte et explique tout ce qui, dans le domaine géographique, colonial, etc., offre un intérêt actuel.

La *Bibliothèque illustrée des Voyages autour du monde* se compose d'ouvrages français d'une haute valeur, d'ouvrages étrangers traduits avec soin, de travaux inédits Sous une direction compétente qui a déjà été couronnée par l'Académie française pour une collection analogue, elle a comme collaborateurs l'élite des écrivains contemporains de la France, de l'Angleterre, de l'Allemagne, de la Russie, de la Suède, de la Norvège, de l'Italie et des deux Amériques.

Nouvelle Prime Gratuite

A TOUS LES ABONNÉS ET ACHETEURS AU NUMÉRO

LES GRANDES EXPLORATIONS
ET DÉCOUVERTES GÉOGRAPHIQUES

Depuis la plus haute antiquité jusqu'à la fin du XIX⁰ siècle (1899).

Cet ouvrage, en préparation, entièrement inédit, et le seul de ce genre publié jusqu'ici en France ou ailleurs, donne **LE TRACÉ COMPLET ET DISTINCT DE TOUS LES ITINÉRAIRES** suivis par les grands explorateurs et voyageurs. C'est le complément de tous les atlas, le guide indispensable à consulter sans cesse dans toutes les études. lectures ou leçons relatives à la géographie ancienne et moderne. Grâce à une méthode synoptique et synchronique, ces tracés, exécutés avec le plus grand soin et avec une exactitude documentaire, permettent de suivre, d'époque en époque, d'une manière comparée, l'histoire et l'expansion coloniales de chaque peuple.

Tout acheteur des numéros 53 à 102 recevra gratuitement cette prime dont on appréciera la valeur. Pour y avoir droit, il suffit d'envoyer à l'éditeur E. PLON, NOURRIT et Cⁱᵉ, soit directement, soit par l'intermédiaire du libraire, les bulletins à découper de 53 à 102 qui figurent à l'avant-dernière page de chaque livraison.

N. B. — Les nouveaux abonnés et acheteurs qui, pour recevoir toute la collection, demanderont la première année recevront pour 9 francs *(France)* ou 11 francs *(Union postale)* les 52 numéros et, en outre, l'**ATLAS UNIVERSEL**, qui se vend séparément 1 fr. 50.

PARIS. TYP. DE E. PLON, NOURRIT ET Cⁱᵉ, 8, RUE GARANCIÈRE.

N° 71
Il paraît un volume par semaine.
15 CENT.
BIBLIOTHÈQUE ILLUSTRÉE
DES VOYAGES
AUTOUR DU MONDE
PAR TERRE & PAR MER
DIRECTEUR : C. SIMOND
GABRIEL BONVALOT
Tachkent
LIBRAIRIE PLON · RUE GARANCIÈRE 8 · PARIS

BIBLIOTHÈQUE ILLUSTRÉE

DES

Voyages autour du Monde

PAR TERRE ET PAR MER

DIRECTEUR : C. SIMOND

Éditeurs : E. PLON, NOURRIT et Cⁱᵉ, 10, rue Garancière, PARIS

IL PARAIT UN VOLUME PAR SEMAINE

Chaque volume contient 34 pages de texte, en caractères neufs, enrichies de 12 à 20 gravures d'après les photographies et dessins originaux fournis par les voyageurs eux-mêmes. Des cartes et plans permettent de suivre le récit. Un *Courrier de la semaine* tient au courant de tous les événements se rattachant à la géographie et donne ainsi à chaque fascicule la valeur de l'actualité.

PRIX DE CHAQUE VOLUME EN LIBRAIRIE : **15** CENT.
PAR LA POSTE : **20** CENT.

En vente chez tous les libraires et marchands de journaux, dans les gares et chez l'Éditeur.

ABONNEMENT

AUX 52 VOLUMES D'UNE ANNÉE

France. . . . . **9** francs
Union postale. . . . . **11** —

Les abonnements partent du 1ᵉʳ numéro de chaque mois.
Le service des abonnés est remis à la poste le jeudi de chaque semaine.

Pour s'abonner, envoyer à MM. E. PLON, NOURRIT et Cⁱᵉ, Éditeurs, 8 et 10, rue Garancière, PARIS, le montant de l'abonnement en mandat-poste, timbres-poste français ou valeur à vue sur Paris. On peut également s'abonner chez tous les libraires.

VOLUMES PARUS

PLAN DE LA PUBLICATION

Les livres qui parlent des explorations et voyages sont lus avec avidité, cités, commentés, traduits partout.

Ils seraient, dès qu'ils paraissent, dans les mains de cent mille personnes s'ils ne coûtaient trop cher.

La *Bibliothèque illustrée des Voyages autour du monde par terre et par mer* les rend accessibles à tous par la modicité de son prix.

Elle a obtenu un accueil empressé auprès du grand public, grâce à l'importance de ses auteurs, au choix des sujets, qui sont empruntés le plus souvent à l'actualité; grâce aussi à l'abondance, à la variété, à la beauté et à l'exactitude des illustrations (plans, cartes, portraits, vues), aux préfaces, aux annotations et renseignements bibliographiques qui accompagnent chaque fascicule. Le *Mémento (Courrier de la semaine)* raconte et explique tout ce qui, dans le domaine géographique, colonial, etc., offre un intérêt actuel.

La *Bibliothèque illustrée des Voyages autour du monde* se compose d'ouvrages français d'une haute valeur, d'ouvrages étrangers traduits avec soin, de travaux inédits. Sous une direction compétente qui a déjà été couronnée par l'Académie française pour une collection analogue, elle a comme collaborateurs l'élite des écrivains contemporains de la France, de l'Angleterre, de l'Allemagne, de la Russie, de la Suède, de la Norvège, de l'Italie et des deux Amériques.

Nouvelle Prime Gratuite

A TOUS LES ABONNÉS ET ACHETEURS AU NUMÉRO

LES GRANDES EXPLORATIONS

ET DÉCOUVERTES GÉOGRAPHIQUES

Depuis la plus haute antiquité jusqu'à la fin du XIXe siècle (1899).

Cet ouvrage, en préparation, entièrement inédit, et le seul de ce genre publié jusqu'ici en France ou ailleurs, donne **LE TRACÉ COMPLET ET DISTINCT DE TOUS LES ITINÉRAIRES** suivis par les grands explorateurs et voyageurs. C'est le complément de tous les atlas, le guide indispensable à consulter sans cesse dans toutes les études, lectures ou leçons relatives à la géographie ancienne et moderne. Grâce à une méthode synoptique et synchronique, ces tracés, exécutés avec le plus grand soin et avec une exactitude documentaire, permettent de suivre, d'époque en époque, d'une manière comparée, l'histoire et l'expansion coloniales de chaque peuple.

Tout acheteur des numéros 53 à 102 recevra gratuitement cette prime dont on appréciera la valeur. Pour y avoir droit, il suffit d'envoyer à l'éditeur E. PLON, NOURRIT et Cie, soit directement, soit par l'intermédiaire du libraire, les bulletins à découper de 53 à 102 qui figurent à l'avant-dernière page de chaque livraison.

N. B. — Les nouveaux abonnés et acheteurs qui, pour recevoir toute la collection, demanderont la première année recevront pour 9 francs *(France)* ou 11 francs *(Union postale)* les 52 numéros et, en outre, l'**ATLAS UNIVERSEL**, qui se vend séparément 1 fr. 50.

PARIS. TYP. DE E. PLON, NOURRIT ET Cie, 8, RUE GARANCIÈRE.

N° 72
Il paraît un volume par semaine.
15 CENT.
BIBLIOTHÈQUE ILLUSTRÉE
DES VOYAGES
AUTOUR DU MONDE
PAR TERRE & PAR MER
DIRECTEUR : C. SIMOND
Dr LOUIS PICHON
Le Yunnan
LIBRAIRIE PLON, Rue GARANCIÈRE 8, PARIS

VOLUMES PARUS

PLAN DE LA PUBLICATION

Les livres qui parlent des explorations et voyages sont lus avec avidité, cités, commentés. traduits partout.

Ils seraient, dès qu'ils paraissent, dans les mains de cent mille personnes s'ils ne coûtaient trop cher.

La *Bibliothèque illustrée des Voyages autour du monde par terre et par mer* les rend accessibles à tous par la modicité de son prix.

Elle a obtenu un accueil empressé auprès du grand public, grâce à l'importance de ses auteurs, au choix des sujets, qui sont empruntés le plus souvent à l'actualité; grâce aussi à l'abondance, à la variété, à la beauté et à l'exactitude des illustrations (plans, cartes, portraits, vues), aux préfaces, aux annotations et renseignements bibliographiques qui accompagnent chaque fascicule. Le *Mémento (Courrier de la semaine)* raconte et explique tout ce qui, dans le domaine géographique, colonial, etc., offre un intérêt actuel.

La *Bibliothèque illustrée des Voyages autour du monde* se compose d'ouvrages français d'une haute valeur, d'ouvrages étrangers traduits avec soin, de travaux inédits. Sous une direction compétente qui a déjà été couronnée par l'Académie française pour une collection analogue, elle a comme collaborateurs l'élite des écrivains contemporains de la France, de l'Angleterre, de l'Allemagne, de la Russie, de la Suède, de la Norvège, de l'Italie et des deux Amériques.

Nouvelle Prime Gratuite

LES GRANDES EXPLORATIONS
ET DÉCOUVERTES GÉOGRAPHIQUES

Depuis la plus haute antiquité jusqu'à la fin du XIXe siècle (1899).

Cet ouvrage, en préparation, entièrement inédit, et le seul de ce genre publié jusqu'ici en France ou ailleurs, donne **LE TRACÉ COMPLET ET DISTINCT DE TOUS LES ITINÉRAIRES** suivis par les grands explorateurs et voyageurs. C'est le complément de tous les atlas, le guide indispensable à consulter sans cesse dans toutes les études, lectures ou leçons relatives à la géographie ancienne et moderne. Grâce à une méthode synoptique et synchronique, ces tracés, exécutés avec le plus grand soin et avec une exactitude documentaire, permettent de suivre, d'époque en époque, d'une manière comparée, l'histoire et l'expansion coloniales de chaque peuple.

Tout acheteur des numéros 53 à 102 recevra gratuitement cette **prime** dont on appréciera la valeur. Pour y avoir droit, il suffit d'envoyer à l'éditeur E. PLON, NOURRIT et Cie, soit directement, soit par l'intermédiaire du libraire, les bulletins à découper de 53 à 102 qui figurent à l'avant-dernière page de chaque livraison.

N. B. — Les nouveaux abonnés et acheteurs qui, pour recevoir toute la collection, demanderont la première année recevront pour 9 francs *(France)* ou 11 francs *(Union postale)* les 52 numéros et, en outre, l'**ATLAS UNIVERSEL**, qui se vend séparément 1 fr. 50.

PARIS. TYP. DE E. PLON, NOURRIT ET Cie, 8, RUE GARANCIÈRE.

N° 73 — Il paraît un volume par semaine. — 15 CENT.

BIBLIOTHÈQUE ILLUSTRÉE
DES VOYAGES
AUTOUR DU MONDE
PAR TERRE & PAR MER
DIRECTEUR : C. SIMOND

ÉDOUARD FOA

Le Nyassaland

LIBRAIRIE PLON — RUE GARANCIÈRE 8 — PARIS

BIBLIOTHÈQUE ILLUSTRÉE

DES

Voyages autour du Monde

PAR TERRE ET PAR MER

DIRECTEUR : C. SIMOND

Éditeurs : E. PLON, NOURRIT et Cie, 10, rue Garancière, PARIS

IL PARAIT UN VOLUME PAR SEMAINE

Chaque volume contient 34 pages de texte, en caractères neufs, enrichies de 12 à 20 gravures d'après les photographies et dessins originaux fournis par les voyageurs eux-mêmes. Des cartes et plans permettent de suivre le récit. Un *Courrier de la semaine* tient au courant de tous les événements se rattachant à la géographie et donne ainsi à chaque fascicule la valeur de l'actualité.

PRIX DE CHAQUE VOLUME EN LIBRAIRIE : **15** CENT.
PAR LA POSTE : **20** CENT.

En vente chez tous les libraires et marchands de journaux, dans les gares et chez l'Éditeur.

ABONNEMENT

AUX 52 VOLUMES D'UNE ANNÉE

France. . . . . **9** francs
Union postale. . . . . **11** —

Les abonnements partent du 1er numéro de chaque mois.
Le service des abonnés est remis à la poste le jeudi de chaque semaine.

Pour s'abonner, envoyer à **MM. E. PLON, NOURRIT et Cie**, Éditeurs, **8 et 10, rue Garancière, PARIS**, le montant de l'abonnement en mandat-poste, timbres-poste français ou valeur à vue sur Paris. On peut également s'abonner chez tous les libraires.

VOLUMES PARUS

1. **La Boucle du Niger**, par Marcel MONNIER.
2. **Le Toit du monde**, par Gabriel BONVALOT.
3. **Le Siam**, par S. CHEVILLARD.
4. **Le Canada**, par Sylva CLAPIN.
5. **Les Muongs du Tonkin**, par Frédéric GARCIN.
6. **Les Barcelonnettes au Mexique**, par Émile CHABRAND.
7. **L'Ukraine — Kiew**, par Victor TISSOT.
8. **L'Ile Maurice**, par Jules LECLERCQ.
9. **A travers les Pampas** (République argentine), par Édouard MONTET.
10. **L'Ile du Diable** (Guyane française), par Xavier LINARD.
11. **Les Iles du Pacifique — Taïti**, par Paul CLAVERIE.
12. **L'Afghanistan**, par Charles SIMOND.
13. **Les Boubous du Congo**, par le duc Jacques d'UZES.
14. **Madagascar**, par Eug. CAUSTIER.
15. **L'Abyssinie**, par Achille RAFFRAY.
16. **La Martinique**, par Louis GARAUD.
17. **Les Mines de diamant du Cap**, par Édouard FOA.
18. **Les Nouvelles-Hébrides**, par le Dr Ernest DAVILL.
19. **Suriname**, par le prince Roland BONAPARTE.
20. **Le Zambèze**, par Paul GUYOT.
21. **Les Anthropophages du Pérou**, par Olivier ORDINAIRE.
22. **Yokohama et Tokio**, par Ch. LOONEN.
23. **Le Brésil**, par le Cte Charles d'URSEL.
24. **Les Bassoutos**, par Frédéric CHRISTOL.
25. **Les Fjords de Norvège**, par Albert VANDAL.
26. **Les Iles Marquises**, par Albert DAVIN.
27. **Au Klondyke**, par Étienne RICHET.
28. **La Sénégambie**, par le Général FREY.
29. **Vasco da Gama**, par CASTONNET DES FOSSES.
30. **Le Maroc**, par Arthur DE GANNIERS.
31. **Cuba et Puerto-Rico**, par CASTONNET DES FOSSES.
32. **La Chine chinoise**, par Gaston de BEZAURE.
33. **La Havane — Matanzas**, par QUATRELLES.
34. **Les Philippines**, par A. de GÉRIOLLES.
35. **Chicago**, par le baron E. de MANDAT-GRANCEY.
36. **Mascate**, par Denis de RIVOYRE.
37. **Sébastopol et la Crimée**, par le vicomte E.-M. de VOGÜÉ.
38. **Les Annamites**, par F. BAILLE.
39. **Santiago de Cuba**, par Hippolyte PIRON.
40. **Bombay, la ville des Parsis**, par E. COTTEAU.
41. **En Laponie**, par F. ESCARD.
42. **La Ville des Derviches tourneurs**, par Cl. HUART.
43. **De Guayaquil à Quito** (Équateur), par Marcel MONNIER.
44. **Le Laos**, par le comte P. de BARTHÉLEMY.
45. **En Tunisie**, par Charles SIMOND.
46. **Darjiling** (Himalaya), par le comte GOBLET D'ALVIELLA.
47. **Les Sauvages de Formose**, par C. IMBAULT-HUART.
48. **Le Pays des Haoussas — Kano**, par Ch. Henry ROBINSON.
49. **Le Congo français — De Loango à Brazzaville**, par J. DYBOWSKI.
50. **Ceylan**, par E. COTTEAU.
51. **En Suède**, par Albert VANDAL.
52. **L'Oklahoma**, par Paul de ROUSIERS.
53. **L'Ararat**, par Jules LECLERCQ.
54. **Amsterdam**, par Henry HAVARD.
55. **Les Steppes kirghises**, par Henri MOSER.
56. **Agram**, par Victor TISSOT.
57. **Obock**, par Denis de RIVOIRE.
58. **En Palestine**, par le vicomte E.-M. de VOGÜÉ.
59. **Fachoda et le Bahr-el-Ghazal**, par Paul BARRÉ
60. **Au Cambodge**, par Jules AGOSTINI.
61. **Samarcande**, par Jules LECLERCQ.
62. **Samoa et Tonga** (Océanie centrale), par Paul CLAVERIE.
63. **Le Sahara algérien. — El-Ouad, Touggourt**, par le Cte Goblet d'ALVIELLA.
64. **Tanger, la ville des chiens**, par Achille et René GARNIER.
65. **Cajamarca, la capitale de l'Inca**, par Marcel MONNIER.
66. **Le Pays du Fleuve Bleu**, par Gaston de BEZAURE.
67. **De Dakar à Saint-Louis**, par Paul CLAVERIE.
68. **Jérusalem**, par Victor GUÉRIN.
69. **L'Oubangui**, par Georges BRUEL.
70. **Tiflis**, par Napoléon NEY.
71. **Tachkent**, par Gabriel BONVALOT.
72. **Le Yunnan**, par le Dr Louis PICHON

PLAN DE LA PUBLICATION

Les livres qui parlent des explorations et voyages sont lus avec avidité, cités, commentés, traduits partout.

Ils seraient, dès qu'ils paraissent, dans les mains de cent mille personnes s'ils ne coûtaient trop cher.

La *Bibliothèque illustrée des Voyages autour du monde par terre et par mer* les rend accessibles à tous par la modicité de son prix.

Elle a obtenu un accueil empressé auprès du grand public, grâce à l'importance de ses auteurs, au choix des sujets, qui sont empruntés le plus souvent à l'actualité; grâce aussi à l'abondance, à la variété, à la beauté et à l'exactitude des illustrations (plans, cartes, portraits, vues), aux préfaces, aux annotations et renseignements bibliographiques qui accompagnent chaque fascicule. Le *Mémento* (*Courrier de la semaine*) raconte et explique tout ce qui, dans le domaine géographique, colonial, etc, offre un intérêt actuel.

La *Bibliothèque illustrée des Voyages autour du monde* se compose d'ouvrages français d'une haute valeur, d'ouvrages étrangers traduits avec soin, de travaux inédits. Sous une direction compétente qui a déjà été couronnée par l'Académie française pour une collection analogue, elle a comme collaborateurs l'élite des écrivains contemporains de la France, de l'Angleterre, de l'Allemagne, de la Russie, de la Suède, de la Norvège, de l'Italie et des deux Amériques.

Nouvelle Prime Gratuite

A TOUS LES ABONNÉS ET ACHETEURS AU NUMÉRO

LES GRANDES EXPLORATIONS
ET DÉCOUVERTES GÉOGRAPHIQUES

Depuis la plus haute antiquité jusqu'à la fin du XIXe siècle (1899).

Cet ouvrage, en préparation, entièrement inédit, et le seul de ce genre publié jusqu'ici en France ou ailleurs, donne **LE TRACÉ COMPLET ET DISTINCT DE TOUS LES ITINÉRAIRES** suivis par les grands explorateurs et voyageurs. C'est le complément de tous les atlas, le guide indispensable à consulter sans cesse dans toutes les études, lectures ou leçons relatives à la géographie ancienne et moderne. Grâce à une méthode synoptique et synchronique, ces tracés, exécutés avec le plus grand soin et avec une exactitude documentaire, permettent de suivre, d'époque en époque, d'une manière comparée, l'histoire et l'expansion coloniales de chaque peuple.

Tout acheteur des numéros 53 à 102 recevra gratuitement cette prime dont on appréciera la valeur. Pour y avoir droit, il suffit d'envoyer à l'éditeur E. PLON, NOURRIT et Cie, soit directement, soit par l'intermédiaire du libraire, les bulletins à découper de 53 à 102 qui figurent à l'avant-dernière page de chaque livraison.

N. B. — Les nouveaux abonnés et acheteurs qui, pour recevoir toute la collection, demanderont la première année recevront pour 9 francs (*France*) ou 11 francs (*Union postale*) les 52 numéros et, en outre, l'**ATLAS UNIVERSEL**, qui se vend séparément 1 fr. 30.

PARIS. TYP. DE E. PLON, NOURRIT ET Cie, 8, RUE GARANCIÈRE.

BIBLIOTHÈQUE ILLUSTRÉE
DES VOYAGES
AUTOUR DU MONDE
PAR TERRE & PAR MER
DIRECTEUR : C. SIMOND
JULES LECLERCQ
Les Boers
LIBRAIRIE PLON, rue GARANCIÈRE 8 · PARIS

VOLUMES PARUS

PLAN DE LA PUBLICATION

Les livres qui parlent des explorations et voyages sont lus avec avidité, cités, commentés, traduits partout.

Ils seraient, dès qu'ils paraissent, dans les mains de cent mille personnes s'ils ne coûtaient trop cher.

La *Bibliothèque illustrée des Voyages autour du monde par terre et par mer* les rend accessibles à tous par la modicité de son prix.

Elle a obtenu un accueil empressé auprès du grand public, grâce à l'importance de ses auteurs, au choix des sujets, qui sont empruntés le plus souvent à l'actualité; grâce aussi à l'abondance, à la variété, à la beauté et à l'exactitude des illustrations (plans, cartes, portraits, vues), aux préfaces, aux annotations et renseignements bibliographiques qui accompagnent chaque fascicule. Le *Mémento (Courrier de la semaine)* raconte et explique tout ce qui, dans le domaine géographique, colonial, etc , offre un intérêt actuel.

La *Bibliothèque illustrée des Voyages autour du monde* se compose d'ouvrages français d'une haute valeur, d'ouvrages étrangers traduits avec soin, de travaux inédits. Sous une direction compétente qui a déjà été couronnée par l'Académie française pour une collection analogue, elle a, comme collaborateurs l'élite des écrivains contemporains de la France, de l'Angleterre, de l'Allemagne, de la Russie, de la Suède, de la Norvège, de l'Italie et des deux Amériques.

PARIS. TYP. DE E. PLON, NOURRIT ET Cⁱᵉ, 8, RUE GARANCIÈRE.

BIBLIOTHÈQUE ILLUSTRÉE
DES VOYAGES
AUTOUR DU MONDE
PAR TERRE & PAR MER
DIRECTEUR : C. SIMOND
W. W. ROCKILL
Le Cœur de la Chine
LIBRAIRIE PLON · Rue GARANCIÈRE 8 · PARIS

VOLUMES PARUS

1. **La Boucle du Niger**, par Marcel MONNIER.
2. **Le Toit du monde**, par Gabriel BONVALOT.
3. **Le Siam**, par S. CHEVILLARD.
4. **Le Canada**, par Sylva CLAPIN.
5. **Les Muongs du Tonkin**, par Frédéric GARCIN.
6. **Les Barcelonnettes au Mexique**, par Émile CHABRAND.
7. **L'Ukraine — Kiew**, par Victor TISSOT.
8. **L'Ile Maurice**, par Jules LECLERCQ.
9. **A travers les Pampas (République argentine)**, par Édouard MONTET.
10. **L'Ile du Diable (Guyane française)**, par Xavier LINARD.
11. **Les Iles du Pacifique — Taïti**, par Paul CLAVERIE.
12. **L'Afghanistan**, par Charles SIMOND.
13. **Les Boubous du Congo**, par le duc Jacques d'UZÈS.
14. **Madagascar**, par Eug. CAUSTIER.
15. **L'Abyssinie**, par Achille RAFFRAY.
16. **La Martinique**, par Louis GARAUD.
17. **Les Mines de diamant du Cap**, par Édouard FOA.
18. **Les Nouvelles-Hébrides**, par le Dr Ernest DAVILL.
19. **Suriname**, par le prince Roland BONAPARTE.
20. **Le Zambèze**, par Paul GUYOT.
21. **Les Anthropophages du Pérou**, par Olivier ORDINAIRE.
22. **Yokohama et Tokio**, par Ch. LOONEN.
23. **Le Brésil**, par le Cte Charles d'URSEL.
24. **Les Bassoutos**, par Frédéric CHRISTOL.
25. **Les Fjords de Norvège**, par Albert VANDAL.
26. **Les Iles Marquises**, par Albert DAVIN.
27. **Au Klondyke**, par Étienne RICHET.
28. **La Sénégambie**, par le Général FREY.
29. **Vasco da Gama**, par CASTONNET DES FOSSES.
30. **Le Maroc**, par Arthur DE GANNIERS.
31. **Cuba et Puerto-Rico**, par CASTONNET DES FOSSES.
32. **La Chine chinoise**, par Gaston de BEZAURE.
33. **La Havane — Matanzas**, par QUATRELLES.
34. **Les Philippines**, par A. de GÉRIOLLES.
35. **Chicago**, par le baron E. de MANDAT-GRANCEY.
36. **Mascate**, par Denis de RIVOYRE.
37. **Sébastopol et la Crimée**, par le vicomte E.-M. de VOGÜÉ.
38. **Les Annamites**, par F. BAILLE.
39. **Santiago de Cuba**, par Hippolyte PIRON.
40. **Bombay, la ville des Parsis**, par E. COTTEAU.
41. **En Laponie**, par F. ESCARD.
42. **La Ville des Derviches tourneurs**, par Cl. HUART.
43. **De Guayaquil à Quito (Équateur)**, par Marcel MONNIER.
44. **Le Laos**, par le comte P. de BARTHÉLEMY.
45. **En Tunisie**, par Charles SIMOND.
46. **Darjiling (Himalaya)**, par le comte GOBLET D'ALVIELLA.
47. **Les Sauvages de Formose**, par C. IMBAULT-HUART.
48. **Le Pays des Haoussas — Kano**, par Ch. Henry ROBINSON.
49. **Le Congo français — De Loango à Brazzaville**, par J. DYBOWSKI.
50. **Ceylan**, par E. COTTEAU.
51. **En Suède**, par Albert VANDAL.
52. **L'Oklahoma**, par Paul de ROUSIERS.
53. **L'Ararat**, par Jules LECLERCQ.
54. **Amsterdam**, par Henry HAVARD.
55. **Les Steppes kirghises**, par Henri MOSER.
56. **Agram**, par Victor TISSOT.
57. **Obock**, par Denis de RIVOIRE.
58. **En Palestine**, par le vicomte E.-M. de VOGÜÉ.
59. **Fachoda et le Bahr-el-Ghazal**, par Paul BARRÉ.
60. **Au Cambodge**, par Jules AGOSTINI.
61. **Samarcande**, par Jules LECLERCQ.
62. **Samoa et Tonga (Océanie centrale)**, par Paul CLAVERIE.
63. **Le Sahara algérien. — El-Ouad, Touggourt**, par le Cte Goblet d'ALVIELLA.
64. **Tanger, la ville des chiens**, par Achille et René GARNIER.
65. **Cajamarca, la capitale de l'Inca**, par Marcel MONNIER.
66. **Le Pays du Fleuve Bleu**, par Gaston de BEZAURE.
67. **De Dakar à Saint-Louis**, par Paul CLAVERIE.
68. **Jérusalem**, par Victor GUÉRIN.
69. **L'Oubangui**, par Georges BRUEL.
70. **Tiflis**, par Napoléon NEY.
71. **Tachkent**, par Gabriel BONVALOT.
72. **Le Yunnan**, par le Dr Louis PICHON.
73. **Le Nyassaland**, par Édouard FOA.
74. **Les Boers**, par Jules LECLERCQ.

PLAN DE LA PUBLICATION

Les livres qui parlent des explorations et voyages sont lus avec avidité, cités, commentés, traduits partout.

Ils seraient, dès qu'ils paraissent, dans les mains de cent mille personnes s'ils ne coûtaient trop cher.

La *Bibliothèque illustrée des Voyages autour du monde par terre et par mer* les rend accessibles à tous par la modicité de son prix.

Elle a obtenu un accueil empressé auprès du grand public, grâce à l'importance de ses auteurs, au choix des sujets, qui sont empruntés le plus souvent à l'actualité; grâce aussi à l'abondance, à la variété, à la beauté et à l'exactitude des illustrations (plans, cartes, portraits, vues), aux préfaces, aux annotations et renseignements bibliographiques qui accompagnent chaque fascicule. Le *Mémento* (*Courrier de la semaine*) raconte et explique tout ce qui, dans le domaine géographique, colonial, etc , offre un intérêt actuel.

La *Bibliothèque illustrée des Voyages autour du monde* se compose d'ouvrages français d'une haute valeur, d'ouvrages étrangers traduits avec soin, de travaux inédits. Sous une direction compétente qui a déjà été couronnée par l'Académie française pour une collection analogue, elle a comme collaborateurs l'élite des écrivains contemporains de la France, de l'Angleterre, de l'Allemagne, de la Russie, de la Suède, de la Norvège, de l'Italie et des deux Amériques.

Nouvelle Prime Gratuite

A TOUS LES ABONNÉS ET ACHETEURS AU NUMÉRO

LES GRANDES EXPLORATIONS
ET DECOUVERTES GÉOGRAPHIQUES

Depuis la plus haute antiquité jusqu'à la fin du XIXᵉ siècle (1899).

Cet ouvrage, en préparation, entièrement inédit, et le seul de ce genre publié jusqu'ici en France ou ailleurs, donne **LE TRACÉ COMPLET ET DISTINCT DE TOUS LES ITINÉRAIRES** suivis par les grands explorateurs et voyageurs. C'est le complément de tous les atlas, le guide indispensable à consulter sans cesse dans toutes les études, lectures ou leçons relatives à la géographie ancienne et moderne. Grâce à une méthode synoptique et synchronique, ces tracés, exécutés avec le plus grand soin et avec une exactitude documentaire, permettent de suivre, d'époque en époque, d'une manière comparée, l'histoire et l'expansion coloniales de chaque peuple.

Tout acheteur des numéros 53 à 102 recevra gratuitement cette prime dont on appréciera la valeur. Pour y avoir droit, il suffit d'envoyer à l'éditeur E. PLON, NOURRIT et Cⁱᵉ, soit directement, soit par l'intermédiaire du libraire, les bulletins à découper de **53 à 102** qui figurent à l'avant-dernière page de chaque livraison.

N. B. — Les nouveaux abonnés et acheteurs qui, pour recevoir toute la collection, demanderont la première année recevront pour 9 francs (*France*) ou 11 francs (*Union postale*) les 52 numéros et, en outre, l'**ATLAS UNIVERSEL**, qui se vend séparément 1 fr. 50.

PARIS. TYP. DE E. PLON, NOURRIT ET Cⁱᵉ, 8, RUE GARANCIÈRE.

N° 76
Il paraît un volume par semaine.
15 CENT.
BIBLIOTHÈQUE ILLUSTRÉE
DES VOYAGES
AUTOUR DU MONDE
PAR TERRE & PAR MER
DIRECTEUR : C. SIMOND
ALFRED BARAUDON
Alger
LIBRAIRIE PLON · RUE GARANCIÈRE 8 · PARIS

PLAN DE LA PUBLICATION

Les livres qui parlent des explorations et voyages sont lus avec avidité, cités, commentés, traduits partout.

Ils seraient, dès qu'ils paraissent, dans les mains de cent mille personnes s'ils ne coûtaient trop cher.

La *Bibliothèque illustrée des Voyages autour du monde par terre et par mer* les rend accessibles à tous par la modicité de son prix.

Elle a obtenu un accueil empressé auprès du grand public, grâce à l'importance de ses auteurs, au choix des sujets, qui sont empruntés le plus souvent à l'actualité; grâce aussi à l'abondance, à la variété, à la beauté et à l'exactitude des illustrations (plans, cartes, portraits, vues), aux préfaces, aux annotations et renseignements bibliographiques qui accompagnent chaque fascicule. Le *Mémento (Courrier de la semaine)* raconte et explique tout ce qui, dans le domaine géographique, colonial, etc., offre un intérêt actuel.

La *Bibliothèque illustrée des Voyages autour du monde* se compose d'ouvrages français d'une haute valeur, d'ouvrages étrangers traduits avec soin, de travaux inédits. Sous une direction compétente qui a déjà été couronnée par l'Académie française pour une collection analogue, elle a comme collaborateurs l'élite des écrivains contemporains de la France, de l'Angleterre, de l'Allemagne, de la Russie, de la Suède, de la Norvège, de l'Italie et des deux Amériques.

Nouvelle Prime Gratuite

LES GRANDES EXPLORATIONS
ET DÉCOUVERTES GÉOGRAPHIQUES

Depuis la plus haute antiquité jusqu'à la fin du XIXe siècle (1899).

Cet ouvrage, en préparation, entièrement inédit, et le seul de ce genre publié jusqu'ici en France ou ailleurs, donne **LE TRACÉ COMPLET ET DISTINCT DE TOUS LES ITINÉRAIRES** suivis par les grands explorateurs et voyageurs. C'est le complément de tous les atlas, le guide indispensable à consulter sans cesse dans toutes les études, lectures ou leçons relatives à la géographie ancienne et moderne. Grâce à une méthode synoptique et synchronique, ces tracés, exécutés avec le plus grand soin et avec une exactitude documentaire, permettent de suivre, d'époque en époque, d'une manière comparée, l'histoire et l'expansion coloniales de chaque peuple.

Tout acheteur des numéros 53 à 102 recevra **gratuitement** cette **prime** dont on appréciera la valeur. Pour y avoir droit, il suffit d'envoyer à l'éditeur E. PLON, NOURRIT et Cie, soit **directement**, soit par l'intermédiaire du **libraire**, les bulletins à découper de **53 à 102** qui figurent à l'avant-dernière page de chaque livraison.

N. B. — Les nouveaux abonnés et acheteurs qui, pour recevoir toute la collection, demanderont la première année recevront pour 9 francs *(France)* ou 11 francs *(Union postale)* les 52 numéros et, en outre, l'**ATLAS UNIVERSEL**, qui se vend séparément 1 fr. 50.

VOLUMES PARUS

PARIS. TYP. DE E. PLON, NOURRIT ET Cie, 8, RUE GARANCIÈRE.

ERNEST FALLOT

Les Monts Aurès

PLAN DE LA PUBLICATION

Les livres qui parlent des explorations et voyages sont lus avec avidité, cités, commentés. traduits partout.

Ils seraient, dès qu'ils paraissent, dans les mains de cent mille personnes s'ils ne coûtaient trop cher.

La *Bibliothèque illustrée des Voyages autour du monde par terre et par mer* les rend accessibles à tous par la modicité de son prix.

Elle a obtenu un accueil empressé auprès du grand public, grâce à l'importance de ses auteurs, au choix des sujets. qui sont empruntés le plus souvent à l'actualité; grâce aussi à l'abondance, à la variété, à la beauté et à l'exactitude des illustrations (plans. cartes. portraits, vues), aux préfaces, aux annotations et renseignements bibliographiques qui accompagnent chaque fascicule. Le *Mémento* (*Courrier de la semaine*) raconte et explique tout ce qui, dans le domaine géographique. colonial, etc., offre un intérêt actuel.

La *Bibliothèque illustrée des Voyages autour du monde* se compose d'ouvrages français d'une haute valeur, d'ouvrages étrangers traduits avec soin, de travaux inédits. Sous une direction compétente qui a déjà été couronnée par l'Académie française pour une collection analogue, elle a comme collaborateurs l'élite des écrivains contemporains de la France, de l'Angleterre, de l'Allemagne, de la Russie. de la Suède. de la Norvège, de l'Italie et des deux Amériques.

Nouvelle Prime Gratuite

A TOUS LES ABONNÉS ET ACHETEURS AU NUMÉRO

LES GRANDES EXPLORATIONS
ET DÉCOUVERTES GÉOGRAPHIQUES

Depuis la plus haute antiquité jusqu'à la fin du XIX⁰ siècle (1899).

Cet ouvrage, en préparation, entièrement inédit, et le seul de ce genre publié jusqu'ici en France ou ailleurs, donne **LE TRACÉ COMPLET ET DISTINCT DE TOUS LES ITINÉRAIRES** suivis par les grands explorateurs et voyageurs. C'est le complément de tous les atlas, le guide indispensable à consulter sans cesse dans toutes les études. lectures ou leçons relatives à la géographie ancienne et moderne. Grâce à une méthode synoptique et synchronique, ces tracés. exécutés avec le plus grand soin et avec une exactitude documentaire, permettent de suivre, d'époque en époque, d'une manière comparée, l'histoire et l'expansion coloniales de chaque peuple.

Tout acheteur des numéros 53 à 102 recevra gratuitement cette prime dont on appréciera la valeur. Pour y avoir droit, il suffit d'envoyer à l'éditeur E. PLON, NOURRIT et Cⁱᵉ, soit directement, soit par l'intermédiaire du libraire, les bulletins à découper de 53 à 102 qui figurent à l'avant-dernière page de chaque livraison.

N. B. — Les nouveaux abonnés et acheteurs qui, pour recevoir toute la collection, demanderont la première année recevront pour 9 francs *(France)* ou 11 francs (*Union postale)* les 52 numéros et. en outre. l'**ATLAS UNIVERSEL**. qui se vend séparément 1 fr. 50.

VOLUMES PARUS

PARIS. TYP. DE E. PLON NOURRIT ET Cie, 8, RUE GARANCIÈRE.

BIBLIOTHÈQUE ILLUSTRÉE
DES VOYAGES
AUTOUR DU MONDE
PAR TERRE & PAR MER
DIRECTEUR : C. SIMOND
Dᴿ L. VINCENT ET J. HUMBERT
Le Vénézuéla
LIBRAIRIE PLON · Rᵘᵉ GARANCIÈRE 8 · PARIS

BIBLIOTHÈQUE ILLUSTRÉE

DES

Voyages autour du Monde

PAR TERRE ET PAR MER

DIRECTEUR : C. SIMOND

Éditeurs : **E. PLON, NOURRIT et C**[ie], **10, rue Garancière, PARIS**

IL PARAIT UN VOLUME PAR SEMAINE

Chaque volume contient 34 pages de texte, en caractères neufs, enrichies de 12 à 20 gravures d'après les photographies et dessins originaux fournis par les voyageurs eux-mêmes. Des cartes et plans permettent de suivre le récit. Un *Courrier de la semaine* tient au courant de tous les événements se rattachant à la géographie et donne ainsi à chaque fascicule la valeur de l'actualité.

PRIX DE CHAQUE VOLUME EN LIBRAIRIE : **15** CENT.
PAR LA POSTE : **20** CENT.

En vente chez tous les libraires et marchands de journaux, dans les gares et chez l'Éditeur.

ABONNEMENT

AUX 52 VOLUMES D'UNE ANNÉE

France. . . . . **9** francs
Union postale. . . . . **11** —

Les abonnements partent du 1er *numéro de chaque mois.*
Le service des abonnés est remis à la poste le jeudi de chaque semaine.

Pour s'abonner, envoyer à **MM. E. PLON, NOURRIT et C**[ie], **Éditeurs, 8 et 10, rue Garancière, PARIS,** le montant de l'abonnement en mandat-poste, timbres-poste français ou valeur à vue sur Paris. On peut également s'abonner chez tous les libraires.

PLAN DE LA PUBLICATION

Les livres qui parlent des explorations et voyages sont lus avec avidité, cités, commentés. traduits partout.

Ils seraient, dès qu'ils paraissent, dans les mains de cent mille personnes s'ils ne coûtaient trop cher.

La *Bibliothèque illustrée des Voyages autour du monde par terre et par mer* les rend accessibles à tous par la modicité de son prix.

Elle a obtenu un accueil empressé auprès du grand public, grâce à l'importance de ses auteurs, au choix des sujets, qui sont empruntés le plus souvent à l'actualité; grâce aussi à l'abondance. à la variété, à la beauté et à l'exactitude des illustrations (plans, cartes, portraits, vues), aux préfaces, aux annotations et renseignements bibliographiques qui accompagnent chaque fascicule. Le *Mémento (Courrier de la semaine)* raconte et explique tout ce qui, dans le domaine géographique, colonial, etc., offre un intérêt actuel.

La *Bibliothèque illustrée des Voyages autour du monde* se compose d'ouvrages français d'une haute valeur, d'ouvrages étrangers traduits avec soin, de travaux inédits. Sous une direction compétente qui a déjà été couronnée par l'Académie française pour une collection analogue, elle a comme collaborateurs l'élite des écrivains contemporains de la France, de l'Angleterre, de l'Allemagne, de la Russie, de la Suède, de la Norvège, de l'Italie et des deux Amériques.

Nouvelle Prime Gratuite

LES GRANDES EXPLORATIONS
ET DÉCOUVERTES GÉOGRAPHIQUES

Depuis la plus haute antiquité jusqu'à la fin du XIXᵉ siècle (1899).

Cet ouvrage, en préparation, entièrement inédit, et le seul de ce genre publié jusqu'ici en France ou ailleurs, donne **LE TRACÉ COMPLET ET DISTINCT DE TOUS LES ITINÉRAIRES** suivis par les grands explorateurs et voyageurs. C'est le complément de tous les atlas, le guide indispensable à consulter sans cesse dans toutes les études. lectures ou leçons relatives à la géographie ancienne et moderne. Grâce à une méthode synoptique et synchronique, ces tracés, exécutés avec le plus grand soin et avec une exactitude documentaire, permettent de suivre, d'époque en époque, d'une manière comparée, l'histoire et l'expansion coloniales de chaque peuple.

Tout acheteur des numéros 53 à 102 recevra gratuitement cette **prime** dont on appréciera la valeur. Pour y avoir droit, il suffit d'envoyer à l'éditeur E. PLON, NOURRIT et Cⁱᵉ, ou **directement**, soit **par l'intermédiaire du libraire**, les bulletins à découper de **53 à 102** qui figurent à l'avant-dernière page de chaque livraison.

N. B. — Les nouveaux abonnés et acheteurs qui, pour recevoir toute la collection, demanderont la première année recevront pour 9 francs *(France)* ou 11 francs *(Union postale)* les 53 numéros et, en outre, l'**ATLAS UNIVERSEL**, qui se vend séparément 1 fr. 50.

VOLUMES PARUS

PARIS. TYP. DE E. PLON-NOURRIT ET Cie, 8, RUE GARANCIÈRE.

Nº 79
Il paraît un volume par semaine.
15 CENT.
BIBLIOTHÈQUE ILLUSTRÉE
DES VOYAGES
AUTOUR DU MONDE
PAR TERRE & PAR MER
DIRECTEUR : C. SIMOND
F. C. GROVE
Le Caucase
LIBRAIRIE PLON · Rue GARANCIÈRE 8 · PARIS

PLAN DE LA PUBLICATION

Les livres qui parlent des explorations et voyages sont lus avec avidité, cités, commentés, traduits partout.

Ils seraient, dès qu'ils paraissent, dans les mains de cent mille personnes s'ils ne coûtaient trop cher.

La *Bibliothèque illustrée des Voyages autour du monde par terre et par mer* les rend accessibles à tous par la modicité de son prix.

Elle a obtenu un accueil empressé auprès du grand public, grâce à l'importance de ses auteurs, au choix des sujets, qui sont empruntés le plus souvent à l'actualité; grâce aussi à l'abondance, à la variété, à la beauté et à l'exactitude des illustrations (plans, cartes, portraits, vues), aux préfaces, aux annotations et renseignements bibliographiques qui accompagnent chaque fascicule. Le *Mémento (Courrier de la semaine)* raconte et explique tout ce qui, dans le domaine géographique, colonial, etc., offre un intérêt actuel.

La *Bibliothèque illustrée des Voyages autour du monde* se compose d'ouvrages français d'une haute valeur, d'ouvrages étrangers traduits avec soin, de travaux inédits. Sous une direction compétente qui a déjà été couronnée par l'Académie française pour une collection analogue, elle a comme collaborateurs l'élite des écrivains contemporains de la France, de l'Angleterre, de l'Allemagne, de la Russie, de la Suède, de la Norvège, de l'Italie et des deux Amériques.

Nouvelle Prime Gratuite

A TOUS LES ABONNÉS ET ACHETEURS AU NUMÉRO

LES GRANDES EXPLORATIONS

ET DÉCOUVERTES GÉOGRAPHIQUES

Depuis la plus haute antiquité jusqu'à la fin du XIXe siècle (1899).

Cet ouvrage, en préparation, entièrement inédit, et le seul de ce genre publié jusqu'ici en France ou ailleurs, donne **LE TRACÉ COMPLET ET DISTINCT DE TOUS LES ITINÉRAIRES** suivis par les grands explorateurs et voyageurs. C'est le complément de tous les atlas, le guide indispensable à consulter sans cesse dans toutes les études, lectures ou leçons relatives à la géographie ancienne et moderne. Grâce à une méthode synoptique et synchronique, ces tracés, exécutés avec le plus grand soin et avec une exactitude documentaire, permettent de suivre, d'époque en époque, d'une manière comparée, l'histoire et l'expansion coloniales de chaque peuple.

Tout acheteur des numéros 53 à 102 recevra gratuitement cette prime dont on appréciera la valeur. Pour y avoir droit, il suffit d'envoyer à l'éditeur E. PLON, NOURRIT et Cie, soit **directement, soit par l'intermédiaire du libraire,** les bulletins à découper de **53 à 102** qui figurent à l'avant-dernière page de chaque livraison.

N. B. — Les nouveaux abonnés et acheteurs qui, pour recevoir toute la collection, demanderont la première année recevront pour 9 francs *(France)* ou 11 francs *(Union postale)* les 52 numéros et, en outre, **l'ATLAS UNIVERSEL,** qui se vend séparément 1 fr. 50.

VOLUMES PARUS

N° 80   Il paraît un volume par semaine.   15 CENT.

MARIUS RENARD

Brousse

LIBRAIRIE PLON · Rue GARANCIÈRE 8 · PARIS

PLAN DE LA PUBLICATION

Les livres qui parlent des explorations et voyages sont lus avec avidité, cites, commentés, traduits partout.

Ils seraient, dès qu'ils paraissent, dans les mains de cent mille personnes s'ils ne coûtaient trop cher.

La *Bibliothèque illustrée des Voyages autour du monde par terre et par mer* les rend accessibles à tous par la modicité de son prix.

Elle a obtenu un accueil empressé auprès du grand public, grâce à l'importance de ses auteurs, au choix des sujets, qui sont empruntés le plus souvent à l'actualité; grâce aussi à l'abondance, à la variété, à la beauté et à l'exactitude des illustrations (plans, cartes, portraits, vues), aux préfaces, aux annotations et renseignements bibliographiques qui accompagnent chaque fascicule. Le *Mémento (Courrier de la semaine)* raconte et explique tout ce qui, dans le domaine géographique, colonial, etc., offre un intérêt actuel.

La *Bibliothèque illustrée des Voyages autour du monde* se compose d'ouvrages français d'une haute valeur, d'ouvrages étrangers traduits avec soin, de travaux inédits. Sous une direction compétente qui a déjà eté couronnée par l'Académie française pour une collection analogue, elle a comme collaborateurs l'élite des écrivains contemporains de la France, de l'Angleterre, de l'Allemagne, de la Russie, de la Suède, de la Norvège, de l'Italie et des deux Amériques.

Nouvelle Prime Gratuite

LES GRANDES EXPLORATIONS
ET DÉCOUVERTES GÉOGRAPHIQUES

Depuis la plus haute antiquité jusqu'à la fin du XIXe siècle (1899).

Cet ouvrage, en préparation, entièrement inédit, et le seul de ce genre publié jusqu'ici en France ou ailleurs, donne **LE TRACÉ COMPLET ET DISTINCT DE TOUS LES ITINÉRAIRES** suivis par les grands explorateurs et voyageurs. C'est le complément de tous les atlas, le guide indispensable à consulter sans cesse dans toutes les études, lectures ou leçons relatives à la géographie ancienne et moderne. Grâce à une méthode synoptique et synchronique, ces tracés, exécutés avec le plus grand soin et avec une exactitude documentaire, permettent de suivre, d'époque en époque, d'une manière comparée, l'histoire et l'expansion coloniales de chaque peuple.

Tout acheteur des numéros 53 à 102 recevra gratuitement cette prime dont on appréciera la valeur. Pour y avoir droit, il suffit d'envoyer à l'éditeur E. PLON, NOURRIT et Cie, oit **directement, soit par l'intermédiaire du libraire**, les bulletins à découper de **53 à 102** qui figurent à l'avant-dernière page de chaque livraison.

N. B. — Les nouveaux abonnés et acheteurs qui, pour recevoir toute la collection, demanderont la première année recevront pour 9 francs *(France)* ou 11 francs *(Union postale)* les 52 numéros et, en outre, l'**ATLAS UNIVERSEL**, qui se vend séparément 1 fr. 50.

VOLUMES PARUS

PARIS. TYP. DE E. PLON, NOURRIT ET Cie, 8, RUE GARANCIÈRE.

N° 81
Il paraît un volume par semaine.
15 CENT.
BIBLIOTHÈQUE ILLUSTRÉE
DES VOYAGES
AUTOUR DU MONDE
PAR TERRE & PAR MER
DIRECTEUR : C. SIMOND
JULES LECLERCQ
La Vallée des Geysers
LIBRAIRIE PLON · Rue GARANCIÈRE 8 · PARIS

PLAN DE LA PUBLICATION

Les livres qui parlent des explorations et voyages sont lus avec avidité, cités, commentés, traduits partout.

Ils seraient, dès qu'ils paraissent, dans les mains de cent mille personnes s'ils ne coûtaient trop cher.

La *Bibliothèque illustrée des Voyages autour du monde par terre et par mer* les rend accessibles à tous par la modicité de son prix.

Elle a obtenu un accueil empressé auprès du grand public, grâce à l'importance de ses auteurs, au choix des sujets, qui sont empruntés le plus souvent à l'actualité; grâce aussi à l'abondance, à la variété, à la beauté et à l'exactitude des illustrations (plans, cartes, portraits, vues), aux préfaces, aux annotations et renseignements bibliographiques qui accompagnent chaque fascicule. Le *Mémento (Courrier de la semaine)* raconte et explique tout ce qui, dans le domaine géographique, colonial, etc., offre un intérêt actuel.

La *Bibliothèque illustrée des Voyages autour du monde* se compose d'ouvrages français d'une haute valeur, d'ouvrages étrangers traduits avec soin, de travaux inédits. Sous une direction compétente qui a déjà été couronnée par l'Académie française pour une collection analogue, elle a comme collaborateurs l'élite des écrivains contemporains de la France, de l'Angleterre, de l'Allemagne, de la Russie, de la Suède, de la Norvège, de l'Italie et des deux Amériques.

VOLUMES PARUS

PARIS. TYP. DE E. PLON, NOURRIT ET Cie, 8, RUE GARANCIÈRE.

LIBRAIRIE PLON — RUE GARANCIÈRE 8 — PARIS

BIBLIOTHÈQUE ILLUSTRÉE

DES

Voyages autour du Monde

PAR TERRE ET PAR MER

DIRECTEUR : C. SIMOND

Éditeurs : E. PLON, NOURRIT et Cⁱᵉ, 10, rue Garancière, PARIS

IL PARAIT UN VOLUME PAR SEMAINE

Chaque volume contient 34 pages de texte, en caractères neufs, enrichies de 12 à 20 gravures d'après les photographies et dessins originaux fournis par les voyageurs eux-mêmes. Des cartes et plans permettent de suivre le récit. Un *Courrier de la semaine* tient au courant de tous les événements se rattachant à la géographie et donne ainsi à chaque fascicule la valeur de l'actualité.

PRIX DE CHAQUE VOLUME EN LIBRAIRIE : **15** CENT.
PAR LA POSTE : **20** CENT.

En vente chez tous les libraires et marchands de journaux, dans les gares et chez l'Éditeur.

ABONNEMENT

AUX 52 VOLUMES D'UNE ANNÉE

France.	**9** francs
Union postale.	**11** —

Les abonnements partent du 1ᵉʳ numéro de chaque mois.
Le service des abonnés est remis à la poste le jeudi de chaque semaine.

Pour s'abonner, envoyer à MM. E. PLON, NOURRIT et Cⁱᵉ, Éditeurs, 8 et 10, rue Garancière, PARIS, le montant de l'abonnement en mandat-poste, timbres-poste français ou valeur à vue sur Paris. On peut également s'abonner chez tous les libraires.

PLAN DE LA PUBLICATION

Les livres qui parlent des explorations et voyages sont lus avec avidité, cités, commentés, traduits partout.

Ils seraient, dès qu'ils paraissent, dans les mains de cent mille personnes s'ils ne coûtaient trop cher.

La *Bibliothèque illustrée des Voyages autour du monde par terre et par mer* les rend accessibles à tous par la modicité de son prix.

Elle a obtenu un accueil empressé auprès du grand public, grâce à l'importance de ses auteurs, au choix des sujets, qui sont empruntés le plus souvent à l'actualité; grâce aussi à l'abondance, à la variété, à la beauté et à l'exactitude des illustrations (plans, cartes, portraits, vues), aux préfaces, aux annotations et renseignements bibliographiques qui accompagnent chaque fascicule. Le *Mémento (Courrier de la semaine)* raconte et explique tout ce qui, dans le domaine géographique, colonial. etc., offre un intérêt actuel.

La *Bibliothèque illustrée des Voyages autour du monde* se compose d'ouvrages français d'une haute valeur, d'ouvrages étrangers traduits avec soin, de travaux inédits. Sous une direction compétente qui a déjà été couronnée par l'Académie française pour une collection analogue, elle a comme collaborateurs l'élite des écrivains contemporains de la France, de l'Angleterre, de l'Allemagne, de la Russie, de la Suède, de la Norvège, de l'Italie et des deux Amériques.

Nouvelle Prime Gratuite

A TOUS LES ABONNÉS ET ACHETEURS AU NUMÉRO

LES GRANDES EXPLORATIONS
ET DÉCOUVERTES GÉOGRAPHIQUES

Depuis la plus haute antiquité jusqu'à la fin du XIXe siècle (1899).

Cet ouvrage, en préparation, entièrement inédit, et le seul de ce genre publié jusqu'ici en France ou ailleurs, donne **LE TRACÉ COMPLET ET DISTINCT DE TOUS LES ITINÉRAIRES** suivis par les grands explorateurs et voyageurs. C'est le complément de tous les atlas, le guide indispensable à consulter sans cesse dans toutes les études, lectures ou leçons relatives à la géographie ancienne et moderne. Grâce à une méthode synoptique et synchronique, ces tracés, exécutés avec le plus grand soin et avec une exactitude documentaire, permettent de suivre, d'époque en époque, d'une manière comparée, l'histoire et l'expansion coloniales de chaque peuple.

Tout acheteur des numéros 53 à 102 recevra gratuitement cette prime dont on appréciera la valeur. Pour y avoir droit, il suffit d'envoyer à l'éditeur E. PLON, NOURRIT et Cie, soit directement, soit par l'intermédiaire du libraire, les bulletins à découper de **53 à 102** qui figurent à l'avant-dernière page de chaque livraison.

N. B. — Les nouveaux abonnés et acheteurs qui, pour recevoir toute la collection, demanderont la première année recevront pour 9 francs *(France)* ou 11 francs *(Union postale)* les 52 numéros et, en outre, l'**ATLAS UNIVERSEL**, qui se vend séparément 1 fr. 50.

VOLUMES PARUS

PARIS. TYP. DE E. PLON, NOURRIT ET Cie, 8, RUE GARANCIÈRE.

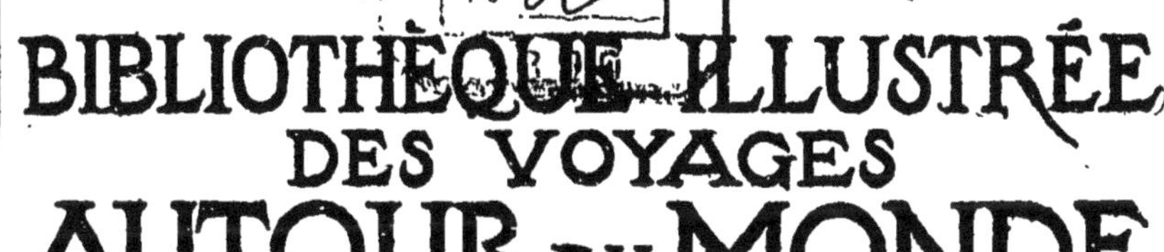

BIBLIOTHÈQUE ILLUSTRÉE
DES VOYAGES
AUTOUR DU MONDE
PAR TERRE & PAR MER
DIRECTEUR : C. SIMOND

D. LIÈVRE

Les Volcans du Japon

LIBRAIRIE PLON · Rue GARANCIÈRE 8 · PARIS

PLAN DE LA PUBLICATION

Les livres qui parlent des explorations et voyages sont lus avec avidité, cités, commentés, traduits partout.

Ils seraient, dès qu'ils paraissent, dans les mains de cent mille personnes s'ils ne coûtaient trop cher.

La *Bibliothèque illustrée des Voyages autour du monde par terre et par mer* les rend accessibles à tous par la modicité de son prix.

Elle a obtenu un accueil empressé auprès du grand public, grâce à l'importance de ses auteurs, au choix des sujets, qui sont empruntés le plus souvent à l'actualité; grâce aussi à l'abondance, à la variété, à la beauté et à l'exactitude des illustrations (plans, cartes, portraits, vues), aux préfaces, aux annotations et renseignements bibliographiques qui accompagnent chaque fascicule. Le *Mémento* (*Courrier de la semaine*) raconte et explique tout ce qui, dans le domaine géographique, colonial, etc., offre un intérêt actuel.

La *Bibliothèque illustrée des Voyages autour du monde* se compose d'ouvrages français d'une haute valeur, d'ouvrages étrangers traduits avec soin, de travaux inédits. Sous une direction compétente qui a déjà été couronnée par l'Académie française pour une collection analogue, elle a comme collaborateurs l'élite des écrivains contemporains de la France, de l'Angleterre, de l'Allemagne, de la Russie, de la Suède, de la Norvège, de l'Italie et des deux Amériques.

Nouvelle Prime Gratuite

A TOUS LES ABONNÉS ET ACHETEURS AU NUMÉRO

LES GRANDES EXPLORATIONS
ET DÉCOUVERTES GÉOGRAPHIQUES

Depuis la plus haute antiquité jusqu'à la fin du XIXᵉ siècle (1899).

Cet ouvrage, en préparation, entièrement inédit, et le seul de ce genre publié jusqu'ici en France ou ailleurs, donne **LE TRACÉ COMPLET ET DISTINCT DE TOUS LES ITINÉRAIRES** suivis par les grands explorateurs et voyageurs. C'est le complément de tous les atlas, le guide indispensable à consulter sans cesse dans toutes les études, lectures ou leçons relatives à la géographie ancienne et moderne. Grâce à une méthode synoptique et synchronique, ces tracés, exécutés avec le plus grand soin et avec une exactitude documentaire, permettent de suivre, d'époque en époque, d'une manière comparée, l'histoire et l'expansion coloniales de chaque peuple.

Tout acheteur des numéros 53 à 102 recevra gratuitement cette prime dont on appréciera la valeur. Pour y avoir droit, il suffit d'envoyer à l'éditeur E. PLON, NOURRIT et Cⁱᵉ, oit directement, soit par l'intermédiaire du libraire, les bulletins à découper de **53 à 102** qui figurent à l'avant-dernière page de chaque livraison.

N. B. — Les nouveaux abonnés et acheteurs qui, pour recevoir toute la collection, demanderont la première année recevront pour 9 francs (*France)* ou 11 francs (*Union postale)* les **52 numéros** et, en outre, **l'ATLAS UNIVERSEL**, qui se vend séparément 1 fr. 50.

VOLUMES PARUS

PARIS. TYP. DE E. PLON, NOURRIT ET Cie, 8, RUE GARANCIÈRE.

www.ingramcontent.com/pod-product-compliance
Ingram Content Group UK Ltd.
Pitfield, Milton Keynes, MK11 3LW, UK
UKHW020156130726
13696UKWH00002B/549